# 企业内部审计全流程实战
# 从入门到实践

屠建清◎编著

人民邮电出版社

北京

**图书在版编目（ＣＩＰ）数据**

企业内部审计全流程实战从入门到实践 / 屠建清编
著. -- 北京：人民邮电出版社，2022.6
ISBN 978-7-115-58891-3

Ⅰ．①企… Ⅱ．①屠… Ⅲ．①企业－内部审计－业务
流程 Ⅳ．①F239.45

中国版本图书馆CIP数据核字(2022)第045770号

## 内 容 提 要

随着市场经济的蓬勃发展，企业经营方式更趋灵活，资本运营形式更多样，经济责任制深化，这对企业内部审计力度与有效性，以及内部审计人员的专业素质的要求越来越高。

本书结合大量实操案例，全面深入地介绍了内部审计的实施方法、实施步骤、审计技巧和注意事项，并且提供了大量行之有效的表格和审计工具，帮助企业提高内部审计效率，降低企业经营风险，全面提升内部审计人员的专业技能。

本书可供内部审计相关机构、内部审计从业人员、财务经理等使用。本书既可作为企业内部审计人员提升专业技能的指导手册，也可以作为内部审计工作的实务操作指南。

◆ 编　著　屠建清
　　责任编辑　李士振
　　责任印制　周昇亮

◆ 人民邮电出版社出版发行　　北京市丰台区成寿寺路 11 号
　　邮编　100164　　电子邮件　315@ptpress.com.cn
　　网址　https://www.ptpress.com.cn
　　北京七彩京通数码快印有限公司印刷

◆ 开本：700×1000　1/16
　　印张：18.25　　　　　　　　2022 年 6 月第 1 版
　　字数：328 千字　　　　　　2025 年 9 月北京第 3 次印刷

定价：89.80 元

读者服务热线：(010)81055296　印装质量热线：(010)81055316
反盗版热线：(010)81055315

内部审计工作是对企业经济活动的合法性、合理性、效益性以及反映经济活动资产的真实性进行审核、监督和评价的活动。其有效实施是企业经济活动顺利进行的基础，对企业的生存与发展有着重要的影响。

与常规审计不同，内部审计不只是简简单单地查账，还通过与被审计单位进行沟通，对被审计单位提供的内容或者相关人员的陈述持职业怀疑的态度，对每一个细节都持谨慎态度，对每个方面都要展开深入审查。本书依据内部审计基本准则、内部审计具体准则编写，为内部审计机构和人员进行内部审计提供具有可操作性的指导意见。

内部审计的根本目的

内部审计的根本目的在于促进企业科学健康发展、帮助企业实现目标。审计的最终目的是提高管理水平，达到规范管理。

内部审计适应了企业、政府和非营利性组织高层领导对高质量服务的需求。这些组织的管理层在寻找关于组织活动的风险、控制及其相关的效率和效果等方面的客观信息。

内部审计人员工作基本要求如下。

要求 1：独立。内部审计部门在确定审计范围、开展工作和报告结果时，不受来自管理层和其他方面的干扰。独立性是内部审计的根本属性，是内部审计的生命，只有当内部审计部门和内部审计人员具备了独立性，才能顺利开展审计工作，保证审计工作质量，提高审计工作水平。

要求 2：客观。客观是指一种公正的、不偏不倚的态度，也是内部审计人员进行审计工作时必须保持的精神状态和职业操守。客观性要求内部审计人员在工作时要避免影响客观性的利益冲突。

要求 3：确认和咨询。确认和咨询是内部审计的监督和服务职能，目的是发现问题、揭示问题、查处问题、督促整改，促进企业提升管理水平，实现组织目标。

学习本书后，你会获得哪些能力呢？

能力 1：逻辑思维能力。作为内部审计人员，不能别人说什么都相信。学习本书，有助于提升在倒推、证据链、问题梳理等方面的能力。

能力2：结构化思维。创新需要发散思维，归纳、总结、概括需要结构化思维。内部审计工作正是将复杂的问题逐步厘清，放入自己的思维框架，从而推导出结果的过程。

能力3：流程控制分析能力。其指将复杂的业务梳理成一个链条，然后分析每个节点的风险，以及需要进行哪些恰当控制的能力。

能力4：写作能力。是指把复杂的事情简单化，清晰明了地传递信息的能力。学习本书，有助于学会书写简洁的审计报告，可以研究及借鉴优秀的写作方式。

能力5：数据挖掘与分析能力。在面向数据的计算机辅助审计中，统计分析的目的是探索被审计数据内在的数量规律性，以发现异常现象，快速寻找审计突破口。

内部审计跟财务一样，不同的企业需求不同，所招聘的人才也不尽相同。内部审计人员只有不断地学习，提升自己的工作能力，才能不断增加自己的筹码，获得更好的发展。

本书与很多审计方面的讲座和图书的最大区别在于，本书注重技巧和方法，并通过深入浅出的论述，帮助读者掌握内部审计知识，让内部审计人员技能得到有效的提升。

本书卖点如下。

卖点1：专业作者。本书作者具有深厚的财务、审计知识以及丰富的相关管理经验。

卖点2：注重实操。本书提供详尽的审计流程、案例解析，旨在为企业内部审计工作提供全面、准确的实务操作指南，提高内部审计人员的业务操作水平。

卖点3：紧跟时代趋势。本书作为2022年新版内部审计书籍，严格依据《中国内部审计准则》《企业内部控制基本规范》编写。

在编写本书过程中，我们参考了相关资料以及相关专家的观点，并加以借鉴，在此谨向这些文献的作者致以诚挚的谢意。由于编者水平有限，书中难免存在疏漏之处，恳请大家批评指正。

屠建清

# 目录
## CONTENTS

**第1章 财务审计要点：企业内部财务审计要点与分析**

**1.1 风险评估——如何进行财务风险评估审计 /1**

1.1.1 利用阿特曼 Z-score 模型预测财务风险 ................ 1

1.1.2 利用杜邦分析法进行综合分析 ......... 2

1.1.3 利用资信评估指标进行综合分析 ... 2

1.1.4 利用财务指标进行综合分析 ............. 4

**1.2 风险预防——如何进行财务风险预防审计 /4**

1.2.1 对财务风险进行事前控制 ................. 5

1.2.2 对财务风险进行事中控制 ................. 5

1.2.3 对财务风险进行事后控制 ................. 5

**1.3 风险控制——财务风险内控审计 /5**

1.3.1 财务报表审计与内部控制审计的比较 ... 6

1.3.2 资金营运风险内控审计 ..................... 7

1.3.3 付款业务风险内控审计 ..................... 8

1.3.4 应收账款风险内控审计 ..................... 8

1.3.5 存货风险内控审计 ............................. 9

1.3.6 固定资产风险内控审计 ................... 12

1.3.7 无形资产风险内控审计 ................... 12

1.3.8 项目投资风险内控审计 ................... 14

**1.4 审计方案——拓展思路，创新审计方案 /17**

1.4.1 "因岗增人、梯次递补"的措施 ...... 17

1.4.2 预算执行审计同经济责任审计、财务收支审计有机结合 ................ 18

1.4.3 离任审计与任中审计"二审合一" ... 18

1.4.4 财政决算审计、经济责任审计、自然资源资产离任审计"三审合一" ......... 18

1.4.5 节约审计时间，减轻审计机构的负担 ........................................... 19

**1.5 审计执行——制度可操作性与执行力存在的问题，以及应对措施 /19**

1.5.1 企业制度可操作性不强的原因 ........ 19

1.5.2 增强企业制度可操作性的应对措施 ... 20

1.5.3 企业制度执行力不到位的原因 ........ 20

1.5.4 提升企业制度执行力的应对措施 ..... 21

**1.6 审计技能——掌握必备的财会知识，提升审计技能 /22**

1.6.1 账务处理 ........................................... 22

1.6.2 会计科目的应用 ............................... 22

1.6.3 财务报表的编制 ............................... 23

1.6.4 财务分析 ........................................... 23

1.6.5 掌握企业会计准则、小企业会计准则 ................................................... 24

1.6.6 把握税收法律法规和税收政策 ........ 24

1.6.7 把握金融法律法规和金融政策 ........ 24

1.6.8 把握《中华人民共和国公司法》等法律法规 ........................................... 25

**1.7 审计成果——企业内部审计成果及运用 /26**

1.7.1 什么是内部审计成果 ........................ 26

1.7.2 内部审计成果的不同层次.................26

1.8 信息化审计——ERP 系统的应用 /27

1.8.1 ERP 系统在审计信息化中存在的
风险.................27

1.8.2 利用 ERP 系统开展信息化审计..........28

## 第 2 章 财务、税务审计：审计流程、实战技法与案例解析

2.1 货币资金审计——现金、银行存款、其他货币资金 /30

2.1.1 货币资金审计目的 .................30

2.1.2 货币资金审计程序及需要把握的几个
要点 ................. 31

2.2 投、融资审计——投、融资业务内部
控制 /32

2.2.1 投资业务内部控制审计 .................32

2.2.2 筹（融）资与清偿业务的内部控制
审计 .................33

2.3 资金循环审计——审计重点、内部控制及
测试审计流程 /34

2.3.1 资金循环审计要点.................34

2.3.2 资金循环中的内部控制.................34

2.3.3 资金循环测试审计流程 .................34

2.4 物资采购审计——对采购遇到的问题进行
浅析 /36

2.4.1 物资采购合同审计.................36

2.4.2 物资采购内容审计.................40

2.4.3 物资采购前期审计.................40

2.4.4 物资采购过程审计.................42

2.4.5 物资采购后续审计.................44

2.5 销售审计——重视现金流，对销售环节
审计 /44

2.5.1 销售合同相关风险及规避.................45

2.5.2 应收款回收问题处理.................46

2.5.3 配套销售产品的价格确定.................47

2.5.4 合同管理要点.................47

2.5.5 应收账款审计要点.................49

2.6 增值税审计——根据增值税的计税规律确定
审查环节 /51

2.6.1 销售额的确定与审计 .................52

2.6.2 销售额审计.................53

2.6.3 进项税额抵扣时限.................54

2.6.4 进项税额结转.................55

2.6.5 进项税额转出.................55

2.7 所得税审计——允许扣除的项目和扣除比例
是否正确 /56

2.7.1 职工福利费税前扣除标准及审计.................56

2.7.2 工会经费税前扣除标准及审计..........56

2.7.3 职工教育经费税前扣除标准及审计.....57

2.7.4 公益性捐赠支出税前扣除标准及
审计.................57

2.7.5 业务招待费税前扣除标准及审计.........57

## 第 3 章 固定资产审计：企业内部固定资产审计要点与技能

3.1 固定资产保值增值审计 /59

3.1.1 固定资产保值增值审计的重点 ..........59

3.1.2 固定资产保值增值审计方法 .............60

3.1.3 固定资产保值增值考核指标的审计
方法 .................60

3.2 固定资产管理审计 /60

3.2.1 审计沟通 .................61

3.2.2 询问存在问题 .................61

3.2.3 核查资料清单 .................61

3.2.4 核查流程.................62

3.3 闲置和因利用率不高而处理的固定资产
审计 /64

3.3.1 审计闲置固定资产处理的合规性 ......64

3.3.2 闲置固定资产问题及审计推进思路......64

# 第4章 仓储管理审计：企业内部仓库
管理审计要点与技能

## 4.1 存货库存量合理性审计 /69

4.1.1 存货库存量合理性审计重点 ............69

4.1.2 存货库存数量合理性审计 .................70

4.1.3 存货库存价值合理性审计 .................70

4.1.4 存货库存量合理性审计的要点 .........70

## 4.2 不同行业企业存货库存量合理性审计 /72

4.2.1 制造业企业存货库存量合理性审计....72

4.2.2 零售企业商品存货库存量合理性
审计 ...................................................72

4.2.3 其他企业存货库存量合理性审计 .......73

## 4.3 不同行业存货库存周期管理审计 /73

4.3.1 制造业存货库存周期管理审计 .........73

4.3.2 其他行业商品库存周期管理审计 .......75

# 第5章 基建工程项目审计：建筑施工
项目审计流程、方法

## 5.1 基建项目审计特点 /79

5.1.1 基建项目特点 ...............................79

5.1.2 基建项目审计要求与特点 .................80

5.1.3 基建项目舞弊审计要点 ....................80

## 5.2 基建项目跟踪审计 /81

5.2.1 基建项目跟踪审计介入时点 ...........81

5.2.2 基建项目跟踪审计的作用 ..............81

5.2.3 基建项目跟踪审计应注意的问题 ......81

## 5.3 基建项目建设程序审计 /81

5.3.1 基建项目建设程序审计重点 ...........82

5.3.2 基建项目建设程序审计流程设计 ........82

5.3.3 基建项目建设程序审计中应注意的
问题 ...................................................83

## 5.4 基建项目决策审计 /84

5.4.1 基建项目决策工作主要内容 ...........84

5.4.2 基建项目决策工作程序 ..................84

5.4.3 基建项目可行性研究报告的主要
内容 ...................................................85

5.4.4 基建项目决策审计主要内容 ...........85

## 5.5 基建项目勘察设计审计 /87

5.5.1 勘察设计阶段主要工作内容 ...........87

5.5.2 基建项目勘察设计审计重点 ...........87

5.5.3 基建项目勘察设计审计问题处理 .......88

## 5.6 施工图预算审计 /91

5.6.1 施工图预算审计的主要内容 ...........91

5.6.2 施工图预算的审计方法 ..................93

## 5.7 基建项目施工准备阶段审计 /93

5.7.1 施工准备阶段征地拆迁审计 ...........94

5.7.2 招标投标概述 ...............................95

5.7.3 招投标审计 ..................................95

5.7.4 合同签订和审计 ...........................96

## 5.8 基建项目开工前期主要审计工作 /98

5.8.1 基建项目的设计管理审计 ..................99

5.8.2 基建项目开工前期准备工作审计 .......99

## 5.9 基建项目实施阶段审计 /99

5.9.1 设备和材料采购工作审计 ..................99

5.9.2 工程设计变更审计 .........................100

5.9.3 洽谈索赔工作审计 .........................101

5.9.4 工程进度款支付审计 ....................101

## 5.10 基建项目财务收支与竣工验收审计 /102

5.10.1 基建项目资金筹措审计 .................102

5.10.2 基建项目资金使用情况审计 .........102

5.10.3 基建项目竣工验收审计 .................103

5.10.4 基建项目工程结算审计 .................103

5.10.5 基建项目竣工财务决算审计 ..........104

5.10.6 基建项目决算报表审计 ..............104

# 第6章 农村财务审计：如何加强农村内部财务审计工作

## 6.1 农村集体经济组织审计机构的审计 /109

6.1.1 农村集体经济组织审计机构的审计监督范围 ..............109

6.1.2 农村集体经济组织审计机构十一项审计监督事项 ..............109

6.1.3 农村集体经济组织审计机构在审计过程中的五项职权 ..............110

## 6.2 农村财务审计基本项目 /111

6.2.1 财经执行情况审计 ..............111

6.2.2 集体资产管理审计 ..............111

6.2.3 债权、债务管理审计 ..............111

6.2.4 土地发包、承包审计 ..............112

6.2.5 专项资金管理审计 ..............112

6.2.6 民主监督和财务公开审计 ..............112

6.2.7 合同签订与履行审计 ..............112

## 6.3 审计人员、审计对象与审计职权 /112

6.3.1 农村审计人员的资格条件及考核 .....112

6.3.2 农业行政主管部门的审计对象 ........113

6.3.3 农业行政主管部门的审计职权 ........113

## 6.4 审计程序与审计过程 /114

6.4.1 审计任务与审计程序 ..............114

6.4.2 法律责任 ..............115

6.4.3 审计现场调查 ..............116

## 6.5 农村审计证据与后续审计 /118

6.5.1 审计证据的类别 ..............118

6.5.2 审计证据的要求 ..............119

6.5.3 获取审计证据的方法 ..............119

6.5.4 审计证据的审定 ..............119

6.5.5 后续审计 ..............119

## 6.6 农村内部财务审计方法 /120

6.6.1 检查记录或文件 ..............120

6.6.2 检查有形资产 ..............121

6.6.3 监盘 ..............121

6.6.4 观察 ..............122

6.6.5 询问 ..............122

6.6.6 函证 ..............122

6.6.7 重新计算 ..............123

# 第7章 电信业审计：电信业内部控制与审计实务

## 7.1 电信企业内部控制的要点 /126

7.1.1 电信企业内部控制审计存在的主要问题及对策 ..............126

7.1.2 电信企业人力资源控制要点 ..............128

7.1.3 电信企业财务报告控制要点 ..............128

7.1.4 电信企业全面预算控制要点 ..............130

7.1.5 电信企业合同管理内部控制要点 .....135

7.1.6 电信企业其余方面的企业内部控制要点 ..............136

## 7.2 电信企业财务风险管控的基本程序 /144

7.2.1 确定财务风险管控基本目标 ..............145

7.2.2 分析财务风险 ..............145

7.2.3 控制财务风险 ..............146

## 7.3 电信企业资产类科目风险与控制 /148

## 7.4 电信企业流动负债风险管控 /154

7.4.1 流动负债风险类型 ..............154

7.4.2 流动负债风险识别 ..............155

7.4.3 流动负债风险控制 ..............155

## 7.5 电信企业项目投资风险管控 /155

7.5.1 项目投资风险识别 ..............156

7.5.2 项目投资风险评估 ..............157

7.5.3 项目投资风险控制 .................... 157

**7.6 纳税环节风险管控 /158**

7.6.1 增值税风险管控 .................... 159

7.6.2 企业所得税风险管控 ............. 162

**7.7 电信企业内部控制与审计实务 /163**

7.7.1 前期准备阶段 .................... 163

7.7.2 审计实施阶段 .................... 164

7.7.3 审计报告阶段 .................... 166

7.7.4 后续审计阶段 .................... 166

7.7.5 成果运用阶段 .................... 167

**第 8 章 审计实操：如何编制企业内部审计工作底稿**

**8.1 内部审计基础 /168**

8.1.1 内部审计的职责权限与机构设置 .....169

8.1.2 选择审计对象 .................... 170

8.1.3 审计证据 ........................ 172

**8.2 审计工作底稿的分类 /173**

8.2.1 按性质和作用分类 .............. 174

8.2.2 按编制主体分类 ................ 174

**8.3 审计工作底稿的要求 /175**

8.3.1 编制审计工作底稿的总体要求 .........175

8.3.2 编制审计工作底稿的基本要求 .........175

8.3.3 审计工作底稿的勾稽关系 ............. 175

**8.4 审计工作底稿的基本内容及作用 /176**

8.4.1 审计工作底稿的内容 ............. 176

8.4.2 审计工作底稿的作用 ............. 177

**8.5 审计工作底稿的复核 /177**

8.5.1 审计工作底稿复核的基本要求 .........177

8.5.2 审计工作底稿复核的内容 ......... 178

**8.6 审计工作底稿的要素 /178**

8.6.1 审计二作底稿的九项要素 ............. 178

8.6.2 审计工作底稿要素的填写规则 .........179

**第 9 章 审计报告：企业全面审查后做出的客观评价**

**9.1 审计报告的价值 /181**

9.1.1 对内部审计自身的积极价值 .......... 181

9.1.2 对被审计单位业务管理人员的积极价值 ............................ 182

9.1.3 对最高管理层的积极价值 ......... 182

9.1.4 对外部审计的积极作用 ......... 182

**9.2 审计报告的内容 /182**

9.2.1 审计报告要素 .................... 183

9.2.2 审计依据 ........................ 184

9.2.3 审计发现 ........................ 184

9.2.4 审计结论 ........................ 184

**9.3 审计报告的修订与发送 /185**

9.3.1 使审计报告更有价值的方式 ......... 186

9.3.2 审计报告的修订与发送的相关内容 ...186

**第 10 章 审计数据分析：存在的问题在数据中的表现**

**10.1 常用的审计数据分析方法及工具的使用 /189**

10.1.1 数据分析方法 ...................... 190

10.1.2 数据分析等工具的使用 ......... 191

**10.2 账表分析 /193**

10.2.1 财务软件采集财务数据 ......... 193

10.2.2 审查被审计单位的财务数据 .........194

10.2.3 数据查询工具 MS Access 简介 .....194

**10.3 审计抽样 /194**

10.3.1 统计抽样 .......................... 195

10.3.2 非统计抽样 ...................... 195

10.3.3 AO 的审计抽样功能 ............. 196

10.3.4 IDEA 的审计抽样功能 ......... 196

**10.4 审计统计指标 /197**

10.4.1　总指标和分指标 ...............197

10.4.2　直接指标和间接指标 ..........198

10.4.3　货币指标和非货币指标 .......198

**10.5　数据分析 /199**

10.5.1　数据分析的作用 ...............199

10.5.2　常用的数据分析方法 .........199

**第 11 章　内部控制审计：风险导向内部审计要点**

**11.1　风险导向内部审计的含义、特点、类型 /201**

11.1.1　风险导向内部审计的含义 ...........201

11.1.2　风险导向内部审计的特点 ...........202

11.1.3　风险导向内部审计的类型 ...........203

**11.2　风险导向内部审计的功能 /204**

11.2.1　风险管理效应风险导向 ...............204

11.2.2　价值创造效应风险导向 ...............205

**11.3　风险导向内部审计的作用 /205**

11.3.1　帮助管理层了解风险信息 ...........205

11.3.2　帮助管理层识别与评估风险 ........205

11.3.3　帮助管理层进行风险的管理与协调 .....................................206

11.3.4　在风险环境分析中的作用 ...........206

11.3.5　在风险事件识别活动中的作用 .....206

11.3.6　在风险评估中的作用 ...............206

11.3.7　在风险反映和控制活动中的作用 ...207

11.3.8　在风险信息沟通和风险管理系统监控中的作用 .........................207

**11.4　风险导向内部审计的应用 /208**

11.4.1　多渠道获取信息，围绕目标辨认风险 .........................................208

11.4.2　采取科学方法进行风险评估 ........208

11.4.3　建立风险预警系统，实现风险预警 .........................................209

11.4.4　编制风险审计计划，优化资源配置 .........................................209

11.4.5　及时沟通信息，确保风险处置时效 .........................................209

**11.5　风险导向内部审计各阶段应用 /210**

11.5.1　风险评估阶段 ...............210

11.5.2　审计计划制定阶段 ...............211

11.5.3　审计计划实施阶段 ...............211

11.5.4　审计报告阶段 ...............212

11.5.5　后续审计阶段 ...............212

**11.6　风险导向内部审计应注意的问题 /213**

11.6.1　责任问题 ...............214

11.6.2　途径问题 ...............214

11.6.3　侧重点问题 ...............214

**11.7　风险导向内部审计应用中存在的问题与应对措施 /215**

11.7.1　风险导向内部审计在内部审计实务应用中存在的问题 .....................215

11.7.2　针对风险导向内部审计在应用中存在的问题的应对措施 .................215

**11.8　风险导向内部审计工作流程、技巧与方法 /216**

11.8.1　风险导向内部审计工作流程 ........216

11.8.2　风险导向内部审计技巧和方法 .......221

**第 12 章　大数据审计：网络时代企业内审内控自动化与稽核**

**12.1　大数据下的网络审计 /227**

12.1.1　大数据下的网络审计概述 ...........227

12.1.2　大数据下的网络审计的内容与特点 .........................................228

12.1.3　大数据下的网络审计的程序及方法 .........................................230

12.1.4 大数据下的网络审计与控制检查风险及其防范措施 ............ 235

## 12.2 风险管理自动化审计机制要点 /236
12.2.1 具备风险管理知识库 ............... 236
12.2.2 自定义风险管理方法与步骤 ...... 236
12.2.3 风险量化 ............................... 237

## 12.3 审计自动化 /237
12.3.1 审计文档自动化概述 .............. 238
12.3.2 使用审计自动化软件开展审计需要考虑的问题 ............... 238
12.3.3 如何创造性地应用文档自动化以提高审计质量 ............... 238
12.3.4 如何使审计自动化最大限度地提高工作效率 ............... 239

## 12.4 SAP 系统下的企业内部审计 /240
12.4.1 SAP 系统对内部审计工作的影响 .... 240
12.4.2 SAP 系统下内部审计的工作重点 .... 242
12.4.3 SAP 系统内部审计内容的重点 ........ 243
12.4.4 SAP 系统内部审计流程的安排 ..... 243
12.4.5 SAP 系统内部审计方法的变化 ..... 244
12.4.6 SAP 系统下对审计质量的控制 ....... 244

## 12.5 信息化条件下企业内部控制的创新 /245
12.5.1 实施业务流程重组，使业务流程与信息流程相协调 ............... 245
12.5.2 强化风险意识，建立新型的风险控制体系 ............... 245
12.5.3 监控与操作分离，强化系统内部的相互牵制 ............... 246
12.5.4 加强人力资源管理，保证员工业务素质和道德素养 ............... 246
12.5.5 建立安全管理控制制度，保证网络和信息系统的安全 ............... 246

## 12.6 网络环境下实时自动化审计系统的创建 /247
12.6.1 实时自动电算化审计系统的意义 ... 247
12.6.2 系统的模型及其原理 ............... 247
12.6.3 硬件方面 ............................... 248
12.6.4 软件方面 ............................... 249
12.6.5 应注意的问题 ....................... 249

## 第 13 章 审计人员：内审职业胜任能力与专业素质提升

## 13.1 胜任能力的含义 /250
13.1.1 胜任能力的概念 ................... 251
13.1.2 知识、能力、职业素养的内涵 ....... 251
13.1.3 知识、能力、职业素养三者之间的关系 ............... 251
13.1.4 专业胜任能力与职业胜任能力的区别 ............... 251

## 13.2 内部审计人员应掌握的知识 /254
13.2.1 与内审相关的知识点 .............. 254
13.2.2 风险管理的知识 ................... 254
13.2.3 内部控制的相关知识 .............. 255

## 13.3 内部审计人员应具备的素质和能力 /255
13.3.1 内部审计人员应具备的基本素质 ... 256
13.3.2 内部审计人员应具备的特别素质 .... 258

## 13.4 内部审计人员应如何提升执业胜任能力和专业素质 /258
13.4.1 内部审计人员如何提升职业胜任能力 ............... 258
13.4.2 内部审计人员提升专业素质的 8 条途径 ............... 259

## 第 14 章 审计沟通：内部审计人员有效沟通的技巧

## 14.1 审计沟通概述 /260

14.1.1　审计沟通的内容 ..................... 260

14.1.2　审计沟通方式 ..................... 261

14.1.3　内部审计人员有效沟通的六大

原则 ..................... 264

**14.2　内部审计人员有效沟通的四大技巧 /264**

14.2.1　表现合作性态度的技巧 ..... 264

14.2.2　有效利用肢体语言的技巧 ........... 265

14.2.3　有效发送信息五技巧 ........... 265

14.2.4　接收信息四技巧 ........... 265

**14.3　内部审计人员如何与领导沟通 /265**

14.3.1　请示与汇报的基本态度 ........... 266

14.3.2　与各种性格的领导沟通的技巧 ..... 266

**14.4　内部审计人员如何与部下沟通 /266**

14.4.1　下达命令五技巧 ........... 266

14.4.2　赞扬部下四技巧 ........... 266

14.4.3　批评部下五方法 ........... 267

**第15章　行政事业单位内部审计**

**15.1　预算执行情况审计 /268**

15.1.1　审查预算的编制情况 ..................... 268

15.1.2　审查预算的批复情况 ..................... 269

15.1.3　审查预算收入的编制与执行情况 ... 269

15.1.4　审查基本支出预算的编制与执行

情况 ..................... 270

15.1.5　审查项目预算的编制与执行情况 ...271

**15.2　固定资产管理情况审计 /272**

15.2.1　审查固定资产账账、账实之间是否

相符 ..................... 272

15.2.2　审查对外出租设备是否经财政部门

批准 ..................... 272

15.2.3　审查设备的管理使用情况 ........... 272

15.2.4　审查项目设备、大型专用设备的采购

情况 ..................... 272

**15.3　财务决算情况审计 /273**

15.3.1　审查内部控制制度的制定与执行

情况 ..................... 273

15.3.2　审查账户设置情况 ..................... 273

15.3.3　审查往来款项中是否存在核算收入支出

的现象 ..................... 273

15.3.4　审查债权债务清理情况 ..................... 274

15.3.5　审查事业性收入和其他收入情况 ....274

15.3.6　审查行政事业单位支出的情况 ....... 275

**15.4　行政事业单位其他情况审计 /276**

15.4.1　财政性资金结余管理情况审计 ....... 277

15.4.2　票据审计 ..................... 277

15.4.3　收费和罚没收入审计 ..................... 278

15.4.4　绩效审计 ..................... 278

15.4.5　"三公"经费审计 ..................... 279

# 第 1 章
# 财务审计要点：企业内部财务审计要点与分析

企业内部财务审计是指由企业内部审计机构或审计人员依照国家的法律法规、企业的管理制度对企业及所属单位的财务管理和会计核算的合法、合规，相关内控制度的健全、有效，以及财务信息的真实、准确进行审查和评价的独立的经济监督、评价活动。

企业内部财务审计的要点，包括风险评估、风险预防、风险控制、审计方案、审计执行、审计技能、审计成果、信息化审计等内容。

## 1.1 风险评估——如何进行财务风险评估审计

风险导向审计，是当今企业主流的内部审计方法。它要求审计人员评估财务报表重大错报风险，设计和实施进一步审计程序以应对评估的重大错报风险，根据审计结果出具恰当的审计报告。

那么，企业内部如何进行财务风险评估审计呢？

### 1.1.1 利用阿特曼 Z-score 模型预测财务风险

阿特曼 Z-score 模型是财务专家爱德华·阿特曼（Edward Altman）于1968 年设计的一种破产预测模型。

阿特曼确立的公开上市交易的制造业公司的破产指数模型为"$Z=1.2X_1+$

$1.4X_2+3.3X_3+0.6X_4+0.999X_5$"，具体见表 1-1。

表 1-1　阿特曼 Z-score 模型

| 年度 | 自变量 | | | | | Z 值 |
|---|---|---|---|---|---|---|
| | $X_1$ | $X_2$ | $X_3$ | $X_4$ | $X_5$ | |
| 2019 | 0.1403 | 0.0516 | 0.0809 | 1.8669 | 0.9003 | 2.519007 |
| 2020 | 0.2277 | 0.0260 | 0.0693 | 3.0688 | 0.7782 | 3.150028 |

| |
|---|
| $X_1$=（期末流动资产 − 期末流动负债）÷ 期末资产总额　　$X_2$=（盈余公积 + 未分配利润）÷ 期末资产总额　　$X_3$=息税前利润 ÷ 期末资产总额　　$X_4$=期末股东权益的市场价值 ÷ 期末负债总额　　$X_5$=营业收入 ÷ 期末资产总额 |

说明：$Z \geq 3.0$，财务失败可能性很小，财务状况十分稳定；$2.676 \leq Z \leq 2.999$，表示财务失败可能性很小，企业财务状况良好；$Z < 1.81$，为破产企业；$1.81 \leq Z \leq 2.675$，则说明企业财务状况极不稳定，很难简单得出是否破产的结论

## 1.1.2　利用杜邦分析法进行综合分析

杜邦分析法是利用各主要财务比率间的内在联系，对企业财务状况及经济效益进行综合系统分析评价的方法。该方法以净资产收益率为起点，以资产净利率和权益乘数为核心，重点揭示企业获利能力及权益乘数对净资产收益率的影响，以及各相关指标间的相互影响关系。

杜邦分析法因最初由美国杜邦公司成功应用，所以得名。杜邦分析法中的几种主要的财务指标关系如下。

净资产收益率 = 资产净利率 × 权益乘数

因：　资产净利率 = 销售净利率 × 总资产周转率

故：　净资产收益率 = 销售净利率 × 总资产周转率 × 权益乘数

杜邦分析法有助于企业管理层更加清晰地看到净资产收益率的决定因素，以及销售净利率与总资产周转率、资产负债率之间的相互关联关系，给管理层提供了一张明晰的考察企业资产管理效率和能否最大化股东投资回报的路线图。

## 1.1.3　利用资信评估指标进行综合分析

资信评估指标是指信用评级机构在对被评对象的信用状况进行客观公正评价时所采用的评价要素、评价指标、评价方法、评价标准、评价权重和评价等级等

项目的总称，这些项目形成一个完整的体系，叫作资信评估指标体系。资信评估指标体系见表 1-2。

表 1-2　资信评估指标体系

| 项目 | 分值 | 分数值及取值 | 2019 年 | 2020 年 |
|---|---|---|---|---|
| 一、企业素质及潜力 | 12 | | | |
| （1）管理素质 | 4 | 好：4 分；中：2 分；差：0 分 | | |
| （2）主要领导人素质 | 3 | 好：3 分；中：1 分；差：0 分 | | |
| （3）职工素质 | 2 | 好：2 分；中：1 分；差：0 分 | | |
| （4）发展潜力 | 3 | 好：3 分；中：2 分；差：0 分 | | |
| 二、企业信用状况 | 25 | | | |
| （1）贷款到期偿还率 | 20 | 等于 100% 得 20 分，大于等于 90%、小于 100% 得 16 分，大于等于 80%、小于 90% 得 12 分，大于等于 70%、小于 80% 得 8 分，大于等于 60%、小于 70% 得 4 分，大于等于 50%、小于 60% 得 1 分，小于 50% 得 0 分 | | |
| （2）或有负债偿还率 | 5 | 等于 100% 得 5 分，大于等于 90%、小于 100% 得 4 分，大于等于 80%、小于 90% 得 3 分，大于等于 70%、小于 80% 得 2 分，大于等于 60%、小于 70% 得 1 分，小于 60% 得 0 分 | | |
| 三、企业效益水平 | 20 | | | |
| （1）资产净利率 | 10 | 大于等于 10% 得 10 分，大于等于 8%、小于 10% 得 8 分，大于等于 6%、小于 8% 得 6 分，大于等于 4%、小于 6% 得 3 分，小于 4% 得 0 分 | | |
| （2）销售净利率 | 10 | 大于等于 20% 得 10 分，大于等于 16%、小于 20% 得 8 分，大于等于 12%、小于 16% 得 6 分，大于等于 8%、小于 12% 得 4 分，大于等于 4%、小于 8% 得 2 分，小于 4% 得 0 分 | | |

从表 1-2 可以看出，体现企业资信评级要素的具体项目一般以指标表示。指标的选择，必须以能充分体现评级的内容为条件。通过几项主要指标的衡量，

有助于把企业资信的某一方面情况充分揭示出来。例如：企业信用状况可以通过贷款到期偿还率、或有负债偿还率来体现；企业效益水平，可以通过资产净利率、销售净利率等指标来体现。

### 1.1.4　利用财务指标进行综合分析

财务指标，是指总结和评价反映企业财务状况与经营成果等指标。财务指标包括偿债能力指标、营运能力指标、盈利能力指标等。

其中，偿债能力指标，包括资产负债率、流动比率、速动比率。偿债能力评价指标体系见表1-3。

表1-3　偿债能力评价指标体系

| 项目 | 分值 | 分数值及取值 |
|------|------|------------|
| 资产负债率 | 13 | 小于等于30%得13分，大于30%、小于等于40%得10分，大于40%、小于等于50%得8分，大于50%、小于等于60%得4分，大于60%、小于等于70%得2分，大于70%得0分 |
| 流动比率 | 5 | 大于等于2得5分，大于等于1.8、小于2得4分，大于等于1.6、小于1.8得3分，大于等于1.3、小于1.6得2分，大于等于1、小于1.3得1分，小于1得0分 |
| 速动比率 | 5 | 大于等于1得5分，大于等于0.8、小于1得4分，大于等于0.6、小于0.8得3分，大于等于0.4、小于0.6得2分，大于等于0.2、小于0.4得1分，小于0.2得0分 |

另外，营运能力指标，包括应收账款周转率、存货周转率；盈利能力指标，包括资本金利润率、销售利润率（营业收入利税率）、成本费用利润率等。

## 1.2　风险预防——如何进行财务风险预防审计

风险预防也是财务审计的重点内容。随着我国市场竞争不断加剧，企业内部财务风险也越来越多，只有做好内部审计工作，才能更好地预防这些风险。

### 1.2.1　对财务风险进行事前控制

企业在对是否实施某一方案进行决策时，既要考虑利益，又要兼顾风险，通过对可能存在的财务风险的分析，运用风险决策法、概率分析法、弹性预算法等，制定科学合理的管理办法，保证发生意外时能有效应对。

坚持谨慎性原则，建立风险基金。即在损失发生以前以预提方式建立用于防范风险损失的专项准备金。例如，产品制造业可按一定规定和标准计提坏账准备、商业流通企业计提存货跌价准备，用以弥补风险损失。

### 1.2.2　对财务风险进行事中控制

在企业生产经营活动中，运用定性分析、定量分析的方法来计算、监控企业财务风险状况，及时采取相应措施，控制出现的偏差，有效遏制事态的发展，将风险降到可以控制的程度，减少经济损失，保证企业生产经营活动正常进行。

例如，研究赊销账款的情况，确定回收办法，加速资金回笼；建立企业资金使用效益监督制度；有关部门定期对资产管理比率进行考核；加强流动资金的投放和管理，提高流动资产的周转率，进而提升企业的变现能力，增加企业的短期偿债能力。

### 1.2.3　对财务风险进行事后控制

对于已经发生的财务风险，要建立风险档案，从中吸取教训，避免再次犯错；对于已经发生的损失，应及时消化处理，若长期挂账，势必给企业未来发展埋下隐患。加强风险预防措施管控，盘活存量资产，加快处理闲置设备，将收回的资金用来偿还债务。

## 1.3　风险控制——财务风险内控审计

内部控制审计是通过对被审计单位的内部控制制度的审查、分析测试、评价，确定其可信程度，从而对内部控制是否有效做出鉴定的一种现代审计方法。

内部控制审计就是确认、评价企业内部控制有效性的过程，包括确认和评价企业内部控制设计与运行缺陷和缺陷等级，分析缺陷形成原因，提出改进内部控制的建议。

### 1.3.1　财务报表审计与内部控制审计的比较

财务报表审计是对财务报表是否在所有重大方面按照适用的财务报告编制基础编制发表审计意见；内部控制审计是对内部控制的有效性发表审计意见，并对内部控制审计过程中注意到的非财务报告内部控制重大缺陷进行披露。

相比较而言，它们的不同之处在于财务报表审计是对财务报表进行审计，重在审计"结果"；而内部控制审计是对保证财务报表质量的内部控制的有效性进行审计，重在审计"过程"。具体区别见表1-4。

表1-4　财务报表审计与内部控制审计的比较

| 比较项目 | 内部控制审计 | 财务报表审计 |
|---|---|---|
| 审计目的 | 对保证财务报告质量的内部控制的有效性发表审计意见，并对内部控制审计过程中注意到的非财务报告内部控制的重大缺陷，在内部控制审计报告中增加"非财务报告内部控制重大缺陷描述段"予以披露 | 对财务报表是否符合企业会计准则，是否公允反映被审计单位的财务状况和经营成果发表意见 |
| 了解和测试内部控制的目的 | 对内部控制设计和运行有效性发表审计意见 | 了解内部控制是为了评估重大错报风险。测试内部控制是为了进一步证明了解内部控制时得出的初步结论，了解和测试内部控制的最终目的是对财务报表发表审计意见 |
| 测试范围 | 对所有重要账户、各类交易和列报的相关认定，都要了解和测试相关的内部控制 | 只在以下两种情况下强制要求测试内部控制：（1）在评估认定层次重大错报风险时，预期内部控制运行有效，即在确定实质性程序的性质、时间安排和范围时，拟信赖内部控制运行的有效性；（2）仅实施实质性程序不能提供认定层次充分、适当的审计证据。其他情况下，可以不测试内部控制 |

续表

| 比较项目 | 内部控制审计 | 财务报表审计 |
|---|---|---|
| 测试时间 | 对特定基准日内部控制有效性发表意见。不一定要测试整个会计期间，但要测试足够长的时间 | 一旦确定需要测试，则需要测试内部控制在整个审计期间运行的有效性 |
| 测试样本量 | 对结论可靠性的要求高，测试的样本量大 | 对结论可靠性的要求取决于计划从内部控制中得到保证的程度（或减少实质性程序工作量的程度） |
| 结果报告 | （1）对外披露<br>（2）以正面、积极的方式对内部控制有效性发表意见 | （1）通常不对外披露内部控制情况，除非内部控制影响到对财务报表发表审计意见<br>（2）以管理建议书的方式向管理层或治理层报告财务报表审计中发现的内部控制重大缺陷，但没有义务专门实施审计程序，以发现和报告内部控制重大缺陷 |

从表1-4可以看出：财务报表审计是对企业财务数字及财务报表的审计，也就是年审；内部控制审计是对企业收支平衡或收大于支的控制审计，把成本控制在最低限度。

## 1.3.2 资金营运风险内控审计

市场经济条件下，企业面临严峻的考验，而营运资金的管理水平直接影响企业的生存发展。因此，加强对资金活动的控制，建立健全资金活动内部控制制度，方能保障经营管理活动的合理合法。资金营运风险内部控制审计见表1-5。

表1-5 资金营运风险内部控制审计

| 风险控制点 | 控制目标 | 控制措施 |
|---|---|---|
| 审批 | 合法性 | 未经授权不得经办资金收付业务；明确不同级别管理人员的权限 |
| 复核 | 真实性与合法性 | 会计人员对相关凭证进行横向复核和纵向复核 |
| 收支点 | 收入入账完整，支出手续完备 | 出纳人员根据审核后的相关收付款原始凭证收款和付款，并加盖戳记 |
| 记账 | 真实性 | 出纳人员根据资金收付款凭证登记日记账；会计人员根据相关凭证登记有关明细分类账；主管会计登记总分类账 |

| 风险控制点 | 控制目标 | 控制措施 |
|---|---|---|
| 对账 | 真实性和财产安全 | 账证核对、账表核对与账实核对 |
| 保管 | 财产安全与完整 | 授权专人保管资金；定期、不定期盘点 |
| 银行账户管理 | 防范小金库，加强业务管控 | 开设、使用与撤销的授权；是否有账外账 |
| 票据与印章管理 | 财产安全 | 票据统一印制或购买；票据由专人保管；印章与空白票据分管；财务专用章与企业法定代表人章分管 |

企业资金营运风险内部控制审计，就是对被审计单位资金活动内部控制设计与运行的有效性进行审查和评价的活动，这对促使被审计单位加强资金活动内部控制建设、防范资金活动风险具有重要意义。

### 1.3.3 付款业务风险内控审计

付款业务的主要风险体现在：付款审核不严格、付款方式不恰当、付款金额控制不严，可能导致企业资金损失或信用受损。

针对付款业务风险点，主要管控措施如下。

第一，严格审查采购发票等票据的真实性、合法性和有效性，判断采购款项是否确实应给予支付。如审查发票填制的内容是否与发票种类相符合、发票加盖的印章是否与票据的种类相符合等。

第二，根据国家有关支付结算的相关规定和企业生产经营的实际，合理选择付款方式，并严格遵循合同规定，防范付款方式不当带来的法律风险，保证资金安全。除了不足转账起点金额的采购可以支付现金外，其余的采购应通过银行办理转账。

第三，加强预付账款和定金的管理。大额或长期的预付款项，应当定期进行追踪核查，综合分析预付账款的期限、占用款项的合理性、不可收回风险等情况，发现有疑问的预付款项，应当及时采取措施，尽快收回款项。

### 1.3.4 应收账款风险内控审计

应收账款是指企业因销售商品或提供劳务而形成的债权，即由于企业销售商品或提供劳务等，应向购货客户或接受劳务的客户收取的款项或代垫的运杂费，是企业在经营活动中形成的各种债权性资产。

企业应收账款的风险主要体现在以下几个方面：应收账款的资金数额大，加剧周转资金不足；应收账款夸大了企业经营成果，存在着潜亏或损失；应收账款增加了企业现金流出的损失；应收账款增加了企业资金机会成本损失。

针对应收账款风险点，主要管控措施包括：实行分层管理；进行总量控制；实施动态监控；加强对客户的信用管理；加强企业内部产品和服务的管理；重视结算方式的选择；各级管理层高度重视和大力支持应收账款管理；建立应收账款管控有效考核机制；强化和规范应收账款内部控制制度与流程。

应收账款审计是企业财务审计中一项非常重要的内容。加强企业的应收账款审计，是做好资产、负债、损益审计工作的主要内容之一，这对于加速企业资金周转、减少资金占用、提高资金利用率、促进资产保值增值都具有重要意义。

因此，为维护企业资金正常流转，对应收账款应实行严格的内部审计和内部控制制度，需要做到以下几点。

（1）可靠的人事和明确的责任。一个不诚实的员工会削弱一个系统的作用。选育留用员工是企业管理的一项基础工作，必须视个人的能力、兴趣、经验和可靠程度的不同，分别授予和规定他们的权利和义务。

（2）责任分离与岗位轮换。这样做不仅有助于精确地编制数据，还降低了舞弊风险。

（3）确认坏账损失要有充足的证据。企业必须取得充分、确凿的证据才能确认坏账损失。

（4）对赊销的权限进行监督。赊销及征信部门有权决定赊销的对象及数量，但决定必须建立在对信用资料分析的基础之上，权力属于全部门，个人的权力不能凌驾于集体之上。

## 1.3.5　存货风险内控审计

存货是指企业在日常活动中持有以备出售的产成品或商品、处在生产过程中的在产品、在生产过程或提供劳务过程中耗用的材料或物料等，包括各类材料、在产品、半成品、产成品或库存商品以及包装物、低值易耗品、委托加工物资等。

也就是说，存货有三种类型：库存商品、半成品和原材料等。企业存货风险内部控制审计包括以下内容。

### 1. 存货取得

企业存货取得的主要风险是存货预算编制不科学、采购计划不合理，可能导致存货积压或短缺。

针对风险点，企业存货取得的主要管控措施包括：企业存货管理实务中，应当根据各种存货采购间隔期和当前库存，综合考虑企业生产经营计划、市场供求等因素，充分利用信息系统，合理确定存货采购日期和数量，确保存货处于最佳库存状态。考虑到存货取得的风险管控措施主要体现在预算编制和采购环节，因此应由相关的预算和采购内部控制应用指引加以规范。

### 2. 验收入库

企业存货验收入库的主要风险是验收程序不规范、标准不明确，可能导致数量克扣、以次充好、账实不符。

针对风险点，企业存货验收入库的主要管控措施包括：外购存货的验收应当重点关注合同、发票等原始单据与存货的数量、质量、规格等核对一致；自制存货的验收，应当重点关注产品质量，只有检验合格的半成品、产成品才能办理入库手续，不合格品应及时查明原因、落实责任、报告处理；其他方式取得存货的验收，应当重点关注存货来源、质量状况、实际价值是否符合有关合同或协议的约定；经验收合格的存货进入入库或销售环节。

### 3. 仓储管理

企业存货仓储管理的主要风险是存货仓储保管方法不适当、监管不严密，可能导致损坏变质、价值贬损、资源浪费。

针对风险点，企业存货仓储管理的主要管控措施包括：存货在不同仓库之间流动时，应当办理出入库手续；存货仓储期间要按照仓储物资所要求的储存条件妥善储存；对代管、代销、暂存、受托加工的存货，应单独存放和记录，避免与本企业存货混淆；结合企业实际情况，加强存货的保险投保，保证存货安全，合理降低存货意外损失风险；仓储部门应对库存物料和产品进行每日巡查和定期抽检，详细记录库存情况；发现毁损、存在跌价迹象的，应及时与生产、采购、财务等相关部门沟通。

### 4. 领用发出

企业存货领用发出的主要风险是存货领用发出审核不严格、手续不完备，可能导致货物流失。

针对风险点，企业存货领用发出的主要管控措施包括：企业应当根据自身的业务特点，确定适用的存货发出管理模式，制定严格的存货准出制度，明确存货发出和领用的审批权限；生产企业仓储部门应核对经过审核的领料单或发货通知单的内容，做到单据齐全，名称、规格、计量单位准确，符合条件的准予领用或发出，并与领用人当面核对、点清交付；商场超市等商品流通企业，在存货销售发出环节应侧重于防止商品失窃、随时整理弃置商品、每日核对销售记录和库存记录等。

### 5. 盘点清查

企业存货盘点清查的主要风险是存货盘点清查制度不完善、计划不可行，可能导致工作流于形式、无法查清存货真实状况。

针对风险点，企业存货盘点清查的主要管控措施包括：企业应当建立存货盘点清查工作规程，结合本企业实际情况确定盘点周期、盘点流程、盘点方法等相关内容，将定期盘点和不定期抽查相结合；盘点清查时，应拟订详细的盘点计划，合理安排相关人员，使用科学的盘点方法，保持盘点记录的完整，以保证盘点的真实性、有效性；对盘点清查结果要及时编制盘点表，形成书面报告，包括盘点人员、时间、地点，实际所盘点存货名称、品种、数量、存放情况，盘点存货名称、品种、数量、存放情况以及盘点过程中发现的账实不符情况等内容；对盘点清查中发现的问题，应及时查明原因，落实责任，按照规定权限报经批准后处理。

### 6. 存货处理

企业存货处理的主要风险是存货报废处置责任不明确、审批不到位，可能导致企业利益受损。

针对风险点，企业存货处理的主要管控措施包括：企业应定期对存货进行检查，及时、充分了解存货的存储状态；对于存货变质、毁损、报废或流失的处理要及时合理，要分清责任、分析原因。

### 1.3.6　固定资产风险内控审计

固定资产是指企业为生产产品、提供劳务、出租或者经营管理而持有的、使用时间超过 12 个月的、价值达到一定标准的非货币性资产，包括房屋、建筑物、机器、机械、运输工具以及其他与生产经营活动有关的设备、器具、工具等。固定资产是企业的劳动手段，也是企业赖以生产经营的主要资产，所以，固定资产风险内部控制审计是控制财务风险的重要内容。

固定资产风险内部控制审计存在的主要风险：一是缺乏对设备采购合同履行情况的有效跟踪，运输方式选择不合理，忽视运输过程保险风险，可能导致采购的设备受损或无法保证供应；二是固定资产投保制度不健全，可能导致应投保资产未投保而索赔不力；三是固定资产验收制度不规范、人员选择不当、职责不明确，可能导致资产质量不符合要求，进而影响固定资产使用效果。

针对风险点，固定资产的主要管控措施包括：建立严格的固定资产交付使用验收制度；重视和加强固定资产的投保工作；规范验收流程，明确验收责任；从外部购入的设备，采购人员应与厂商联系送货时间及地点；各种监督和测试工作应当以文字记录，并作为工程验收合格证书的附件妥善保管。

### 1.3.7　无形资产风险内控审计

无形资产是指企业拥有或者控制的没有实物形态的可辨认非货币性资产。广义的无形资产包括货币资金、金融资产、长期股权投资、专利权、商标权等，因为它们没有物质实体，而是表现为某种法定权利或技术。但是，会计上通常将无形资产做狭义的理解，即无形资产仅包括专利权、商标权等。

企业内部无形资产在以下方面存在风险。

**1. 无形资产的取得与验收**

无形资产的取得与验收存在的主要风险： 取得的无形资产不具先进性，或权属不清，可能导致企业资源浪费或引发法律诉讼。

针对风险点，无形资产的取得与验收的主要管控措施：企业应当建立严格的无形资产交付使用验收制度，明确无形资产的权属关系，及时办理产权登记手续；企业外购无形资产，必须仔细审核有关合同协议等法律文件，及时取得无形资产所有权的有效证明文件，同时特别关注外购无形资产的技术先进性；企业自行开发的无形资产，应由研发部门、无形资产管理部门、使用部门共同填制无形资产移交使用验收单，移交使用部门使用；企业购入或者以支付土地出让金方式取得的土地使用权，必须取得土地使用权的有效证明文件；当无形资产权属关系发生变动时，应当按照规定及时办理权证转移手续。

### 2. 无形资产的使用与保全

无形资产的使用与保全存在的主要风险：一是无形资产使用效率低下，效能发挥不到位；二是缺乏严格的保密制度，致使体现在无形资产中的商业机密泄露；三是商标等无形资产疏于管理，导致其他企业侵权，严重损害企业利益。

针对风险点，无形资产的使用与保全的主要管控措施：企业应当强化无形资产使用过程的风险管控，充分发挥无形资产对提升企业产品质量和市场影响力的重要作用；建立健全无形资产核心技术保密制度，严格限制未经授权人员直接接触技术资料，对技术资料等无形资产的保管及接触应保有记录，实行责任追究，保证无形资产的安全与完整；对侵害资产的，要积极取证并形成书面调查记录，提出维权对策，按规定程序审核并上报等。

### 3. 无形资产的技术升级与更新换代

无形资产的技术升级与更新换代存在的主要风险：无形资产内含的技术未能及时升级换代，导致技术落后或存在重大技术安全隐患。

针对风险点，无形资产的技术升级与更新换代的主要管控措施：企业应当定期对专利、专有技术等无形资产的先进性进行评估，发现某项无形资产给企业带来经济利益的能力受到重大不利影响时，应当考虑淘汰落后技术，同时加大研发投入，不断推动企业自主创新与技术升级，确保企业在市场竞争中始终处于优势地位。

### 4. 无形资产的处置

无形资产的处置存在的主要风险：无形资产长期闲置或低效使用，就会逐渐失去其使用价值；无形资产处置不当，往往造成企业资产流失。

针对风险点，无形资产处置过程中的主要管控措施：企业应当建立无形资产处置的相关管理制度，明确无形资产处置的范围、标准、程序和审批权限等要求，无形资产的处置应由独立于无形资产管理部门和使用部门的其他部门或人员按照规定的权限和程序办理；应当选择合理的方式确定处置价格，并报经企业授权部门或人员审批；重大的无形资产处置，应当委托具有资质的中介机构进行资产评估。

## 1.3.8 项目投资风险内控审计

项目投资是一种以特定项目为对象，直接与新建项目或更新改造项目有关的长期投资行为。项目投资按其涉及内容还可进一步细分为单纯固定资产投资和完整工业投资项目。

企业项目投资的风险点主要有：投资活动与企业战略不符带来的风险；投资与筹资在资金数量、期限、成本与收益上不匹配的风险；投资活动忽略资产结构与流动性的风险；缺乏严密的授权审批制度和不相容职务分离制度的风险；缺乏严密的投资资产保管与会计记录的风险。

项目投资的风险控制点、控制目标和控制措施见表1-6。

表1-6　项目投资的关键风险控制

| 风险控制点 | 控制目标 | 控制措施 |
| --- | --- | --- |
| 提出投资方案 | 保证投资方案可行 | 进行投资方案的战略性评估，包括是否与企业发展战略相符合，投资规模、方向和时机是否适当；对投资方案进行技术、市场、财务可行性研究，深入分析项目的技术可行性与先进性，市场容量与前景，以及项目预计现金流量、风险与报酬，比较或评价不同投资方案的可行性 |
| 投资方案审批 | 选择批准最优投资方案 | 明确审批人对投资业务的授权批准方式、权限、程序和责任，不得越权；审批中应实行集体决策审议或者联签制度；与有关被投资方签署投资协议 |
| 编制投资计划 | 制定切实可行的具体投资计划，作为项目投资的控制依据 | 核查企业当前资金额及正常生产经营预算对资金的需求量，积极筹措投资项目所需资金；制定详细的投资计划，并根据授权审批制度报有关部门审批 |

续表

| 风险控制点 | 控制目标 | 控制措施 |
|---|---|---|
| 实施投资方案 | 保证投资活动按计划合法、有序、有效进行 | 根据投资计划，严格分期、按进度适时投放资金，严格控制资金流量和时间；<br>以投资计划为依据，按照职务分离制度和授权审批制度，各环节和各责任人正确履行审批监督责任，对项目实施过程进行监督和控制，防止各种舞弊行为，保证项目建设的质量和进度要求；<br>做好严密的会计记录，发挥会计控制的作用；<br>做好跟踪分析工作，及时评价投资的进展，将分析和评价的结果反馈给决策层，以便及时调整投资策略或制定投资退出策略 |
| 投资资产处置控制 | 保证投资资产的处理符合企业的利益 | 投资资产的处置应该由专业中介机构选择相应的资产评估方法，客观评估投资价值，同时确定处置策略；<br>投资资产的处置必须经过董事会的授权批准 |

项目投资是一个长期、复杂、系统的过程，其风险是客观存在的。项目投资过程中，如不对每一个运行环节严格控制，风险随时可能会发生。因此进行项目投资风险控制，是为了全面、系统地研究该项目面临什么风险，风险有多大，应采取怎样的措施有效规避风险。

人们常说"高风险带来高利益"，要权衡风险与利益的关系，关键是识别和预测风险，并将风险控制在自己可以接受的范围内。我们普遍认可的风险标准就是：风险与预期收益相匹配，获得多大的收益，就要承受多大的风险。同时也只有精确、可靠、科学的风险预测，才能提出风险防范的措施和解决的办法，避免可能带来的经济损失。

### 案例　千万元"小金库"现形记

某年年末，江苏省沛县审计局在对某单位主管部门进行审计时，采用内部控制测评、广泛审前调查、突击现金盘点、审查相关会议记录、实施账账核对、财务核算与业务工作核对等方式，一举查出该单位采用基层单位上交的资产转让等收入单独设置流水账、虚报离休干部经费、收入不入账等手段，隐瞒收入，设置小金库 6 个，私存私放资金达 1 392 万元的严重违规问题。该单位私设小金库长达 7 年。

那么，审计人员是如何发现这 6 个隐藏 7 年之久的千万元小金库的呢？

（1）疑点初现。

在审前调查阶段，审计组通过走访有关职能部门了解到，该系统的资产转让收入可能未纳入大账统一核算。有关部门对主管部门进行检查问起这部分收入时，主管部门说账簿资料在基层单位；对其基层单位进行检查时，基层单位说账簿资料都让主管部门收走了。这一重要线索引起了审计人员的高度重视。

（2）迷雾重重。

审计人员进点后，首先对现金进行了突击盘点，未发现异常情况。其次审查了有关明细账，也未发现审前调查所了解的情况，询问财务人员，财务人员告知前几年基层单位确有资产转让收入，但都是由主管部门审批后各记各的账，这两年各基层单位的资产都卖光了，也就没有这项收入了。难道审前调查了解的情况有误？此项审计陷入无法进行的境地。

（3）柳暗花明。

就在审计人员准备将此项审计内容放一放时，往来分户明细账拨开了重重迷雾。审计人员在审查该单位其他应付款明细账时发现了一张名为"基层单位"的分户明细账，该分户明细账的期末余额高达 246 万元。本应按债权人设置的其他应付款明细账，为什么设置得如此笼统？在基层单位经济效益普遍极差的情况下，是哪些单位有闲钱借给其主管部门？这是否就是从小金库中借出的资金？

带着这些疑问，审计人员找财务科科长进行了谈话。在证据面前，财务科科长道出了事情的真相。近几年来，该单位为了隐瞒收入将基层单位上交的资产转让、农资管理费和房屋租赁费等收入 940 万元单独设置流水账并派专人以个人存折方式管理，除返还基层单位 558 万元、借给基层单位 77 万元、发生少量其他业务支出以外，借给主管部门使用 246 万元，审计时结余 59 万元。

（4）乘胜追击。

从审前调查和内部控制制度测评的情况来看，该单位应该还有审计人员暂未发现或遗漏的疑点，甚至有其他私存私放公款的行为。于是，审计人员决定进行拉网式的排查。

首先，进一步审查该单位其他应付款明细账，发现了欠破产组 10 万元的线索；其次，审查其他收入明细账，发现了老干部办公室交来离休干部医药费 2 万元的线索；最后，查阅该单位的会议记录，发现了其所属化肥厂设备转让款 318 万元和地块开发借款 100 万元的线索。带着这些疑点，审计人员再次找财务科长、现金出纳和资产会计进行谈话，三人分别提供了一些小金库的资料。

一是私存私放某罐头厂小工工资款 17 万元；二是私存私放某化肥厂设备转让款等 318 万元；三是私存私放该单位地块开发借款 100 万元。至于老干部办公室交来离休干部医药费 2 万元，只有已退休的人事科长能说清楚。于是，审计人员又把原人事科长请到了审计组，人事科长道出了该单位通过虚报欠发离休干部医药费和老干部三项经费（护理费、丧葬费、困难补助费）套取财政补助资金的行为，结余资金全部存放在财务科。

于是，审计人员再次找到资产会计进行个别谈话，并对其不主动配合审计组工作、隐留原始资料的行为做出了批评教育。资产会计在事实面前说出了设置两个小金库的经过：一是私存私放老干部三项经费 15 万元；二是私存私放离休干部医药费。

至此，该单位由领导和财务人员共同参与非法设置 1 000 多万元小金库的事实全部查清。对此，县审计局已严格依法做出了处理，主要责任人被移送县纪律检查委员会追究责任。

从内部控制的实际应用来看，需要特别重视以下几点。

建立相互制衡机制；建立分级授权管理制度；严格实物资产管理制度；加强现金管理和票据管理；建立重要岗位轮换制；规范处置企业有形资产；加强企业内部控制制度建设的指导和监督检查。

# 1.4　审计方案——拓展思路，创新审计方案

企业内部审计需要立足自身实际，拓展思路，创新审计方案。积极探索务实高效的审计新方法，努力做到整合审计资源，节约审计成本，提高审计效率，最大化地实现审计资源共享，充分发挥审计整体效能。

## 1.4.1　"因岗增人、梯次递补"的措施

因岗增人、梯次递补，即缺什么人补什么人，有什么事增什么岗，按不同梯

次顺次补充，既高效地完成了审计任务，又节约了审计成本。

企业内部审计在关键岗位设计的核心是因岗设人，在岗位设计中优先考虑审计业务流程、资源调配便捷性以及组织效率与安全的平衡性，同时明确内部审计岗位任职要求，寻求合适人员。这样企业就比较稳定，避免出现因人事变动导致企业结构调整的局面。

## 1.4.2　预算执行审计同经济责任审计、财务收支审计有机结合

在年度预算执行任务的安排中，把预算执行审计同经济责任审计、财务收支审计有机结合。经济责任审计与财务收支审计是两种不同的审计业务类型，将预算执行审计与二者结合，能够为企业发展提供更有力的信息支持，具体表现在以下几个方面。

第一，预算执行审计与经济责任审计、财务收支审计结合，能够帮助企业对审计工作做出科学的判断，及时发现年度预算执行中的问题。

第二，能够提升预算执行的效益。三者有效配合，能够提升预算执行成效，提升审计工作的有效性，实现对企业内部资金的高效利用。

第三，能够帮助相关人员及时发现审计问题。三者结合能够为相关审计人员提供更全面信息的支持，从而在出现审计问题的时候及时采取措施予以处理。

## 1.4.3　离任审计与任中审计"二审合一"

面对现代社会不断提高对审计工作的要求，应该进一步落实企业内部领导干部责任，推动任中审计和离任审计相结合，推动审计理念创新，促使事后审计朝着事中审计、事后审计相结合的工作形式发展，以便于提升经济责任审计工作质量，为后续的管理和决策提供可靠依据。

把离任审计同任中审计相结合，实行二审合一；把经济责任审计同财政决算、财务收支、资产负债损益审计相结合，实行同责同审。

## 1.4.4　财政决算审计、经济责任审计、自然资源资产离任审计"三审合一"

企业内部创新组织机制，强化统筹实施，结合经济责任审计、财政决算审计

开展自然资源资产离任审计。把财政决算审计、经济责任审计、自然资源资产离任审计有机结合，科学有效地整合审计资源，采取"三审合一"。

项目实施时成立一个审计组、设立双主审，同步进点、分头实施、统一进度，把资源消耗、环境损害、生态效益等内容纳入经济责任审计范围，将经济责任审计成果及时共享到自然资源资产离任审计，实现有机融合。

### 1.4.5　节约审计时间，减轻审计机构的负担

企业内部审计，采取工作一次性部署、任务一次性安排的原则，以有效节约审计时间，减轻审计机构的负担。要有效发挥审计项目计划引领作用，有针对性地确定融合领域、融合内容、融合方式和融合目标，实现审人、审单位、审资金、审项目的有机融合。

# 1.5　审计执行——制度可操作性与执行力存在的问题，以及应对措施

提高制度的执行力，首先要看制度本身是否具有可执行性。制度完善，是进入执行程序的前提。也就是说，制度必须具有可操作性。

流程是管理行动的路线，即做事情的内容、顺序、方法、标准。流程管理实质就是将企业常规、重复做事的过程记录下来，并加以研究分析、改进完善，固定下来，这对解决企业执行力问题、制度落实具有不可替代的作用。

### 1.5.1　企业制度可操作性不强的原因

企业制度可操作性不强主要有以下原因。

（1）某些条款不能满足目前企业生产经营管理的需要；制定制度时，没有充分征求员工和被考核单位的意见。

（2）某些条款含义不够明确；被考核单位不理解考核指标如何计算；制度实施流程不清晰，不符合企业实际情况。

（3）制度务实性不够，制度规范性不够，制度涵盖范围存在盲区，制度得不到及时修改完善，各项制度之间的衔接性较差。

## 1.5.2　增强企业制度可操作性的应对措施

增强企业制度可操作性的应对措施，包括以下几项。

（1）提高各项制度之间的衔接性。例如，提高企业核心制度《财务管理制度》《内部控制制度》《内部审计制度》《会计政策》之间的衔接性：用《财务管理制度》规范企业财务行为；《内部控制制度》根据《财务管理制度》所规范的财务行为实施控制；《内部审计制度》不断揭露问题，并提出解决问题的措施。当进行财务衔接的时候，相关人员需要全面掌握好新制度的要点内容，在探索单位财务管理现状的同时，制定相关的财务管理体系，健全和改善制度。

（2）及时修改制度，一般每半年检查一次制度落实情况，每年修改一次。

（3）制度必须既完整又突出重点，并含义明确。

（4）制定与修订制度时，应做到在充分征求员工和被考核单位意见的基础上层层讨论后再发布实施。

（5）制度中所涉及的考核指标，应达到计算公式统一、数据构成明晰、考核办法明确务实。

（6）每一项制度都应建立相应的实施流程。

（7）各项制度都必须完全符合企业生产经营特点与现状。

（8）各项制度都必须符合国家法律法规、地方政府法律和行业规范，如《会计政策》必须符合《中华人民共和国会计法》《企业会计准则》《中华人民共和国企业所得税法》等国家法律法规。

（9）各项制度必须适时体现国家和地方政府新政策，如全面"营改增"政策等。

（10）各项制度之间必须具有一定的衔接性，制度之间不能冲突。

## 1.5.3　企业制度执行力不到位的原因

企业制度执行力不到位的原因主要如下。

（1）职能部门分工不明确，相关岗位职责不明确。

（2）对违反制度者处罚不及时、处罚力度不够，严格执行制度者得不到应有的奖励。

（3）各级领导没有以身作则地执行制度，缺乏制度执行反馈机制，制度缺乏合理性和可操作性，缺乏奖惩机制或流于形式，管理人员凌驾于制度之上。

（4）管理者没有常抓不懈，制度不严谨，朝令夕改，执行过于烦琐或者囿于条款，缺乏将工作分解和汇总的好办法，没有人监督并且缺乏监督方法。

（5）缺乏有凝聚力的企业文化，制度与利益相冲突时选择利益。

任何企业在规范化管理过程中，都会强调制度建设在管理中的重要性，因而也会加强制度建设方面的力量。制度制定后如何保证其有效执行，如何将制度深入员工心中，是企业管理的一大难题。

## 1.5.4　提升企业制度执行力的应对措施

提升企业制度执行力的应对措施包括以下几点。

### 1. 明确制度出台和实施的程序

首先，明确制度制定的程序与规定，对制度的研究、立项、制定、审查、发布、实施、考核、监督等环节统一规划，力求制定出规范、严谨、符合企业实际、可执行的制度；还应制定制约性条款，如具体的实施程序、措施和监督的方式，违反规定时处理的依据和责任追究等规定。

其次，重视制度梳理、修订、补充和完善环节，实行制度动态管理。随着时间、政策和企业业务发展变化，对不适用的制度及时废止、对不完善的制度及时修订、对缺失的制度及时制定，使制度管理紧跟形势和业务发展需要。

### 2. 强化制度执行的刚性

首先，明确各岗位执行制度的责任，每个员工都要明确本职岗位必须遵循哪些制度，明确违反这些制度将承担的责任和后果。

其次，重视领导层在制度执行中的主导和表率作用，强化其责任感、使命感。

### 3. 注重宣传教育，提升全员制度掌握能力

企业制定的共性制度，确保人人了解，自觉遵守；对于本岗位工作相关的制

度，确保人人熟知，规范执行；对本岗位制度，确保人人精通，严格操作。

# 1.6 审计技能——掌握必备的财会知识，提升审计技能

审计职能的日益完善和审计地位的日益提高对审计人员的素质提出了新要求。培养造就一定数量的精通审计业务、掌握审计发展规律、熟练运用现代审计技术方法的高层次、高技能审计人才，是实现审计工作适应时代发展、与时俱进、保持长久生命力的根本途径。

## 1.6.1 账务处理

企业内部审计中，审计人员需要清楚账务处理程序知识。

账务处理程序，也称会计核算组织程序或会计核算形式，是指会计凭证、会计账簿、会计报表相结合的方式。其包括：会计凭证和账簿的种类、格式，会计凭证与账簿之间的联系方法，由原始凭证到编制记账凭证、登记明细分类账和总分类账、编制会计报表的工作程序和方法等。

科学、合理地选择适用于本企业的账务处理程序，对于提高会计核算工作效率、保证会计核算工作质量、有效地组织会计核算具有重要意义。

## 1.6.2 会计科目的应用

企业内部审计中，审计人员需要重点关注以下会计科目。

**1."库存现金"科目**

从对被审计企业的账上获取期末库存现金的余额，并对企业保险柜进行检查，核实盘点当日企业保险柜存放的内容，对现金、票据、外币等进行登记。

**2."银行存款"科目**

获取被审计企业的银行存款日记账、科目余额表和明细账，并加计核对。

**3. "其他货币资金"科目**

其他货币资金是指企业除现金、银行存款以外的其他各种货币资金，包括外埠存款、银行汇票存款、银行本票存款、信用卡存款、信用卡保证金存款以及存出投资款等。验证其他货币资金余额的真实性；审查其他货币资金开支的合法性、合理性；审查其他货币资金报销和收回的及时性。

**4. "营业外收入"科目**

对于"营业外收入"科目，需要重点关注政府补助项目，获取相关文件，确定政府补助的类型、是否应于本期确认为营业外收入、确认是否需要重分类到递延收益。

对于大额营业外收入进行抽凭。

此外，还要关注"管理费用""财务费用"等科目的审计。

## 1.6.3　财务报表的编制

企业内部审计人员必须掌握财务报表的编制知识。

编制财务报表是指根据账簿记录，按照规定的表格形式，集中反映各单位在一定会计期间经济活动过程和结果的专门方法。编制财务报表，既能为企业的管理当局及与企业有关经济利益关系的各方提供所需要的会计信息，又能为国家利用会计信息进行国民经济综合平衡提供依据。

一套完整的财务报表至少应当包括资产负债表、利润表、现金流量表、所有者权益变动表以及附注。

## 1.6.4　财务分析

财务分析是以会计核算和报表资料及其他相关资料为依据，采用一系列专门的分析技术和方法，对企业等经济组织过去和现在有关筹资活动、投资活动、经营活动、分配活动的盈利能力、营运能力、偿债能力和发展能力状况等进行分析与评价的经济管理活动。

财务分析是为企业的投资者、债权人、经营者及其他关心企业的组织或个人了解企业过去、评价企业现状、预测企业未来提供准确的信息或依据，从而做出正确决策的经济应用学科。

### 1.6.5　掌握企业会计准则、小企业会计准则

《企业会计准则》适用于大中型企业。它规定企业可以根据实际需要选用历史成本、重置成本、可变现净值、现值或公允价值等会计计量属性对会计要素进行计量。

《小企业会计准则》适用于小企业，具体指在中华人民共和国境内依法设立的，经营规模符合国务院发布的《中小企业划型标准规定》所规定的小企业。《小企业会计准则》是在遵循《企业会计准则——基本准则》的前提下，在借鉴《中小主体国际财务报告准则》简化处理的核心理念基础上，对小企业的会计确认、计量和报告进行简化处理，减少会计人员的职业判断的文件。

### 1.6.6　把握税收法律法规和税收政策

企业内部审计人员深刻理解税收法律法规和税收政策是做好税务查账工作的前提。

一是掌握税收法律法规和税收政策是审计人员的职责。税收法律法规是税收征收管理的依据，也是征纳双方必须共同遵守的准绳。作为审计人员，只有深刻理解税收法律法规，才能明白纳税人是否履行纳税义务。

二是只有深刻理解税收法律法规和税收政策，才能做好税务查账工作。税收法律法规及相关税收政策就像一把标尺，审计人员只有掌握好这把尺子，才能清楚纳税人在税款计算缴纳上是否有偏差。

### 1.6.7　把握金融法律法规和金融政策

企业内部审计人员需要把握金融法律法规和金融政策。目前我国在金融方针政策和金融法律法规方面有以下成就。

（1）建立了统一健全的货币制度。我国通过一系列改革建立了比较完善的货币制度，人民币成为世界上一种比较稳定的货币。

（2）形成了功能齐备的金融组织体系。我国金融组织体系由单一的国家银行体制发展到今天，已初步建立了由"一行三会"调控和监管，国有商业银行为主体、政策性金融与商业性金融相分离，多种金融机构分工协作、多种融资渠道并存、功能互补和协调发展的金融体系，为国民经济持续、健康、稳定发展构筑

了良好的货币和金融环境。

（3）构建了竞争有序的金融市场。我国已经建立了一个较完备的、包含同业拆借市场、银行间债券市场、大额定期存单市场和商业票据市场等子市场在内的货币市场。

（4）形成了灵活高效的金融调控机制。宏观经济管理以价值管理为主，指导性计划和市场调节取代了指令性计划。

（5）规范的金融监管体系。改革开放后我国陆续颁布了一系列金融法律法规，通过进行一系列银行和非银行、证券业、保险业的监管立法，建立和完善了金融监管的法律框架；为适应金融机构多元化、金融业务相互交叉和竞争的格局，建立了分业经营、分业监管的金融体制。

（6）面向世界的金融开放。根据经济体制改革的整体战略需要，我国在金融对外开放过程中采取了循序渐进的策略，确保了金融系统的稳定运行和发展。

## 1.6.8　把握《中华人民共和国公司法》等法律法规

企业内部审计人员需要全面了解《中华人民共和国公司法》（以下简称《公司法》）知识，并把握以下重点内容：法人资格与有限责任；公司法人格的否认；公司资本制度；公司章程；公司财务与会计；公司治理结构；董事、监事、控股股东的注意义务和忠诚义务；股东的权利与义务；股权的转移；公司合并与分立；公司僵局与解散清算。

总之，企业内部审计人员应具备必要的财会知识，以提升审计技能；不仅要熟悉会计制度和会计准则，具备审计专业技术知识，而且要有较强的理解能力、分析能力、判断能力；能准确理解法律法规的基本精神，处理法规条文与事实的适用问题，对审计对象做出客观公正、实事求是的审计评价。

现实中有些企业内部审计人员在一定程度上还不适应现代审计发展的需要，没有突破就账论账的局限，这是无法满足审计更高层次要求的。因此，企业内部审计人员的知识层次至关重要。丰富的会计知识和高水平的审计能力，有助于审计人员面对纷繁复杂的经济活动准确地对问题进行剖析和判断，从不同侧面、不同角度展开分析，从而发现问题、解决问题，得出实事求是的结论。

# 1.7 审计成果——企业内部审计成果及运用

将企业内部审计成果运用于内部管理，是内部审计实现价值的关键。那么，什么是内部审计成果，如何运用内部审计成果呢?

## 1.7.1 什么是内部审计成果

内部审计成果是指内部审计人员在审计实践中经过实施审计程序、汇总工作成果而形成的审计结论与建议，是内部审计机构、内部审计人员在依法履行职责过程中形成的工作结晶。

## 1.7.2 内部审计成果的不同层次

内部审计成果可划分为不同层次：战略层面的、运营层面的、操作层面的；流程层面的、制度层面的；风险管理层面的、内部控制层面的；销售层面的、财务层面的、信息技术层面的、人事行政层面的。

## 1.7.3 如何运用内部审计成果

内部审计成果的运用，首先，要把审计产品转化为内部审计成果。但不是所有的审计产品都是合格品，也不是所有的合格品都能产生显著的价值。

其次，要评估内部审计成果的可行性。如果内部审计成果无法在企业中运用，或内部审计成果的运用不能得到企业管理者的支持，那么，内部审计成果就只能停留在书面或口头上了。

再次，为内部审计成果的运用铺平道路。内部审计部门要与其他部门或机构沟通、协调，并且获得企业的资源支持，这样才有运用内部审计成果的人力、财力和实施通道。

最后，建立起运用内部审计成果的机制。审计部门要有把审计产品转化为内部审计成果的长期机制。审计人员要能从不断增加的审计产品中挖掘、组合出能产生效益的审计成果。审计人员也要有运用内部审计成果的强烈愿望，而不是出具审计报告就结束了。

# 1.8　信息化审计——ERP 系统的应用

随着计算机技术的发展，越来越多的大中型企业开始部署企业资源计划系统。ERP 是 Enterprise Resource Planning（企业资源计划）的简称，它是以实现企业内外资源优化配置、提高企业竞争力为目的，以网络和信息技术为平台，将企业的采购、销售、库存、生产、成本、财务等资源整合在一起的现代企业管理软件。

ERP 系统在现代企业中的应用日益广泛，也为审计工作带来了一个全新课题：面对不同行业、不同规模的 ERP 系统，审计人员如何紧跟时代发展趋势、创新企业审计的思路方法、有效开展审计工作。

## 1.8.1　ERP 系统在审计信息化中存在的风险

ERP 系统审计与传统审计相比，其特有风险就在于企业的 ERP 系统是否能够真实地反映企业的各项经济业务。

ERP 系统在审计信息化中存在以下几点风险。

### 1. 企业审计环境存在风险

与原有的会计系统控制不同，以前的审计环境以财务系统环境为主，以数据核算流程监控和内部制约为控制重点，而通过 ERP 系统集成，企业所有的工作流程都按照对接客户、对接信息网络、对接系统软件应用的要求进行了再次整合，形成新的审计环境。

同时，ERP 系统数据处理与存储的高度集中化、自动化，使手工操作时明确的职责分工这一基本内部控制的作用被削弱，相当一部分内部控制点已建立于系统的应用程序中，由计算机自动执行各种检验、核对、判断、监督以及对系统各功能实用的权限控制等。

### 2. 审计线索变革带来风险

与传统审计线索相比，ERP 系统中的审计线索更复杂、更多变，在某些情况下甚至会发生临时性改变。在 ERP 系统中大多数纸质信息转换成信息化数据。很多单据、凭证、报表等都可在 ERP 系统中自动生成，许多业务隐性化、数字化和复杂化。

舞弊者一旦非法通过计算机系统的防火墙，通过对程序的篡改，不仅可以对数据资料进行修改、复制或销毁，还可以消除行动轨迹。这在一定程度上增加了内部审计调查取证的难度，也给传统的内部审计技术方法带来了挑战。

### 3. 内部审计风险多样化

内部审计风险多样性，体现在以下四点。

一是系统中许多不相容职责相对集中。不相容职责通常包括：可行性研究与决策审批；决策审批与执行；执行与监督检查等。

二是过分信赖 ERP 系统自动运行处理的结果。对所发现的各项疑点没有进行必要的复查，从而降低审计工作的质量和效率。

三是设备风险。由于计算机中二进制数据信息是通过数据线和物理部件来传输和工作的，因而，在数据信息的处理过程中会出现一些影响数据准确性的不安全因素。

四是网络风险。网络的开放性和共享性特点将网络本身具有的风险也带到审计工作中来，如计算机病毒入侵和黑客对系统的故意破坏等，增加了审计风险。

## 1.8.2　利用 ERP 系统开展信息化审计

为了有效地降低审计风险，实行无纸化商业活动以及无纸化数据库环境下的审计，ERP 系统审计将更依赖于对电子数据信息流程的评价证据，而不是绕过计算机审计。审计人员可以采用以下对策。

### 1. 加强审计信息化模块建设

通过模块与被审计单位经济业务紧密相连，实现"物资流""资金流""信息流"信息共享，这样才能开展事前审计、事中审计和事后审计，因此建立审计信息化模块十分重要。

加强审计信息化模块建设的方法为：一是加强模块的实时监控；二是加强模块的信息梳理；三是加强模块的数据分析。

### 2. 加强 ERP 系统在审计信息化中的应用

价格审计：通过 ERP 系统中的审计模块对价格管理系统进行监控，进行警戒价格设定，关注特殊价格的执行情况，审计特殊价格认定的合理性，可以及时发现是否存在人为调节价格情况。

物资审计：利用 ERP 系统进行数据关系比对，对物资采购的价格进行审查，通过 ERP 系统分析对比采购价格，审查供应商的信用资质，供应商是否选择范围广，是否为最优的三家，是否是产品质量好、价格低、信誉高；对大宗采购的物资，是否采取招标办法；检查物资采购的数量是否与物资采购合同一致，是否存在质次价高或价格虽低，而质量较差的问题；审查物资入库、出库的真实性，是否存在虚假入库、出库的问题。

采暖费及物业费专项审计：由于 ERP 系统中人事、财务、业务分属不同的模块，在进行员工采暖费及物业费专项审计时，可以在人事系统中调取员工的职称、在册等资料，比对员工付费业务系统中付费面积的认定是否准确，进而核对财务系统中实际付费金额。不同模块中数据的对比极大地提高了审计工作效率，是识别虚假数据的有效手段。

# 第 2 章

# 财务、税务审计：审计流程、实战技法与案例解析

企业内部审计是在组织内部进行的一种独立客观的监督和评价活动，通过对企业的管理效能和经营决策进行评审，可以全面有效地发现企业管理环节中的薄弱方面。要做好财务、税务审计工作，需要掌握内部审计流程、方法，以便合理审查和评价经营活动及内部控制的适当性、合法性和有效性。

## 2.1  货币资金审计——现金、银行存款、其他货币资金

货币资金审计是指对企业的现金、银行存款和其他货币资金收付业务及其结存情况的真实性、正确性和合法性所进行的审计。加强货币资金审计，评审货币资金内部控制制度的健全性和有效性，审查货币资金结存数额的真实性和货币资金收付业务的合法性，对于保护货币资金的安全完整，揭示违法犯罪行为，维护财经法纪，以及如实反映被审计单位的即期偿债能力等，都具有十分重要的意义。

### 2.1.1  货币资金审计目的

货币资金审计的目的，包括：确定货币资金是否存在；确定货币资金的收支记录是否完整；确定库存现金、银行存款以及其他货币资金的余额是否正确；确定货币资金在会计报表上的披露是否恰当。

## 2.1.2　货币资金审计程序及需要把握的几个要点

企业内部货币资金审计程序如下。

（1）核对现金日记账、银行存款日记账与总账的余额是否相符。

（2）会同被审计单位主管会计人员盘点库存现金，编制库存现金盘点表，分币种面值列示盘点金额。在资产负债表日后进行盘点时，应调整至资产负债表日的金额；将盘点金额与现金日记账余额进行核对，如有差异，应查明原因并做出记录或做适当调整；若有充抵库存现金的借条、未提现支票、未报销的原始凭证，需在库存现金盘点表中注明或做出必要的调整。

（3）获取资产负债表日的银行存款余额调节表，经调节后的银行存款余额若有差异，应查明原因，做出记录或做适当的调整。

（4）检查银行存款余额调节表中未达账项的真实性，以及资产负债表日后的进账情况，如存在应于资产负债表日前进账的应做相应调整。

（5）向所有的银行存款户（含外埠存款、银行汇票存款、银行本票存款）函证年末余额。

（6）银行存款中，如有一年以上的定期存款或限定用途的存款，要查明情况，做出记录。

（7）抽查大额现金收支、银行存款（含外埠存款、银行汇票存款、银行本票存款）支出的原始凭证内容是否完整，有无授权批准，并核对相关账户的进账情况，如有与委托人生产经营业务无关的收支事项，应查明原因，并做相应的记录。

（8）抽查资产负债表日前后若干天的大额现金、银行存款收支凭证，如有跨期收支事项，应做适当调整。

（9）检查非记账本位币折合记账本位币所采用的折算汇率是否正确，折算差额是否已按规定进行会计处理。

（10）验明货币资金是否已在资产负债表上恰当披露。

货币资金审计要把握以下几个要点。

（1）核对记账凭证金额与原始凭证金额是否一致。如出现大头小尾现象，则严格审查出纳人员，出现这类情况的原因多为出纳舞弊。

（2）逐笔核对未达账项，尤其要关注长期未达账项，谨防出纳利用未达账项挪用已到账的资金。

（3）审查现金日记账余额是否正常，有无经常性大幅度超限额或出现贷方余额等不正常现象。

（4）关注业务部门催讨应收账款的情况，通过逐笔核对和询证，查明有无收回款项不入账而被挪用的现象。

# 2.2 投、融资审计——投、融资业务内部控制

投资审计是在固定资产投资过程中，为了健全投资管理机制，制止盲目建设，节约建设资金，保证投资来源正当、使用合理，改善原有生产力布局，提高经济效益而对建造、购置或更新固定资产的经济活动进行的监督、检查。

融资审计即对企业资金的来源与流向及其效益情况和贷款人的收益进行审计。

## 2.2.1 投资业务内部控制审计

企业投资分对内投资和对外投资。对内投资是指企业本身人力、物力、财力的投资；对外投资包括股票投资、债券投资和项目投资。

（1）股票、债券投资内部控制审计需关注的主要文件，包括：股票、债券；经纪人通知；公司的章程、协议；现金和银行存款日记账、总分类账；短期投资、长期投资、投资收益明细分类账和总分类账；其他应收款明细账和总账；银行对账单；财务报表。

（2）项目投资内部控制审计需关注的主要文件，包括：投资协议、合同；公司的章程、协议；现金和银行存款日记账、总分类账；长期投资、投资收益明细分类账和总分类账；财务报表。

（3）投资业务内部控制审计需关注的方面，包括：立项控制；计划控制；

运行控制；分析控制；手续控制；核算控制；实物控制。

（4）测试审计手段：了解和描述对外投资内部控制系统；抽查投资项目文件记录；抽查投资项目的会计记录；索取并审阅企业内部的证券盘核报告；评价对外投资业务内部控制系统。

（5）期末余额测试：编制或取得对外投资明细表；盘点有价证券；审查对外投资业务的合法性；核查对外投资计价的适用性；验证投资收益；审查投资收回、出售、转让；审查对外投资业务在财务报表上的列示。

## 2.2.2　筹（融）资与清偿业务的内部控制审计

（1）筹（融）资与清偿业务内部控制审计的主要文件，包括：资本投入的有关凭证、账簿；举债筹资及其清偿的有关凭证、账簿；利润形成及其分配的主要文件。

（2）筹（融）资与清偿业务内部控制审计的内容，包括：投入资本的内部控制；举债筹资业务的内部控制；利润及其分配的内部控制。

（3）测试审计手段：投入资本内部控制测试；举债筹资业务的内部控制；利润及其分配的内部控制。

（4）期末余额测试内容，包括以下三方面。

①资本投入审计目标。核查存在性、完整性、充分性、合法性、正确性。

②负债筹（融）资审计目标。确定举债筹（融）资业务账户余额的合理性；证实举债资金的存在性；证实举债资金的完整性；确定所有权；证实举债筹（融）资在财务报表中揭示的充分性；证实举债筹（融）资的合法性；分类；确定举债。筹（融）资业务截止时间的正确性；证实举债筹（融）资业务记账和过账的正确性。

③企业内部筹（融）资（利润形成及其分配）审计目标。证实利润的真实性和留存收益的存在性；证实留存收益的完整性；证实利润形成和利润分配及留存收益业务的合法性；证实留存收益分类的正确性；证实利润形成和利润分配及留存收益记账的正确性。

## 2.3 资金循环审计——审计重点、内部控制及测试审计流程

货币资金是企业流动性最强的资产。工业企业生产经营资金在循环运动中的占用形态，分为"货币资金""储备资金""生产资金""成品资金"四种，资金循环过程分为"供应过程""生产过程""销售过程"三个阶段。

### 2.3.1 资金循环审计要点

资金循环审计要点，包括：资金流入、资金流出、银行往来、银行存款余额调节、零用现金、有价证券、外埠存款、往来款项。

### 2.3.2 资金循环中的内部控制

资金循环中的内部控制，包括：职务分管、各负其责、相互制约；不相容职务分离；必要的审批授权手续；严格的审核制度；及时收付并入账；定期对账与稽核；限制接近货币资金；实行预算管理。

### 2.3.3 资金循环测试审计流程

资金循环测试审计流程如下。

（1）深入了解货币资金业务内部控制系统。

（2）查验签发支票登记簿与已签发支票存根。

（3）查验货币资金收付凭证。

（4）核证收入货币资金送款单。

（5）审查与上、下游客户资金往来。

（6）审查记账凭证。

（7）审查"供应过程""生产过程""销售过程"三个阶段中的资金循环。

（8）审查期末资金余额的存在性、完整性、合法性、正确性和合理性。

**案例　某公司资金循环审计**

某公司集团总部审计部门于 2021 年 1 月 4 日进驻该公司，对 2020 年度财务报

表进行审计。

审计组对该公司货币资金的内部控制制度进行了了解和测试，并在工作底稿中记录了有关情况，摘录如下。

财务专用章由专人保管，分管财务的总经理个人印章由其授权办公室主任黄某保管；对重要货币资金支付业务实行集体决策；现金收入及时存入银行，特殊情况下经公司领导班子集体研究批准后方可坐支现金；银行存款余额调节表由出纳员李某负责定期编制。

该公司财务部门有3位员工要进行重新分工，以承担以下8项工作，分工结果要符合内部控制制度的要求。

（1）记录并保管总账。

（2）记录并保管应付账款明细账。

（3）记录并保管应收账款明细账。

（4）记录货币资金日记账。

（5）记录、填写支票。

（6）发出销货退回及折让的贷项通知书。

（7）调节银行存款日记账和银行存款对账单。

（8）保管并送存现金收入。

审计组分析及审计结果如下。

（1）分析：该公司货币资金的内部控制存在缺陷之处。

现金收入经公司领导班子集体研究决定后可以坐支，这违反了《中华人民共和国现金管理暂行条例》中现金不能坐支的规定。

银行存款余额调节表由出纳员李某定期编制，这违反了不相容职务分离的原则，银行存款余额调节表应由出纳员以外的人员定期编制。

（2）审计结果：作为注册会计师应建议该公司的财务人员做以下分工。

第（1）、第（6）、第（7）项工作由总账会计或综合会计人员承担。

第（2）、第（3）项工作由管明细账的会计人员承担。

第（4）、第（5）、第（8）项工作由出纳承担。

理由如下。

按内控制度的要求，分工时应将不相容职务恰当划分。

记录并保管总账的应与记录并保管明细账、日记账的分开，所以第（1）项工作与第（2）、第（3）项工作应由不同的人承担。

记录应收账款明细账的应与发出销售退回及折让的贷项通知书的分开，否则可能发生贪污或挪用贷款等舞弊行为，即第（5）项工作与第（6）项工作要分开。

调节银行存款日记账和银行存款对账单要与记录、填写、保管、送存货币资金的分开，否则可能发生偷借银行账户等违法行为，即第（7）项工作与第（4）、第（5）、第（8）项工作要分开。

# 2.4　物资采购审计——对采购遇到的问题进行浅析

物资采购主要有两种情况，一种是为生产过程采购原材料、燃料和动力；另一种是为销售而采购商品。无论是哪种采购，采购人员在采购过程中必须履行以下管理手续：编制采购计划，与供货单位签订合同，验收采购物资，分析采购计划执行情况等。

物资采购审计包括合同审计、内容审计、采购前期审计、采购过程审计、采购后续审计等。

## 2.4.1　物资采购合同审计

合同审计需要获取的资料，包括：合同管理的内部控制文件；合同审批过程的会议纪要、记录、决议、审批表单；合同当事人的经营资格、法人资质、信誉资料等；合同管理台账、合同书及各项支持性材料；合同执行过程中的变更、修订及支持性资料；合同结算资料；合同收款或支付的财务资料。

物资采购合同审计的重点内容包括以下几方面。

### 1. 对合同主体进行审计

合同主体的合法性，是确保合同具有法律效力的前提。为保证合同的有效性、合法性，避免因签订无效合同造成企业经济损失，必须对合同主体资格、经营范围、履约能力、代理资格等进行审计。

审查签订合同的主体。重点审查合同主体是否是依法登记的企业法人，或依法产生、存在的组织。不与不能独立享有经济权利和承担义务的、不具备法定条件的经济组织（如内部车间、分厂等）签订合同。

审查合同主体的经营范围。重点审查其经营范围是否包括合同标的，是否超出了在工商行政管理部门登记注册的范围，是否无照经营。

审查合同主体有无履约能力。对合同主体的资质等进行调查，不与无履约能力的主体签订合同。

审查授权委托代理人的代理资格是否合法。经公司法人授权后的委托代理人方可代表本公司对外签订合同。委托代理人必须按照《中华人民共和国民法典》及其他有关法规的规定，本着公平互利的原则，在委托权限及其期限范围内，依法签订合同。

**2. 合同签订过程及审批程序审计**

合同签订过程及审批程序设计审计：是否根据合同类型建立不同的合同签订过程及审批程序，起草及审批程序设计是否合理、是否符合相关规定。

合同签订事由真实适当性审计：审核合同签订的事由是否真实，依据充分、具备履行条件，合同签订前是否经过必要的谈判过程，是否有完整清晰的谈判记录。

合同签订对象审核：是否对合同签订对象进行资格审查并在合同期限内留存其经审查后必要的资料文件，需审核资料及内容见表 2-1。

表 2-1 合同签订对象需审核的资料及内容

| 需审核的相关资料 | 审核内容 |
| --- | --- |
| 合同签订对象的产生及确定记录 | 是否留存相关资料；审核合同签订对象的产生及确定过程是否符合相关规定；合同管理部门是否对合同签订对象的资料的真实性、完整性给予查验；是否将查验记录及结果如实反映；复核相关证照是否在有效期内、资质等级是否满足签约要求；在合同签订对象所属地工商机关网站、税务机关网站、资质主管部门网站查验有关信息，评价合同签订对象的合法合规性及满足签约条件情况；是否与合同签订对象沟通确认委托代理人身份的真实性及授权情况 |
| 合同签订对象的营业执照等经营资格相关文件 | |
| 合同签订对象需特许经营或授权经营的许可及资质证书 | |
| 合同签订对象银行开户情况、资信或履约能力的证明资料 | |
| 合同签订对象代理人的身份证明及授权委托文件 | |

### 3. 合同内容审计

合同内容审计包括以下三点。

第一，合同内容完整性。审核格式文本条款是否符合法律规定，是否具备行业监管部门发布的示范文本所列的必要内容，是否严格按格式文本起草；审核合同中的专用条款、补充条款的具体内容，判断条款内容的必要合理性及与合同签订目的的一致性。

第二，合同内容正确性。逐条审查合同内容，对其文字、数量、日期、字母等内容的清晰准确性进行复核，并与合同支持性资料核对一致，如与中标资料核对数量及单价的一致性。

第三，合同内容合法性。审查合同中质量条款表述是否合理、是否满足签约要求；审查合同定金、预付款及保证金约定的合理性；审查合同收款或支付条款的合法性，是否最大限度地维护组织利益；审查合同履约期限、地点及方式的合理性，是否符合产品特性、符合地区季节等客观现实、符合国家或行业规定；审查违约条款及责任追究条款的合理性，是否符合公平公正原则；审查争议解决条款的设定是否有利于组织。采购合同需审核的主要内容及审核要求见表2-2。

表 2-2 采购合同需审核的主要内容及审核要求

| 需审核的主要内容 | 审核要求 |
| --- | --- |
| 当事人名称或姓名、住所 | 准确清晰、复核一致 |
| 合同标的名称、标的数量 | 与招标文件、合同审批文件核对一致 |
| 合同标的的质量标准 | 与招标文件、合同审批文件核对一致 |
| 合同价款或报酬 | 与招标文件、合同审批文件核对一致 |
| 合同价款结算 | 结算依据充分，签认、审批手续齐备 |
| 合同履行期限、地点及方式 | 合理、有利于组织利益 |
| 违约责任及争议解决方式 | 合理、有利于组织利益 |
| 合同变更及终止条件 | 合理、有利于组织利益 |
| 合同签章、签署地点及日期 | 齐备、清晰、准确 |

### 4. 合同签订前进行招标比价审计

第一步，注重对价格信息的收集。根据物资采购合同审计的合法性、公平性原则及"货比三家、比质比价"的原则，物资采购合同审计的重点之一就是价格审计。

建立合同审计台账，进行整理归档，对材料及产品价格、供应商信息进行跟踪管理。

做好市场调查，通过报纸、互联网了解价格信息的变动情况，及时掌握第一手资料，防止物资采购中的暗箱操作。

第二步，注重对信息化管理手段的运用。为使合同价格审计更便捷、更规范，公司可在ERP系统中建立专门的"合同审计管理系统"及"物资采购招标系统"。

事先将历次采购物资的价格、数量、供应商、合同订单号等信息按物料编码存入系统，形成采购情况分析曲线图。每次审计合同时，把需要审计的物料编码输入系统，该物料已采购批次的采购日期、价格、供应商、合同订单号及审核日期、审核人情况就会自动显示出来，如价格比历史购入价格高，系统会自动提示，以便再次核实该物料价格。

第三步，注重对招标过程的审查监督。

首先，审查招标程序的合法性及操作的规范性。采购招标是一项严肃认真的工作，其程序是否合法、操作是否规范，直接关系到招标结果的公正性。

其次，审查招标文件的完整性。招标文件是签订采购合同的重要依据，内容完整的招标文件是签订采购合同的基础。应重点审查招标文件中对投标方主体资格、资质、履约能力的要求，以及采购物资数量、规格、技术要求、付款方式等重要内容。

最后，审查评标办法的合理性。质量优先，价格合理。技术审评采用定量评价基础上的综合评审方式。定量评价包括"质量、价格"。

### 5. 合同执行情况审计

对合同执行情况进行审计的程序如下。

第一，合同执行。审查合同执行过程中价款或报酬的收取或支付情况；审查合同义务的履行是否满足合同要求。

第二，合同变更及解除。审查合同发生变更或解除时，是否符合原合同条款或法定条件、依据是否充分、相关手续是否完备；审查合同发生变更及解除时是否给组织带来经济损失，相关部门或单位是否及时向对方提出损失赔偿要求。

第三，合同违约。审查合同执行过程中是否发生组织违约行为或存在违约风险，相关部门或单位是否评估了违约风险并对风险做出应对准备；审查合同执行过程中对方是否存在违约行为，相关部门或单位是否及时、合理合法地对对方的违约行为提出诉求。

第四，合同终止。审查合同终止前组织是否完成约定义务；对重大合同是否在终止前进行了必要的清算或结算，如重大投资、基建项目、重大设备采购安装；审查合同终止前是否将合同期限内全部资料、票据整理收集完毕。

### 6. 合同管理情况审计

关注合同管理是否规范，主要审计内容如下。

（1）有无设置专门的合同管理机构或岗位，合同管理制度是否完善，有无重大合同变更的应对防范措施。

（2）合同印鉴的使用及管理是否规范，是否进行准确及时的用印登记，印章签认时间是否在审批时间之后。

（3）合同的归档和保管是否符合规范，合同是否按序编号。

（4）台账登记是否清晰完整；支持性文件是否齐全，是否包括采购合同正本、合同补充协议、技术协议、采购订单、合同评审表及其他合同附件。

## 2.4.2　物资采购内容审计

物资采购内容审计主要包括审计物资采购内部控制、采购计划、采购合同、采购招标、供货商的选择、采购数量、采购价格、采购质量、物资保管、结算付款以及物资采购期后事项等。

## 2.4.3　物资采购前期审计

物资采购前期审计是对从制定年度审计计划开始到具体实施物资采购审计程序之前止的各项工作做出的审计安排，基本过程如下。

### 1. 编制年度审计计划，确定审计对象

内部审计人员应综合考虑以下因素。

第一，重要性。选择采购数量较大、采购次数较多、采购价格较高、采购价格变化频繁、质量问题突出、长期积压或短缺、在 ABC 分类管理法下的 A 类和 B 类物资、群众普遍反映、领导关注、内部控制薄弱和出现错弊概率较大的部门、环节或物资类别等。

第二，物资采购方案、内部控制的重大变化。内部审计人员应根据外部环境和内部条件的变化，适时审查新的物资采购方案与内部控制的适当性、合法性和有效性，将其列入审计计划。

第三，改进空间。根据成本效益原则，内部审计人员应将工作改进空间较大、在增值性方面有潜力的物资采购部门、环节或物资类别确定为审计项目。

第四，风险因素。风险因素可能来自组织内部或外部。组织规模、经济业务性质、账户余额、出现错弊概率、物价变动幅度、技术变化速度、管理人员素质和能力、业务量等都是潜在的风险因素。一般而言，风险大的项目应优先做出审计安排。

**2. 获取与研究相关资料，制定项目审计计划和审计方案**

获取与研究的相关资料包括以下几类。

（1）物资采购目标和计划。

（2）前期物资采购审计工作底稿。

（3）组织资料，例如组织结构图和工作说明、政策和程序手册以及重大的组织系统变化等。

（4）财务会计资料。

（5）相关制度规定，例如采购政策、采购程序制度、授权审批制度、供货商管理制度、财产接触制度、合同或协议签订制度、凭证管理制度和定价策略等。

（6）外部信息资料，例如同行业相关资料、物价水平和变化幅度、技术变化程度和供货商资料等。

（7）法律性文件。

内部审计人员应通过审阅资料、咨询技术专家、进行分析性复核、现场观察物资采购流程、询问等方法，研究相关背景资料，初步评价物资采购项目重要性和审计风险，制定适合本组织实际情况的物资采购项目审计计划及审计方案。经适当管理层批准后，向被审计单位发出物资采购审计通知书。

**3. 审查、评价内部控制**

审查、评价的内部控制包括以下几方面。

第一，采购控制环境。采购控制环境包括以下内容：董事会成员的知识和经验丰富程度、独立性地位、独立董事所占比例、审计委员会的设置情况；管理者对物资采购内部控制的重视程度、采取的经营理念和管理模式；组织文化所塑造的员工基本信念、价值观念、思维和行为方式；组织结构的适当性、权责划分的明确性、奖惩的分明性、岗位设置的合理性、人员素质的恰当性；组织人力资源政策的适当性等。

第二，采购风险管理。采购风险管理包括物资采购风险识别、风险评估和风险应对策略。风险识别包括检查外部因素（如竞争、技术和经济变化等）和内部因素（如员工素质、组织活动性质、信息系统处理特点等）；风险评估包括估计风险的严重程度、评价风险发生的可能性；风险应对策略包括根据风险评估结果采取回避、接受、降低或分担等风险应对措施等。

第三，采购控制活动。物资采购控制活动包括以下内容：业务授权、职责分离、质量验收控制、物资采购招标控制、凭证和记录控制、资产接触和记录使用控制、独立检查、物价信息控制。

第四，采购信息与沟通。物资采购相关信息除了涉及财务信息外，还涉及非财务信息，如物价变动信息、市场需求信息、经济政策信息、技术信息、供应渠道变化信息、业务流程再造信息等。信息沟通方式包括政策手册发布、财务报告手册发布、备查簿登记、口头交流、例外情况报告等。

第五，采购监督。采取的方式包括物资采购内部控制自我评估、内部审计报告、内部控制例外情况报告、操作人员反馈以及顾客投诉等。

物资采购内部控制审计，审计人员可通过设置采购内部控制调查表等方式进行深入调查、了解和测试，并形成审计工作底稿。

## 2.4.4 物资采购过程审计

物资采购过程审计，包括采购计划审计、采购申报价格审计、物资采购计划执行情况审计。

### 1. 采购计划审计

采购计划审计是对采购计划中所列物资价格、数量、质量、采购方式和供货商选择等的真实性、合理性和有效性等进行的审计。

应获取的相关资料包括采购政策、采购计划、物资储备定额补库计划、销售计划、产品产量计划、技术措施计划、生产作业计划、在制品期初和期末预计存量、新产品试制计划、物资工艺消耗定额、生产设备大中小修理计划、技术改造计划和物资价格供应状况等。

应关注的风险领域包括采购计划程序失控、采购计划依据不当、采购计划分解不到位、采购计划执行不彻底、采购计划与其他计划不协调等。

审计内容包括：采购计划编制依据的可靠性；采购计划审批程序的合理性；采购计划所列价格的合理性；采购计划所列物资数量的合理性；采购方式选择的合理性；供货商选择的合理性。

采购计划审计方法主要包括分析法、复算法、复核法、检查法、源头审计法、全面审计法、简单审计法和重点审计法等。

**2. 采购申报价格审计**

采购申报价格审计是对采购价格申报内容的完整性、价格标准确定的合理性和申报程序的规范性等方面所进行的审计。

应获取的相关资料包括组织的物资价格制定政策、物资采购价格申报单、价格标准、物价变动信息、市场需求信息、经济政策信息、技术信息、供应渠道变化信息和业务流程再造信息等。

应关注的风险领域包括价格标准失控、价格信息系统无效和低效、采购效率降低、价格审查形式化、价格组成内容单一化和串通作弊等风险。

审计内容包括：价格申报单填列的完整性；价格标准确定的合理性；采购申报价格的合理性；申报价格核定程序的规范性。

采购申报价格审计方法主要包括价格比较法、复算法、复核法、检查法、源头审计法、重点审计法和简单审计法等。

**3. 物资采购计划执行情况审计**

物资采购计划主要指生产各部门将申请采购的物资汇总及分类形成物资需求计划，物资部门计划人员依据物资需求计划制定的采购计划。

应获取的相关资料包括物资采购申请单、采购计划、采购合同、价格申报单、采购发票、运费单、检验报告单、入库单、退货单、付款凭单、转账凭证、应付账款明细账、材料采购明细账和对账单等。

应关注的风险领域包括采购方式和供货商改变、价格失控、质量检验失控、计量不实、保管低效、票据失真、付款提前或滞后、付款不实和违规结算等风险。

审计内容包括：采购方式执行情况审计；质量控制执行情况审计；计量执行情况审计；价格执行情况审计；仓储保管情况审计；采购票据审计；采购负债确认及付款执行情况审计。

物资采购计划执行情况审计方法包括检查法、复核法、分析法、复算法、盘点法、鉴证法、抽样法、观察法、函证法和询问法等。

### 2.4.5 物资采购后续审计

物资采购后续审计应关注的风险领域，包括物资超储积压或储备不足风险、物资使用质量低劣风险、物资价格失控风险、资信低的供货商定点供货风险和审计建议无效风险等。

物资采购后续审计的基本过程如下。

（1）获取相关资料，包括审计报告、审计回复、定点供货目录、价格申报单、采购计划和物资质量标准等。

（2）取得被审计单位的反馈意见并进行合理分析。内部审计人员应关注以下事项：被审计单位不做反馈和反馈不充分的事项；被审计单位有异议或误解的事项；反馈意见中说明不采取纠正措施的事项等。

内部审计人员应逐项分析产生上述事项的具体原因，并且特别注意反馈意见中对问题原因的分析是否具有针对性、拟采取的措施是否具体。

（3）实施适当的审计程序。对重大的审计发现和建议通过现场访问、直接观察、测试和检查文件等方式，编制"后续审计面谈结果小结"和"后续审计跟踪记录表"等审计工作底稿。

（4）评估采纳审计建议所达到的效果，以及提交后续审计报告。

## 2.5 销售审计——重视现金流，对销售环节审计

销售审计是指对销售产品、材料和提供劳务等经济活动，包括销售收入的取

得、销售成本的形成、相关税金的计算和销售费用的发生所进行的审计。

销售审计是内部审计的重点，那么销售审计的要点是什么呢？

## 2.5.1　销售合同相关风险及规避

销售合同签订与履行中，存在哪些风险，如何规避呢？

**1. 合同签订的风险**

合同签订风险，包括合同名称风险、合同主体风险、合同形式风险、合同效力风险、合同用语风险、合同签章风险、合同解除风险、合同的责任风险、合同争议（诉讼）风险。

**2. 合同签订风险规避**

首先，签订前对合作对象进行审查与调查。了解合作方的基本情况、审查合作方有无签约资格、调查合作方的商业信誉和履约能力。

其次，对合同各主要条款进行审查，如规格条款、质量标准条款、包装条款、交付方式条款（送货条款）、付款条款、违约责任条款、争议处理条款。

**3. 签订时的注意事项**

合作方应加盖其单位的公章，或者合作方的经办人应提供加盖了其单位公章的签约授权委托书。注意：对方授权委托书应该由我方保存，以便在发生纠纷时作为证据。如果对方加盖了分公司、部门的印章或者部门经理、业务人员等个人印章，则都需要提供明确的授权委托书。

加盖的公章应清晰可辨。

合同文本经过修改的，应由双方在修改过的地方盖章确认。

争取取得合作方的营业执照复印件。

**4. 合同履行过程中的风险规避**

接收支票时应注意的事项，包括：收款人名称是否正确；书写是否清楚，字迹是否潦草；大小写的金额是否一致；大写数字是否正确；印鉴（公章和法定代表人印章）是否清晰。如果是经过背书的支票，应审查背书是否连续；有无伪造变造的痕迹。

出具收据和接收收据时应注意的事项：收据可以用复写的方式表明应收款、

实际收款及欠款数目但应要求对方签字确认，这样不仅可以留底，而且可以作为对方欠款的凭证。

**5. 合同履行审计**

第一，合同履行过程中对合同的履约质量进行审计，审计是否有违约行为，并提出处理意见。

第二，发生合同纠纷时，审计部门要会同合同签订部门进行调查，核对事实，提出处理意见和措施。纠纷的处理，首先双方进行协商，协商不成时，及时向合同管理机关申请调解、仲裁，或直接向人民法院起诉。

第三，合同出现变更、修改、终止或解除等情况，要审计合同变更是否符合规定解除的条件，是否依照法律规定的合同变更、解除的程序进行。当合同发生转让时，审计是否履行了合同规定的转让手续。

第四，遇到合同条款不明时的审计。

质量要求不明确时，审计是否按国家质量标准执行；无国家标准的，是否按通常标准执行。

期限要求不明确时，审计债权人是否随时向对方要求履行义务，是否给对方必要的准备时间。

履行地点不明确时，审计给付货币的，是否在给付的一方所在地履行，其他标的是否在发生义务的一方所在地履行。

价款约定不明确时，审计是否按国家规定的价格执行；没有国家规定价格的是否参照市场价格或同类物品的价格或劳动报酬的标准履行。

审计合同的履行是否贯彻了实际履行原则和适当履行原则。审计合同当事人是否按合同约定的标的履行，有无任意改变合同内容或标的，是否按合同规定的主体、客体、期限、地点和方法履行。

## 2.5.2　应收款回收问题处理

应收款回收问题处理方法：明确部门职责，互相配合做好货款回收；建立完善的合同管理制度；规范核算，保证原始资料的正确完整；成立专门机构，负责应收款的回收工作；充分利用法律手段，维护企业合法权利。

## 2.5.3　配套销售产品的价格确定

配套销售产品的价格如何确定呢？

### 1. 销售产品价格的确定

销售产品价格的计算公式如下。

$$销售价格 = 成本 \times （1 + 行业利润率）$$

$$成本 = 原料价格 + 加工费 + 管理成本 （自己买料生产）$$

$$成本 = 购买价格 + 运费（其他地方买过来转手卖）$$

行业利润率是同行业的利润率。

### 2. 销售产品配套率

销售产品配套率的计算公式如下。

$$生产的产品与销售的比率 = 销售数 \div 生产数$$

$$购进的商品与销售的比率 = 销售数 \div 购进数$$

$$配套销售产品比率 = 销售所需配套产品 \div 配套产品总量$$

### 3. 配套销售产品价格

$$配套销售产品价格 = 销售产品价格 \times 配套销售产品比率$$

企业内部审计时，配套销售产品价格确定之后，如何判断价格合理性？

第一，销售审计时如何判断所销售产品定价的合理性。执行分析程序，判断本企业相同产品不同时间段的价格波动是不是很大，与居民消费价格指数等宏观数据是不是吻合，与行业特征是不是吻合；与同行业的价格比较。对于零售商品来讲，审计人员可通过了解市价、获取公开的商品价格表以判断价格合理性。

第二，判断购入材料、设备价格的合理性、需要考虑以下因素：产品数量、交付条件、付款方式、最少订单数量、包装送货要求、工艺技术因素。

## 2.5.4　合同管理要点

合同管理要点如下。

### 1. 销售合同内容

销售合同内容包括：当事人的名称或者姓名和住所；标的；数量；质量；价款或者报酬；履行期限、地点和方式；违约责任；解决争议的方法。

## 2. 签订销售合同的原则

签订销售合同需要遵循的原则：遵守国家的法律和政策；遵守平等互利、协商一致、等价有偿的原则；遵守诚实信用原则。

## 3. 销售合同的签订程序

销售合同的签订程序如下。

第一步，发出要约。这是当事人一方向另一方提出签订销售合同的建议和要求。

第二步，接受要约。这是受要约人对要约人提出的建议和要求表示完全同意。

## 4. 销售合同应具备的主要要素

销售合同应具备的主要要素如下。

①标的。

标的是销售合同当事人双方权利和义务所共同指向的对象，销售合同中的标的主要表现为销售的商品或劳务。

②数量和质量。

数量和质量是指销售合同标的数量和质量。

③价款或酬金。

价款或酬金是取得合同标的的一方向对方支付的以货币数量表示的代价，体现了经济合同所遵循的等价有偿的原则。

④履行期限。

履行期限是合同当事人双方实现权利和履行义务的时间，它是确认销售合同是否按时履行或延期履行的时间标准。

⑤违约责任。

违约责任是指销售合同当事人违反销售合同约定的条款时应承担的法律责任。

⑥销售合同管理审计。

销售合同管理审计是对销售合同管理情况的审计。其主要内容包括以下几项。

第一，对所签合同是否进行核对、整理、分类、汇总，装订成册集中保管。

第二，是否有专人负责管理并设立合同执行台账，及时核算和监督合同执行情况。

第三，对合同完成情况是否进行定期检查分析，对存在问题是否采取了切实可行的措施。

第四，对于合同违约的处理是否符合购销合同和有关法律法规规定，有无违反规定擅自处理，给国家造成损失的行为。

第五，是否认真平等地履行合同，在履行合同过程中，有无为本单位谋取非法利益或个人私利等违法违纪行为。

## 2.5.5　应收账款审计要点

应收账款审计要点包括以下方面。

### 1. 应收账款的内部控制是否健全有效

①业务部门是否根据审核后的订货单编制销货通知单。

②信用部门是否根据销货通知单进行资信调查并批准赊销。

③仓库是否根据运输部门持有的经信用部门批准的销货通知单核发货物。

④会计部门是否根据销货通知单开具销货发票，并是否根据销货发票及经批准的有关凭证，编制记账凭证、登记应收账款明细账、进行总分类核算。

⑤出纳人员是否在收到货款后及时登记银行存款日记账。

⑥对于长期不能收回的应收账款，会计部门是否进行催收、清理货款并及时处理坏账。

### 2. 应收账款增减变动的合理性和合法性以及坏账确认标准、账务处理是否正确

审计人员审查有无虚列应收账款、虚列企业利润的现象；对已做坏账处理的应收账款应审查是否利用坏账损失进行舞弊活动；发现应收账款有贷方余额的应查明原因，必要时，做出分类调整。

### 3. 外币应收账款的折算是否正确

审计人员审查所选折算汇率是否前后各期一致；期末外币应收账款余额是否按期末市场汇率折算记账本位币金额；折算差额的会计处理是否正确。

### 4. "应收账款"项目在会计报表上披露的恰当性

审计人员审查会计报表中"应收账款"项目是否根据"应收账款"和"预收账款"账户的所属各明细账期末借方余额的合计数填列。

### 案例　某企业产品销售审计

在对某分公司的审计中，审计人员发现一笔 20 万元的蹊跷付款。从报销审批单来看，该款项为销售费用，具体项目不详，而且没有经总公司批准便报销，超过分公司总经理的授权额度，属于违规行为。审计人员询问财务总监，其含糊其词。

通过搜索与这笔付款相关的 B 公司资料，审计人员发现 B 公司所销售产品的范围和分公司重合，但规模很小。在 ERP 系统中搜索销售记录无果之后，审计人员把目光集中于供应商名单并找到 B 公司。

审计人员将分公司从 B 公司进货的全部数据导出进行分析，发现进货产品单一，销售速度很快，目前已无库存，并且全部产品都是平进平出，没有任何毛利。

审计人员走访了库房人员，证实从 B 公司采购的货全部是空进空出，没有实物流转，而且是按照业务人员的指示办理的。

本案例是销售审计的一则常见案例，从销售审计的实际操作来看有以下几个值得借鉴的地方。

（1）销售审计对违规行为的处罚侧重点应在对管理层的惩罚。本例中，"最终，总经理和财务总监都受到了相应惩罚，库房人员虽然做假，但是因为配合调查被免予了处罚"。

这样的处罚措施抓住了问题的根本，有利于审计人员掌握证据，揭露问题，并公正公平地处理问题。

（2）有效利用计算机可以帮助检查虚假销售行为。利用计算机软件，审计人员能更好地完成数据的处理，从而进行统计分析。

本案例中审计人员"利用 ERP 系统搜索销售记录"审查 B 公司的信息，"导出从 B 公司进货的全部数据并进行分析"，发现了从 B 公司进货产品单一、平进平出的疑点，配合对库房人员的问话，找出了"从 B 公司采购的货全部是空进空出，没有实物流转"的真相。

这体现了计算机辅助审计的便捷优势。

（3）利用分析性复核可以帮助销售审计工作。本案例中审计人员发现"一笔 20 万元的蹊跷付款"，发现了审计的疑点。

虽然销售审计对于企业销售非常重要，但是在现实操作中，销售审计的开展却遇到重重阻碍，主要有内部控制环境、销售收入舞弊、审计人员自身状况等制约因素。

审计人员在开展审计时首先要做的就是了解被审计单位的内部控制环境。企业只有在销售与收款、销售与发货控制、收款控制、销售退回控制等方面拥有完善的内部控制制度和控制目标，才能有助于审计人员根据具体情况设计审计方案，实现审计目标。

销售能使企业增值、维持企业的生存和发展，企业主要依靠销售取得经济利润。

由"舞弊三角"理论，我们可以得出分析结论。

一是动机或压力。如果销售企业为了营利，或者因其盈利能力受到不利因素的威胁而为保持利润率的提高，或者管理层的个人利益与企业销售目标挂钩，则管理层都有可能承受巨大压力从而引发销售舞弊，尤其是管理层串通舞弊，这种状况在审计时很难被发现。

二是机会。如果企业的销售交易结构复杂，比如从事大量的跨境交易，大量采用分销渠道、销售折扣及退货等交易方式，则其所从事销售业务的复杂性就为制造虚假财务信息提供了机会。如果被审计单位账表做得很"完美"，审计人员又不深入审计，是很难发现舞弊行为的。

三是自我合理化。涉及舞弊的管理层，主要是由管理层态度不端或缺乏诚信引起的。比如，被审计单位、高级管理人员或治理层存在违反证券法或其他法律法规的历史记录，或由于舞弊或违反法律法规而被指控。

# 2.6　增值税审计——根据增值税的计税规律确定审查环节

增值税审计是对纳税人的会计账簿和记录进行的一种有选择的审核制度。

增值税审计一般应根据增值税的计税规律确定审查环节，重点审查征税范围、销售额与销项税额、进项税额的结转与进项税额转出、应纳税额与出口货物退税。

### 2.6.1  销售额的确定与审计

销售额的确定分为以下几种情况。

第一，正常情况下应税销售额的确定。

销售额，是指纳税人提供应税服务取得的全部价款和价外费用（手续费、补贴、基金、集资费、返还利润、奖励费等），但不包括代为收取的政府性基金或者行政事业性收费。

纳税人提供应税服务，开具增值税专用发票后，提供应税服务中止、折让、开票有误等情形，应当按照国家税务总局的规定开具红字增值税专用发票。

第二，混合销售应税销售额的确定。销售行为如果既涉及服务又涉及货物，为混合销售。销售自产货物并同时提供建筑业劳务的行为，应当分别核算货物的销售额和应税劳务的营业额。

第三，兼营应税销售额的确定。其与"混合销售应税销售额的确定"的对比见表2-3。

表2-3　混合销售与兼营对比

| 项目 | 概念 | 相同点 | 区别 | 增值税缴纳 |
|------|------|--------|------|-----------|
| 混合销售 | 混合销售指的是一项销售行为既涉及服务又涉及货物 | 既有销售货物的行为，又有销售服务的行为 | 混合销售和兼营都只涉及增值税，两者的区别在于是否发生在同一项销售行为上。混合销售是同一项销售行为既涉及服务又涉及货物；兼营指不同的销售行为涉及不同的增值税应税项目 | 从事货物的生产、批发或者零售的单位和个体工商户的混合销售行为，按照销售货物缴纳增值税；其他单位和个体工商户的混合销售行为，按照销售服务缴纳增值税 |
| 兼营 | 兼营指的是纳税人的经营中既包括销售货物和加工修理修配劳务，又包括销售服务、无形资产和不动产的行为 | | | 分别核算货物或应税劳务和非应税劳务的销售额，分别征收增值税 |

第四，折扣额的处理。

纳税人提供应税服务，将价款和折扣额在同一张发票上分别注明的，以折扣后的价款为销售额；未在同一张发票上分别注明的，以价款为销售额，不得扣减折扣额。

第五，交易价格不公允处理的税法规定。

交易价格不公允处理的税法规定。

（1）按照纳税人最近时期提供同类应税服务的平均价格确定。

（2）按照其他纳税人最近时期提供同类应税服务的平均价格确定。

（3）按照组成计税价格确定。组成计税价格公式如下。公式中的成本利润率由国家税务总局确定。

$$组成计税价格 = 成本 \times（1 + 成本利润率）$$

## 2.6.2　销售额审计

销售额的审计是增值税审计的首要环节，应重点审计以下几方面内容：

（1）销售货物或应税劳务收取价外费用是否并入应税销售额。按规定只要是跟销售有关的收费，如卖方提供装卸所得收入等都应并入应税销售额。审查企业是否存在以下情况：在销售货物或收取购货方的价外收入时存在不开具发票；或将已收取的价外收入通过往来账款处理；或直接抵账，冲销各自的往来账；或长期挂在往来账上，到一定时间就以清理"呆滞账"的方式，将其列入往来账的货物销售收入或价外收入，直接转入当期损益。

（2）将自产、委托加工或购买的货物对外投资、分配给投资者、无偿赠送他人，是否按规定视同销售将其金额并入应税销售额。自产、委托加工的货物只有分配给股东时才可按成本转销售收入。

（3）销售残次品（废品）、半残品、副产品和下脚料等取得的收入是否并入销售额。审计时发现多数企业把此项收入转入小金库，或直接冲减成本或费用。

（4）将自产或委托加工的货物用于非应税项目以及集体福利、个人消费的，是否视同销售将其金额并入应税销售额。一些企业没有并入应税销售额，直接计入福利费或企业管理费。

（5）采取以旧换新方式销售货物，是否按新货物的同期销售价格确认应税销售额。如：企业促销零售价 1 107 元，收回旧物作价 100 元实收 1 070 元，企业按实收价计收入就会少计销项税。

（6）以物易物或应税货物低偿债物，是否并入应税销售额。实际上很少有企业并入应税销售额，多数直接转往来账或不入账。

（7）移送货物用于销售是否按规定视同销售将金额并入应税销售额。设有两个以上机构实行统一核算的纳税人，将货物从一个机构移送其他机构用于销售，视同销售货物，但相关机构在同一县（市）的除外。

（8）采取还本销售方式销售货物，是否从应税销售额中减除了还本支出，造成少计应税销售额。这种销售方式是纳税人为了加速资金周转而采取的一种促销手段。其还本支出可作为产品销售费用处理。

（9）混合销售行为和兼营的非应税劳务，按规定应当征收增值税的，其应税销售额的确认是否正确。混合销售行为如征收增值税，应以纳税申报表为依据，结合"主营业务收入"明细账，查明申报的销售额是否正确。

（10）纳税人发生销售退回或销售折让，是否依据退回的增值税专用发票或购货主管税务机关开具的"企业进货退回及索取折让证明单"，按退货或折让金额冲减原销售额。

（11）销售自己使用过的固定资产，属于应征消费税的机动车、摩托车、游艇，售价超过原值的，按照 4% 的征收率减半征收增值税；售价未超过原值的免征增值税。

（12）为销售货物而出租、出借包装物收取押金，因逾期而不再退还的，是否已并入应税销售额并按所包装货物适用税率计算纳税。同时应注意审计有关特殊的纳税规定，如对销售酒类产品（除适用啤酒、黄酒外）收取的包装物押金的规定。

（13）采取折扣方式销售货物，将折扣额另开发票的，是否从应税销售额中减除了折扣额，造成少计应税销售额。

### 2.6.3　进项税额抵扣时限

增值税一般纳税人申请抵扣的防伪税控系统开具的增值税专用发票，必须自该专用发票开具之日起 90 日内到税务机关认证，否则不予抵扣进项税额。

对纳入防伪税控管理的企业，取得防伪税控系统开具的增值税专用发票，属于扣税范围的，应于纳税申报前到税务机关申报认证，在取得税务机关开具的《认证结果通知书》和加盖"认证相符"戳记的专用发票抵扣联后，申报抵扣税款，凡认证不符的，不得作为扣税凭证。

增值税一般纳税人认证通过的防伪税控系统开具的增值税专用发票，应当在认证通过的当月按照增值税有关规定核算当期进项税额并申报抵扣，否则不予抵扣进项税额。

## 2.6.4 进项税额结转

审计纳税人是否存在多计进项税额的问题，不仅要从计算进项税额的凭证上进行审计，而且还要审计有无扩大结转、计提进项税额范围的问题。

（1）免征增值税项目的购进货物和应税劳务，是否结转进项税额。

（2）购进固定资产是否结转了进项税额。

（3）非增值税劳务项目购进货物和劳务，是否结转了进项税额。

（4）用于集体福利或个人消费的购进货物或劳务，是否结转了进项税额。

（5）在建工程项目所用的购进货物和应税劳务是否结转了进项税额。

（6）购进货物发生的非正常损失，是否结转了进项税额。

（1）~（5）购买时就知道与生产产品无关，不应抵扣进项税额，应将价税一并计入购买货物成本中。

## 2.6.5 进项税额转出

当纳税人购进的原材料、商品改变用途时，应将其负担的进项税额由"应交税金——应交增值税"账户的贷方"进项税额转出"科目转入相应的账户中去。因此，对纳税人发生的下列业务，应审计在结转材料和商品销售成本的同时，是否作了转出进项税额的账目处理。

（1）将生产用原材料用于职工福利已结转进项税额的材料物资。

（2）非正常损失的在产品、产成品所耗用的购进货物或者应税劳务，但是清产核资价值损耗不做进项税额转出。

（3）在建工程项目领用购进的已结转进项税额的材料物资。

（4）增值税免税项目使用购进的已结转进项税额的材料物资。

（5）非增值税应税项目使用购进的已结转进项税额的材料物资。

（6）将购买的固定资产作为低值易耗品入账，生产时以低值易耗品领出已结转进项税额的固定资产。

对上述项目除了注意审计计算方法是否正确外，还要注意审计企业进项税额转出的金额计算依据是否正确，进项税额转出的时间与增值税会计处理的规定是否一致。

# 2.7 所得税审计——允许扣除的项目和扣除比例是否正确

所得税审计是指对企业所得利润的课税审计。企业所得税是企业必须缴纳的一种税，是国家税收的一个重要部分，不同的扣除项目有不同的扣除比例。

## 2.7.1 职工福利费税前扣除标准及审计

企业实际发生的满足职工共同需要的集体生活、文化、体育等方面的职工福利费支出，不超过工资薪金总额 14% 的部分，准予扣除。

职工福利费审计是对企业按规定提取职工福利费及使用的审计。其主要内容：

（1）审查计提职工福利费的基数是否真实，提取比例是否合规。

（2）查核职工福利费的开支是否符合规定的范围和标准，有无超出福利费开支范围和标准的问题，审计有无浪费和贪污等弊端存在。

（3）企业发放的奖金总额超过国家规定的标准部分是否足额、及时、缴纳，有无逃税偷漏税的问题。

（4）职工奖励基金业务的会计处理是否符合有关规定。

## 2.7.2 工会经费税前扣除标准及审计

企业拨缴的工会经费，不超过工资薪金总额 2% 的部分，准予扣除。

工会经费的收支不应该由内部审计来审计。一般的工会经费使用情况审计是分两个层面进行的：一是由工会组织内部的工会经费审计委员会审计；二是由上级主管工会的审计部门审计。

工会经费审计内容如下：

（1）工会经费审计委员会负责工会经费的审计工作，确保工会经费合理使用，工会财产不受损失。

（2）经费审计委员会在审计工会经费的同时，对工会财产进行盘点审计，确保工会财产账物相符、账实相符。

（3）经费审计委员会要定期向会员代表大会报告经费审计情况。

（4）经费审计委员会在经费审计中，发现有贪污、挪用工会经费、违反工会财务制度等情况，应向工会委员会提出，并报上级工会。

## 2.7.3　职工教育经费税前扣除标准及审计

企业发生的职工教育经费支出，不超过工资薪金总额 8% 的部分，准予在计算企业所得税应纳税所得额时扣除；超过部分，准予在以后纳税年度结转扣除。

职工教育经费审计的主要内容：

（1）审查计提职工教育经费的基数是否真实，提取比例是否合规。

（2）查核职工教育经费的开支是否符合规定的范围和标准，有无超出教育经费开支范围和标准的问题，审计有无浪费和贪污等弊端存在。

（3）职工教育经费业务的会计处理是否符合有关规定。

## 2.7.4　公益性捐赠支出税前扣除标准及审计

企业发生的公益性捐赠支出，不超过年度利润总额 12% 的部分，准予扣除。

公益性捐赠支出审计的主要内容：

（1）审查计提公益性捐赠支出的基数是否真实，提取比例是否合规。

（2）查核公益性捐赠支出是否符合规定的范围和标准，有无超出公益性捐赠支出范围和标准的问题。

（3）公益性捐赠支出业务的会计处理是否符合有关规定。

## 2.7.5　业务招待费税前扣除标准及审计

企业实际发生的与生产经营活动有关的业务招待费，按照实际发生额的

60%扣除，但最高不得超过当年销售（营业）收入额（含视同销售收入额）的5‰。

### 案例　企业内部审计与纳税调整项目

A企业某年度实现营业收入50 000万元，实际发生的与生产经营活动有关的业务招待费500万元，其中包括以企业自制商品作为礼品馈赠客户，商品成本300万元，同类商品售价400万元。在计算业务招待费税前扣除数额时，应做如下纳税调整。

调整后的业务招待费金额 =500-300=200（万元）

调整后的计税基础 =50 000+400=50 400（万元）

按销售收入5‰计算，业务招待费税前扣除限额为252万元（50 400×5‰），按业务招待费实际发生额的60%扣除限额计算，扣除额为120万元（200×60%），由于120万元＜252万元，则业务招待费企业所得税税前扣除额为120万元，应纳税所得额调增80万元（200-120）。

业务招待费审计的方法如下：

（1）要将财务审计期间业务招待费产生金额与过去年度金额开展对比，查询是不是有突然的调整变动，剖析变动原因。

（2）要深入了解财务审计资金流向，看是不是存有转移资产，关注"培训费""会务费"等花费开支。

（3）财务审计被财务审计单位收入情况，查找是不是私设"小金库"。

企业内部固定资产审计是对企业内部固定资产购建、使用、折旧、实有数、调拨、报废、清理的审计。其目的在于：确定固定资产的内部控制制度是否健全有效；确定固定资产是否实际存在和运行状况是否良好；审查被审计单位对固定资产的所有权是否受留置权等限制；审查固定资产的计价方法是否适当；确定固定资产折旧政策和会计处理是否符合企业会计准则的规定，并与以前年度保持一致；审查固定资产交易或事项会计处理的适当性，固定资产及折旧在会计报表上披露的恰当性。

# 3.1  固定资产保值增值审计

要考核企业资产的保值增值指标，首先要明确企业所有者的财产包括哪些内容。有的企业内部审计部门在审计过程中只考虑企业的固定资产，有的考虑企业的全部资产，有的则考虑企业的所有者权益。

## 3.1.1  固定资产保值增值审计的重点

固定资产保值增值审计的重点如下。

（1）固定资产管理的内部控制制度是否健全有效。

（2）固定资产确认是否真实和可靠，固定资产计价是否合规合理，固定资产增减变动是否合法，固定资产是否全部入账，账务处理是否真实、明晰。

（3）固定资产折旧计提是否正确，折旧方法是否前后一致，有无少提或多提折旧调节损益的问题。

（4）固定资产清理是否合规，有无挤占或漏计在建工程成本的行为，费用资本化是否真实、合法。

（5）报废、出售、投资转出的账务处理是否正确，有无借机私分、转移、隐匿财产和资金。

（6）审查固定资产购置成本的组成是否符合企业会计准则和真实合理。

### 3.1.2 固定资产保值增值审计方法

企业内部固定资产保值增值审计方法有哪些呢？

在企业内部固定资产保值增值审计中，审计人员可采用审计工作中常用的基本审计方法和一般审计技术方法，如核对法、盘存法、顺查法、逆查法、抽查法、测试法、鉴定法、分析法等。

还可以根据固定资产保值增值审计的特点，对审计方法进行拓展，采用定性与定量相结合的评价方法和统计抽样审计方法、计算机系统审计及计算机辅助审计的方法，以提高审计工作的效率和质量。

### 3.1.3 固定资产保值增值考核指标的审计方法

企业内部固定资产保值增值指标的考核，应以考核期企业财务报表中的固定资产价值为依据，应遵循年度审计指标计算的方法和要求，按年度考核计算，并对其进行分析。

## 3.2 固定资产管理审计

企业应当加强房屋建筑物、机器设备等各类固定资产的管理，重视固定资产维护和更新改造，不断提升固定资产的使用效能，积极促进固定资产处于良好运行状态。

固定资产管理审计的目的：通过内部审计，评价企业固定资产内部控制的存在性和有效性，促进企业在固定资产的购置建造、记录保管、维护保养、报废处理等环节完善管理，降低风险。

### 3.2.1　审计沟通

企业内部固定资产管理审计第一步，做好审计沟通。即使是企业内部固定资产审计，也不能忽略与被审计单位的沟通，这能让审计人员获得事半功倍的效果。在审计之前，审计人员需要与被审计单位沟通的事项包括以下四点。

（1）固定资产的种类。电子设备、办公设备、房屋、车辆等固定资产如何进行分类。

（2）折旧方法与年限。各固定资产的折旧年限、折旧方法、残值率是否符合法律法规。

（3）固定资产减值政策，是否已出现减值的固定资产、减值的原因。

（4）固定资产折旧如何进行成本费用的分摊。

### 3.2.2　询问存在问题

企业内部固定资产管理审计第二步，询问存在问题。

（1）固定资产清单（卡片）与账面是否一致，如果不一致，是什么原因；如果涉及多报告期审计，一般会缺失部分年份的资料，需要被审计单位协助获取。

（2）企业开始计提折旧的时间。

（3）有无先使用后入账的情况，是否已经补提折旧。

（4）有无暂估入账的情形。

（5）固定资产账面会计核算是否详细。

（6）是否有报告期内丢失或者无法辨别但未进行盘亏处理的固定资产，是否存在已使用但尚未入账的固定资产。

### 3.2.3　核查资料清单

企业内部固定资产管理审计第三步，核查资料清单。

所需资料包括企业固定资产会计政策，固定资产管理制度，固定资产清单，固定资产减少记录表、不动产登记证、车辆行驶证等重要权属证明，新增大额、重要的固定资产购买合同。

## 3.2.4 核查流程

企业内部固定资产管理审计第四步，核查流程。

（1）将固定资产清单导入自身底稿清单中。这一步看似只是复制粘贴，但是审计人员要在这个过程中对被审计单位的固定资产进行分类调整，该分类将体现在审计报告附注中，所以要注意新的分类是不是也符合折旧年限一致、残值一致的特征。

（2）进行折旧测算。对本年度折旧进行测算，将测算结果首先与总额进行对比，如果出现了不一致情况，分析产生的原因，这时候需要落脚到更具体的固定资产的辨别问题上，具体情况具体分析。如果企业账做得很笼统，那么工作量非常大。折旧分摊至主营业务成本、管理费用、销售费用等是否合理。

（3）检查。报告期新增大额固定资产的付款单、请款单、合同的检查；不动产登记证、车辆的行驶证、车辆产权证（绿色）的检查。

（4）减值。获取有关减值的政策，观察和访谈是否有固定资产出现减值但未计提减值准备的情形（可结合盘点）。

（5）盘点。一般进行抽盘，特殊情况下要进行全盘。一般来说，被审计单位进行盘点，审计人员进行监盘，并进行一定比例的复盘。要结合固定资产盘点表观察实物，判断实物是否存在异常，对单价过高的固定资产要仔细观察其规格、标签。

**案例　某汽修厂固定资产审计**

集团内部审计人员对下属某汽车修理厂的固定资产进行审计时，运用审阅法、核对法和抽查法取得以下资料。

（1）会计凭证分录。

借：固定资产——4辆小客车 　　　　　　　　　　　　　　　200 000

　　贷：长期应付款 　　　　　　　　　　　　　　　　　　　　　200 000

并附有一张购车原始凭证。

（2）固定资产登记簿上记载：2020 年 12 月 17 日购入某运输公司的 4 辆小客车，金额 20 万元。

（3）实地盘存，一分部和二分部各有 2 辆小客车。

审计人员初步结论为：账实相符。

疑点：发现没有产权证书。

取证：据该厂有关负责人员解释，原来这 4 辆小客车均由某运输公司购买，运输公司经理为增加创收渠道，把车交由该汽车修理厂进行经营管理。双方协定，运输公司每年收取 4 万元使用费用，期限 5 年，计 20 万元，5 年后小客车交还运输公司。

结论：上述购车原始凭证是汽车修理厂伪造的，4 辆小客车本应是使用权资产。

### 案例　固定资产真实性的审计

审计小组对集团公司下属公司经理进行离任经济责任审计。

为验证固定资产真实性和完整性，审计小组运用抽查法进行审计。根据固定资产卡片上的内容分别与实物相核对，发现以下情况。

一台 2018 年购置的轿车未按要求回厂区待检，相关人员说该车已用于出差，并拿出购车发票予以证明。

有关人员按卡片记载的位置指着一小平房，说这就是 120 平方米的产成品库房。审计人员没有进入该房屋。

疑点：以上证据尚不充分，应进一步实地审查。

取证：经实地考察，取得了新的证据。

（1）轿车挂的是私人牌照，由采购办主任驾驶。

（2）卡片上记载的产成品库房并未在该子公司区域内，实为处于市内繁华地段的销售门市部，现已作为投出资产与外单位某公司联营，但并未在该子公司会计核算中反映。

（3）公司介绍的小平房已停用 2 年。

# 3.3　闲置和因利用率不高而处理的固定资产审计

固定资产是财务管理的重要内容，但因为固定资产使用管理的特殊性，其常常被忽视。固定资产购入后投用，其管理就下放到使用单位，不像流动资产那样有专门的仓储管理，财务一般也是年度抽查。

账实相符是基础，初始化配套制度，要做到管理到位没有难点。通过审计梳理，找准问题，规范制度流程，并在后续的执行中强化监管考核，固定资产管理的基础工作就能夯实。

固定资产管理审计的核心是关注资产状态和使用频次及效率，通过定期，如年度的系统信息数据统计分析，识别出闲置和利用率低的资产，及时进行整合优化，从而提高固定资产的使用效率，最大限度地挖潜资产的利用价值。

## 3.3.1　审计闲置固定资产处理的合规性

审计闲置和利用率不高的固定资产处理的合规性，即审计其是否按下列方法处理：出售、抵债、非货币性资产交换、对外投资、改造后使用、捐赠、调拨、报废、出租。

## 3.3.2　闲置固定资产问题及审计推进思路

审计固定资产时，发现存在闲置固定资产的问题。

对此，可以参考以下审计推进思路：列出闲置固定资产清单，可以细分为一年以上未使用，一年内累计使用时间低于半年，一年内累计使用时间低于三个月等；并要求所在部门上报这些闲置固定资产和低利用率固定资产的未来使用预期评估。识别出哪些不用了，哪些还需要使用，需要使用的使用期限和频次等，据以确定处置方案，如不用的可外卖或拆解，继续使用的如何管理等。

**案例　某公司固定资产管理审计**

（1）案例背景。

某公司是一个以超市为主的企业，审计时未发现任何对其可持续经营性造成威胁的迹象。在编制审计计划时，报表层的重要性水平为 700 万元，分配到固定资产的重要性水平为 200 万元。

（2）案例内容。

审计人员对固定资产实质性测试的主要过程如下。

第一，明确固定资产及累计折旧实质性测试的目的及程序，编制固定资产及累计折旧审计程序表。

第二，索取固定资产及累计折旧分类汇总表，核对明细表与明细账、总账是否相符。审计人员取得了全部固定资产的明细表，并进行了复核，与明细账、总账核对一致。

第三，审计固定资产的增加。对于外购固定资产，审计人员通过核对购货合同、发票、保险单、发运凭证等文件，抽查测试其计价是否正确、授权批准手续是否齐备、会计处理是否正确；对于在建工程转入的固定资产，着重检查了竣工决算、验收和移交报告是否正确，与在建工程相关的记录是否核对相符，资本化利息金额是否恰当，等等。

在审计过程中，审计人员发现 2020 年 6 月 30 日新增的固定资产中，有该公司本年发生的营业楼的装修支出 72 万元，计入固定资产的价值，本会计年度已计提折旧 72 000 元，预计三年后将进行再次装修。审计人员发现 8 月有未办理竣工验收手续先行估价结转的办公楼，价值为 1 500 万元，原概算为 2 000 万元。审计人员现场观察和了解施工的结算情况，预计实际支出为 2 100 万元。

第四，审计固定资产的减少。在对减少的固定资产进行审计时，审计人员首先审查了减少的固定资产的授权批准文件，确认是否符合有关规定，并验证其数额计算的准确性。

在审查减少的固定资产时，发现该公司有一笔办公设备报废的业务。该公司对此项业务所做的账务处理如下。

| | |
|---|---|
| 借：固定资产清理 | 64 000 |
| 　　累计折旧 | 16 000 |
| 　　贷：固定资产 | 80 000 |
| 借：营业外支出 | 64 000 |
| 　　贷：固定资产清理 | 64 000 |

审计人员还了解到该公司在此期间并没有发生火灾、被盗等意外事故。

第五，审计固定资产的所有权。审计人员通过审阅产权证书、财产保险单、财产税单、抵押贷款的还款收据等合法书面文件，以确定所审查的固定资产是否确实为企业所拥有的合法财产。对于新增的固定资产，审计人员索取了客户固定资产的产权证书副本。

在审查时，发现该公司将原投入C公司（由该公司负责经营管理）的固定资产，由于某种原因在C公司未经清算和未经中介机构评估的情况下，从C公司自行估价收回，价值为30万元，冲减长期股权投资项目。

第六，固定资产折旧的审计。审计人员在核对折旧明细表后，首先对折旧计提的总体合理性进行复核。其次，计算了本期计提折旧额占固定资产原值的比例，并与上期比较，分析本期折旧计提额的合理性和准确性。此外，还计算了累计折旧占固定资产原值的比例，评估固定资产的老化率，并估计因闲置、报废等可能发生的固定资产损失。

（3）固定资产审计要点。

固定资产审计要点如下。

①固定资产入账价值审查。

第一，审查外购的固定资产，应根据合同、发票及运输费、保险费、安装费等凭证，核实其计价的准确性。

第二，审查自行建造的固定资产，应根据合同、协议、工程决算单以及交付使用财产明细表所列的财产名称、建造成本等核算其计价的准确性。

第三，审查投资者投入的固定资产，应根据投资凭证、财产明细表及评估资产或合同协议约定的估价核实其计价的准确性。

第四，审查捐赠的固定资产，应根据原发票、账单或估价证明所列金额以及企业支付的运输费、保险费、安装费凭证核实其计价的准确性。

第五，审查在原有基础上改造扩建的固定资产，应根据固定资产原价，加上改扩建发生的支出，减去改扩建过程中发生的固定资产变价收入等凭证记录核实其计价的准确性。

第六，审查接受捐赠的固定资产。

第七，审查盘盈的固定资产，应根据财产盘盈表及有关部门或领导审批转入固定资产的文件及估价资料核实其计价的准确性。

第八，对于企业为取得固定资产而发生的借款利息和有关费用以及外币借款的折合差额，审计人员应注意审查不同阶段发生的利息的计入账户是否准确，审查有无任意变动已入账价值的情况。

根据《企业会计准则》规定，除下述 5 种情况外，均不得任意变动固定资产入账价值：根据国家规定对固定资产价值重新估价；增加补充设备或改良装置；将固定资产的一部分拆除；根据实际价值调整原来的暂估价值；发现原记固定资产价值有错误。

②审计固定资产的减少。

审计固定资产减少，主要审查以下方面。

第一，报废固定资产的审查，审查报废固定资产是否达到规定的使用年限，报废后残值、净损失的计算与账务处理是否准确。

第二，出售固定资产的审查，审查出售的价值是否合理。

第三，盘亏固定资产的审查。

③审计固定资产的所有权。

通过盘点、审核产权凭证等加以证实。

第一，审查固定资产存在性。对房屋、建筑物等无移动性的固定资产，可以重点抽查验证；对安装使用的设备，可以在小范围内抽查验证；对具有移动性的固定资产，需在较大范围内抽查验证。

实物盘点前，应先将固定资产明细账与固定资产卡片进行核对，做到账卡相符。

盘点时，应注意以下两方面。一方面注意固定资产是否完整存在；另一方面应注意审查固定资产的维护保养情况，鉴定其新旧程度与账面记录是否一致。

盘点后，对盘盈、盘亏的固定资产进行深入的调查，查明原因，并进行必要的账务处理。

第二，审查固定资产所有权。收集各种凭证，查证固定资产所有权及抵押情况，并将证明所有权的凭单复印件存入永久性审计档案。

第三，核实期末固定资产价值。

④固定资产折旧的审计。

固定资产折旧的审计，包括以下方面。

第一，固定资产总值除以全年总产量，将该比率与以前年度相比较。

第二，比较本年度与以前各年度固定资产增加额和减少额。

第三，比较本年度各个月份、本年度与以前各年度的修理费用。

第四，本年度计提折旧额除以固定资产总值，将该比率与上年计算数比较。

第五，分析比较各年度固定资产保险费，查明变动有无异常。

（4）案例分析。

审计人员审查了折旧的计提和分配的账户，并将累计折旧账户贷方的本期计提折旧额与相应的成本费用中的折旧费用明细账户的借方金额相比较，以查明计提折旧金额是否已摊入本期产品成本或费用。

对某些折旧的计提过程追查至固定资产登记卡片，特别注意有无已提足折旧的固定资产继续提折旧的情况和在用固定资产不提或少提折旧的情况。

审计人员发现办公设备 2020 年 5—9 月的折旧计提额明显高于其他月份，查出公司所有夏季使用的空调设备，只按实际使用月份提取折旧，共计少提折旧 92 万元，其中行政部门涉及 12 万元，经营部门涉及 80 万元。此外，经测试发现，该公司按固定资产分类提取折旧，但未从其中扣除本年度已提足折旧继续使用的一栋营业楼的价值，按折旧率计算多提折旧 25 万元。

仓储管理审计是指对存货增减变动及结存情况的真实性、合法性和正确性进行的审计。仓储管理审计直接影响着财务状况的客观反映，对于揭示存货业务中的差错弊端、保护存货的安全完整、降低产品成本和费用、提高企业经济效益等，都具有十分重要的意义。

仓储管理是企业内部审计的重点之一。本章介绍了根据内部审计工作的实践经验，开展工业企业仓储管理审计应关注的几个方面。

# 4.1  存货库存量合理性审计

存货库存量合理性审计直接影响着企业财务状况，合理的存货数量能降低产品成本和费用，提高企业经济效益。

## 4.1.1  存货库存量合理性审计重点

存货库存量包括存货库存数量与存货库存价值。鉴于存货对于企业的重要性、存货问题的复杂性、存货库存量的风险性，以及存货与其他项目的密切性，存货库存量合理性审计的重点如下。

（1）确认存货库存数量的合理性，是否超过最高储备数量，是否低于最低储备数量。

（2）查验存货的质量状态，注意有无过期的、毁损的、失效的、闲置的材料。

（3）对材料的所有权加以鉴定。

## 4.1.2 存货库存数量合理性审计

在存货库存数量审计中，审计人员无论是将抽盘还是全盘作为审计工作的内部控制测试手段，其目的都是验证企业仓储部门存货盘点工作的执行情况。

最终需要将盘点结果与账目进行核对，确保账账相符、账实相符、账卡相符，保证存货的真实性和完整性，并判别存货是否存在部分积压。

## 4.1.3 存货库存价值合理性审计

存货库存价值合理性审计，包括以下方面的内容。

（1）存货价值与市场公允价值对比是否存在减值。

（2）存货发出计价方法是否合理，如先进先出法、加权平均法等。

（3）是否按加权平均法计算产品单位销售成本。

（4）是否在存在减值的情况下计提了资产减值准备。

## 4.1.4 存货库存量合理性审计的要点

存货库存管理是企业内部审计的重点之一。根据内部审计工作的实践经验，开展工业企业存货库存量合理性审计，应关注的要点见表4-1。

表4-1 存货库存量合理性审计的要点

| 项目 | 内容 |
|---|---|
| 分析性复核 | 进行存货周转率分析，分析存货是否与销售额良性互动。<br>进行存货结构分析，分析原材料及包装物、在产品、产成品之间的结构是否合理。<br>对存货库龄分析，对超过一定时间（如3个月）没有发货记录的存货和库存量大于一定时间（如3个月）的存货进行统计分析，在审计时重点关注 |
| 存货盘点 | 抽盘的品种要具有代表性。每一个种类、每一个仓库都要覆盖到，避免因遗漏某个种类、某个仓库而造成的审计风险。<br>分别进行两种方式的存货抽盘。①在存货账中随机抽取一定数量的存货记录，查验其对应的存货是否存在。②随机抽取一定数量实物，并追踪到存货账，以验证存货记录的完整性，特别关注仓库中特殊的存货（如摆放不整齐、有特殊标记的存货）。<br>检查卡片管理，检查存货收发是否及时登记库存卡片。<br>特别关注返修品的处理是否正确，检查是否把客户返修品误作为本企业存货 |

续表

| 项目 | 内容 |
|---|---|
| 储存条件 | 观察仓库储存条件，是否防水、防潮、防火、防盗 |
| 账账核对 | 采用手工记账的，检查存货科目余额在总账和明细账之间是否相符。采用计算机记账的，检查总账模块存货科目余额是否与存货核算模块的库存总额相符 |
| 抽取入库单据检查 | 产品入库，检查是否有检验报告，生产成本输入是否有错误。<br>采购入库，检查是否超过经批准的订单数量，检查是否有检验报告、价格是否与经批准的采购合同（或订单）一致。<br>如果是根据手工单据录入计算机，检查是否有错误。<br>检查"其他入库单"入库依据是否正常，是否存在绕过控制流程的情况 |
| 抽取出库单据检查 | 产品出库，检查是否有经批准的发货单。规定款到发货的，检查是否有财务的收款依据或者已收款确认，检查是否有对方单位或者承运单位的提货人签字。<br>材料出库，检查是否与生产计划一致，检查是否有领用人及审批人签字。<br>如果是根据手工单据录入计算机，检查是否有错误。<br>样品出库、盘亏等非正常出库，检查是否有批准手续 |
| 检查职责分离情况 | 检查财务、仓库、采购、销售职责是否分离。通过抽查单据检查其复核标记，检查出入库单据是否经过其他人员或者部门的复核，特别注意是否存在在库存系统进行一次性的形式复核，而不是进行逐一复核的情况 |

### 案例　某企业原材料审计

审计人员在 2020 年 12 月 5 日对某企业的原材料进行审计时，取得以下信息。

（1）本年度一次性购入一种添加剂 200 吨，单价 1.3 万元 / 吨，计 260 万元。

（2）该添加剂本年度只出库一次，重量 10 吨，金额 13 万元。

（3）经盘点，账面数与库存数相符。

疑点：该添加剂已经 9 个月无动态，购入原材料是为了满足生产需要，该添加剂为何长时间没有消耗呢？

取证：审计人员带着疑问继续调查，取得下列信息。

（1）到库房检查，得知该库房添加剂已变质。

（2）询问保管员和车间领料员，都说进货时是雨季，库房漏雨，这批原材料被雨水淋湿，无法使用。

（3）查阅相关利润账，发现该企业每个月都处于微利状态，截至 11 月底仅盈利 45 万元。

结论：通过对以上信息分析，审计人员认为，该企业如在 12 月将此添加剂报损，必将增加当月亏损或减少利润 247 万元，从而导致该企业年度总亏损 200 多万元。年末集团公司考核该企业时，该企业领导将受重罚，所以财务人员一直将该批原材料挂在账上不做处理，形成潜亏 247 万元。

## 4.2 不同行业企业存货库存量合理性审计

存货是资产负债表中的主要项目，其金额占流动资产的比重较大。存货的核算与管理贯穿企业整个生产经营过程，如从采购、生产到销售的核算。

存货项目数据的正确与否，对企业会计报表的可信度会产生重要影响。但是，由于存货在不同行业表现出的形式、内容不同，因此审计难度较大。

### 4.2.1 制造业企业存货库存量合理性审计

制造业企业内部审计机构对存货库存量合理性进行审计的程序如下。

首先，要结合供应商的成本核算和企业产品成本核算等因素综合考量材料采购单价的合理性。通过对供应商设备、产能、内部管理和行业评价等方面的了解，评价供应商的生产成本，并结合市场价格来共同评价实际采购价格和供应商选择的合理性。

其次，对企业成本核算，以及对成本核算方法进行深入了解，比如了解材料出库成本归集是采用加权平均法还是先进先出法等。

再次，通过对综合单价的关注和分析，判定原材料的价格走向，建立材料价格信息库数据，为审计程序前置、避免企业采购损失提供数据基础。

最后，判别存货价值的合理性。

### 4.2.2 零售企业商品存货库存量合理性审计

零售企业商品存货库存量合理性审计的程序如下。

（1）审查商品的实际库存量，对企业商品实物存量进行盘点清查。

（2）售价与实物存量相乘，计算库存商品的结存金额，并与进销存日报的结存金额核对或直接与商品明细账的结存数量和金额核对，确定账实是否相符。

（3）检查分析库存商品账实不符的原因和责任，并提出处理意见。

（4）对照商品的库存定额，审查商品储量的合理性。在盘点清查时，不仅要注意库存商品的实物数量，还要注意检查库存商品的质量和销路，注意有无残损变质、滞销积压的商品。

零售商品的销售次数较多，数量较少，原始记录不全，采用售价金额核算，审计人员只有查明库存商品的结存数量，才能审查已售商品与收到的货款是否相符。

### 4.2.3　其他企业存货库存量合理性审计

其他企业存货库存量合理性审计的程序如下。

（1）审查库存材料、机配件是否超过最高储备量或低于最低储备量。

（2）审查库存材料、机配件保留价值的合理性，是否高于或低于市场公允价值。

（3）审查库存材料、机配件是否存在积压。

（4）审查库存材料、机配件出库采用的计价方法是否合理。计价方法包括先进先出法、加权平均法等。

# 4.3　不同行业存货库存周期管理审计

对于不同行业存货库存周期管理审计，本节将其分为制造业和其他行业商品库存周期管理审计进行讲解。

### 4.3.1　制造业存货库存周期管理审计

制造业存货库存周期：原辅料入库—原辅料发出—投入生产—转化为产成

品—产成品入库存储—发出产成品销售。

### 1. 存货库存周期管理审计目标

存货库存周期管理审计目标包括：确定报告日存货是否存在；确定报告日存货是否归被审计单位所有；确定存货和存货跌价准备增减变动业务的记录是否完整；确定存货计价方法的恰当性；确定存货的品质状况，存货跌价损失是否真实、完整，存货跌价准备计提方法是否合理；确定存货和存货跌价准备的期末余额是否正确；确定存货和存货跌价准备的列报是否恰当。

### 2. 存货库存审计风险

存货库存审计风险包括以下四点。

第一，虚构存货，如没有原始凭证支持的记账凭证、夸大存货盘点表上存货库存数量、伪造装运和验收报告以及虚假的定购单等。

第二，存货盘点操纵。审计人员需注意是否存在以下作假手段：装存货的容器或箱子是空的，或堆放时中间是空的；箱子外贴误导性标签，里面装下脚料、低价品；将寄销、他人存放或已销售尚未提货商品计入盘点表中；移动存放在不同处所的存货，重复盘点；更改计量单位；溢计在产品的完工程度；虚构在途存货；藏匿购货发票。

第三，错误的存货库存资本化。

第四，多计存货价值，不确认存货减值损失。

### 3. 存货库存与仓储循环的控制测试

存货库存与仓储循环的控制测试流程如下。

①从采购部门的业务档案中抽取订货单样本，检查订货单样本是否附有经批准的请购单或其他授权文件。

②审核相应的验收报告、卖方发票和货物入库单，比较三者与请购单在数量、价格、型号、规格等方面是否一致。

③实地观察存货保管情况，检查储存保管的合理性、安全性，并与有关存储规章制度相对比，视其实际遵守情况。

④抽查一定的存货明细账，并与相应的存货验收单、领料单核对，检查存货的领用是否有授权批准手续，是否严格按照授权批准手续发货，检查存货发出有无不按规定的情况。

⑤检查存货明细账的计价方法是否前后期一致。

⑥检查存货总账与所控制的明细账之间是否定期核对相符。

存货周转天数的计算公式如下。

$$存货周转天数 = 360 ÷ 存货周转次数$$

$$存货周转次数 = 销售成本 ÷ 存货平均余额$$

$$存货平均余额 = （年初余额 + 年末余额）÷ 2$$

存货周转分析指标也可用于季度、月度存货周转分析，只需将 360 天对应的计算数值分别转换为 90 天和 30 天对应的计算数值。

比如，甲公司 2020 年度产品销售成本为 200 万元，期初存货为 50 万元，期末存货为 30 万元。

存货平均余额 = （50+30）÷ 2=40（万元）

存货周转次数 = 200 ÷ 40=5（次）

存货周转天数 = 360 ÷ 5=72（天）

一般来讲，存货周转天数越短，存货的占用水平越低，流动性越强，存货转换为现金、应收账款等的速度越快。

## 4.3.2　其他行业商品库存周期管理审计

其他行业商品库存周期管理审计覆盖的阶段为：从购进商品入库到发出商品销售。

### 1. 商品库存周期管理审计目标

商品库存周期管理审计目标包括：确定报告日商品库存是否存在；确定报告日商品库存是否归被审计单位所有；确定商品库存和商品库存跌价准备增减变动业务的记录是否完整；确定商品库存计价方法的恰当性；确定商品库存的品质状况，商品库存跌价损失是否真实、完整，商品库存跌价准备计提方法是否合理；确定商品库存和商品库存跌价准备的期末余额是否正确；确定商品库存和商品库存跌价准备的列报是否恰当。

### 2. 商品库存审计风险

商品库存审计存在以下风险。

第一，虚构商品库存，如没有原始凭证支持的记账凭证、夸大商品库存盘点表上商品库存数量、伪造装运和验收报告以及定购单等。

第二，商品库存盘点操纵。审计人员需注意是否存在以下作假手段：装商品库存的容器或箱子是空的，或堆放时中间是空的；箱子外贴误导性标签，里面装下脚料、低价品；将寄销、他人存放或已销售尚未提货商品计入盘点表中；移动存放在不同处所的商品，重复盘点；更改计量单位；溢计在产品的完工程度；虚构在途商品；藏匿购货发票。

第三，错误的商品库存资本化。

第四，多计商品价值，不确认商品减值损失。

### 3. 商品库存与仓储循环的控制测试

商品库存与仓储循环的控制测试流程如下。

①从采购部门的业务档案中抽取订货单样本，检查订货单样本是否附有经批准的请购单或其他授权文件。

②审核相应的验收报告、卖方发票和货物入库单，比较三者与请购单在数量、价格、型号、规格等方面是否一致。

③实地观察商品库存保管情况，检查储存保管的合理性、安全性，并与有关存储规章制度相对比，视其实际遵守情况。

④抽查一定的商品库存明细账，并与相应的商品验收单、领料单核对，检查商品的领用是否有授权批准手续，是否严格按照授权批准手续发货，检查商品发出有无不按规定的情况。

⑤检查商品库存明细账的计价方法是否前后期一致。

⑥检查商品库存总账与所控制的明细账之间是否定期核对相符。

库存商品周转天数的计算公式如下。

库存商品周转天数 $=360\div$ 库存商品周转次数

$=360\div$（销售成本 $\div$ 库存商品平均余额）

$=$（$360\times$ 库存商品平均余额）$\div$ 销售成本

$=\{360\times[$（年初余额 $+$ 年末余额）$\div2]\}\div$ 销售成本

比如，某超市商场 2020 年 6 月的商品销售成本为 80 万元，库存商品期初余额为 150 万元，6 月份月末库存商品为 130 万元。

库存商品平均余额 $=$（150+130）$\div2=140$（万元）

库存商品周转次数 =80÷140=0.57（次）

库存商品周转天数 =30÷0.57=52.63（天）

### 案例　某仓库管理审计

某审计师在对某公司 2020 年年报的审计中负责存货监盘工作，在实施存货监盘时发现以下事项。

（1）在对该公司的 A 仓库的产成品（机床）进行实物清点时，发现一些机床的账、卡、物三者的数额不一致，具体见表 4-2。

表 4-2　账、卡、物三者的数额

| 名称 | 明细账 | | | 卡片 | | | 盘点数量（台） |
|---|---|---|---|---|---|---|---|
| | 单价（元） | 数量（台） | 金额（元） | 单价（元） | 数量（台） | 金额（元） | |
| 甲 | 3 000 | 5 | 15 000 | 3 000 | 5 | 15 000 | 4 |
| 乙 | 4 000 | 7 | 28 000 | 4 000 | 7 | 28 000 | 8 |
| 丙 | 5 000 | 6 | 30 000 | 5 000 | 5 | 25 000 | 6 |
| 丁 | 3 000 | 10 | 30 000 | 3 000 | 9 | 27 000 | 9 |

（2）在对该公司的 B 仓库存货进行监盘时，观察到以下情况。

①存货 d 没有悬挂盘点标签，该公司称该批产品已经出售给 H 公司。

②存货 e 已经过了保质期。

③存货 f 中混有该公司为 C 公司委托代保管的存货。

（3）在对该公司的 D 仓库存货进行监盘时，审计师观察和检查后，发现 D 仓库的存货盘点表存在较大差错。

案例分析要求。

（1）根据机床的账、卡、物三者的数额，分析该公司存货控制可能存在的问题。

甲账卡相符，但出现盘亏，可能是丢失、被盗或机床损失后未销账、销卡导致的。

乙账卡相符，但出现盘盈，可能是机床入库后未入账，也可能是机床账面报废后实物没处理，或机床退货入库后没有及时建账和卡。

丙账实相符，但账卡不符，可能是机床入库后未建卡。

丁卡实相符，但账实不符，可能已销售发货但未销账。

以上发现的问题说明该公司存货收发制度不严格，存货建账、建卡不及时，存货保管存在缺陷。

（2）对于观察到的存货 d，下一步应当实施审计测试。

应当追加检查该公司与 H 公司签订的销售合同、销售发票等原始凭证，以证实存货 d 是否已经真正销售了。如果销售已经成立，应当把销售物品与自身存货分开存放。

（3）对于观察到的存货 e，下一步应当实施审计测试。

应当把存货 e 已经过了保质期的事项记录下来，建议该公司及时处理存货 e。

（4）对于观察到的存货 f，下一步应当实施审计测试。

应当建议该公司把 C 公司委托代保管的存货与自身的存货分开存放，检查 C 公司委托代保管的协议，必要时向 C 公司函证，以查证该公司是否把 C 公司委托代保管的存货纳入盘点表。

（5）对于 D 仓库存货盘点表存在较大差错，审计师应当建议该公司重新盘点 D 仓库的存货。

基建项目审计是"基建工程项目审计"的简称，是对基建项目的合法性、合理性和有效性进行的审核、稽查。基建投资项目是由建设单位组织实施的，所以基建项目审计往往与建设单位审计结合在一起。但是，建设单位审计既有财务审计，也有经济效益审计，而基建项目审计是管理审计，因此两者不能等同。

# 5.1　基建项目审计特点

基建项目审计一定审计建设单位，建设单位审计不一定审查基建项目。按基建项目各阶段管理的特殊性及基建程序，基建项目审计可以分为可行性研究及计划任务书审计、勘察设计审计、建设资金来源审计、建设资金供应审计、建筑材料及设备供应审计、施工生产审计、竣工验收及交付使用财产审计等。按审计实施于基建投资活动的时间，基建项目审计可分为事前审计（项目投资决策审计）、事中审计（在建工程审计）和事后审计。

## 5.1.1　基建项目特点

唯一性、一次性、整体性、固定性、不确定性、不可逆转性、金额巨大是基建项目的主要特点。

### 5.1.2 基建项目审计要求与特点

首先，基建项目审计的要求包括以下方面。

（1）审计时间（事前、事中）要求。一般应自审计通知书确定的审计实施日起3个月内出具审计报告，建设单位应在项目竣工后3个月内完成竣工财务决算的编制。

（2）审计专业要求。聘请具有法定资格的审计人员或者其他具有与审计事项相关专业知识的人员参加审计。

（3）审计政策性要求。工程咨询、投资项目决策、设计、施工、监理等部门和单位，都应有相应的责任约束，对不遵守法律法规给国家造成重大损失的，要依法追究有关责任人的行政责任和法律责任。投资主管部门、财政主管部门以及有关部门，要依据职能分工对政府投资的管理进行相互监督。

（4）协调性与综合性要求。审计对象主要为项目建设单位（含项目法人），必要时审计人员也可以依照法定审计程序对勘察、设计、施工、监理、采购、供货等单位与国家建设项目有关的财务收支进行审计监督。

其次，基建项目审计特点，包括：内容多、客体广、审计方法多样；基建项目审计贯穿项目建设全过程；基建项目审计一般分为基建项目准备阶段资金运用情况审计、在建项目审计和竣工决算审计三个阶段。

### 5.1.3 基建项目舞弊审计要点

基建项目舞弊，是指组织内外人员采用欺骗等违法违规手段，损害或谋取组织经济利益，同时可能为个人带来不正当利益的行为。

进行基建项目舞弊审计时，应询问管理层和其他人员以下情况：管理层对舞弊风险的评估；管理层识别和应对企业舞弊风险的程序；管理层的"上下"沟通（与治理层、员工的沟通）情况；对所有事实上的、有嫌疑的或者被指控的舞弊行为的认识。

## 5.2　基建项目跟踪审计

基建项目跟踪审计，是指审计人员运用审计技术，依据国家的有关法律、法规和制度规范，对建设项目从投资立项到竣工交付使用各阶段经济管理活动的真实、合法、效益进行审查、监督、分析和评价的过程。

### 5.2.1　基建项目跟踪审计介入时点

对大型工程而言，审计机构通常在施工准备前期总承包单位招标前介入，这是目前比较符合实际情况，并适合开展审计的方式。

对大部分项目而言，审计机构在施工开始后介入，其审计工作内容受限。

在项目立项、可研、勘察设计等前期介入，比较适合内部审计。目前会计师事务所多对项目立项、可研、勘察设计阶段工作进行事后基建程序复核。

### 5.2.2　基建项目跟踪审计的作用

基建项目跟踪审计，充分体现了基建投资监督体系的客观、公正和专业化要求，有利于实现审计资源的有效整合。

### 5.2.3　基建项目跟踪审计应注意的问题

基建项目跟踪审计应注意以下问题：科学定位跟踪审计职能；全面评价跟踪审计的价值；准确把握审计介入的时间；抓住重点审计的关键环节；充分整合跟踪审计的资源；确保跟踪审计的依法实施；注意跟踪审计与工程监理的区别。

## 5.3　基建项目建设程序审计

基建项目建设程序（以下简称"基建程序"）是指基建项目从决策、设计、施工到竣工验收全过程中，各项工作必须遵循的先后次序。

### 5.3.1 基建项目建设程序审计重点

基建项目建设程序审计的重点包括以下七点。

（1）审核建设工程前期是否有项目建议书、可行性研究报告、设计任务书、初步设计和国家有关部门批准的设计概算，项目立项程序是否合规，审批手续是否完备、合法。

（2）审查建设项目用地是否取得国家规定的审批，项目规划是否取得当地城市规划主管部门审批。

（3）审核征地拆迁管理是否符合有关规定。

（4）审查建设资金的来源和落实情况。

（5）审查建设项目是否按国家环保、防空、消防、安全、市政、绿化、环卫等规定到有关主管部门报批，是否取得施工许可证。

（6）审核各项建设制度的执行情况。

（7）审查工程竣工验收情况，是否取得竣工验收备案表。

### 5.3.2 基建项目建设程序审计流程设计

基建项目建设程序审计流程见图 5-1。

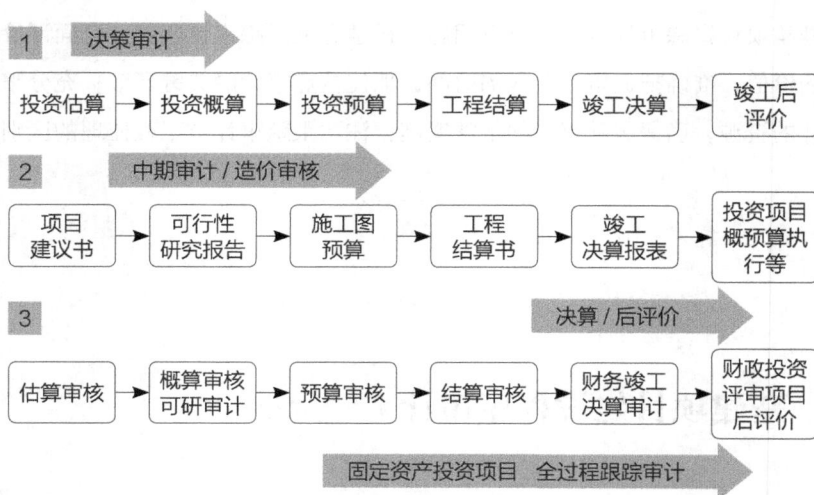

图 5-1 基建项目建设程序审计流程

　　规范基建投资审计工作程序对于防范审计风险、实行审计全过程的质量控制、发挥审计效果十分必要，因此，规范基建投资审计工作程序要按照"着眼依法、便于操作、避免失误"的要求进行。

### 5.3.3　基建项目建设程序审计中应注意的问题

　　首先，关于分包工程和分包合同的审计。

　　分包工程和分包合同可能存在的问题如下。

　　对分包工程和分包合同的管理比较混乱，存在的问题和漏洞较多，因管理不善而造成经济损失的现象屡有发生；超付工程款、漏扣材料款，甚至出现分包方自行计价到建设单位直接领取工程款，总包方事后补签计价手续，致使总包方在工程分包结算中处于失控状况；有些分包单位违反操作规程、偷工减料，致使工程安全质量事故时有发生，既造成经济损失，又损害了建设单位的声誉。

　　针对以上问题，在基建项目建设程序审计中应注意对分包工程和分包合同管理的审计。第一，应着重审查分包合同的订立：审查分包合同是否是有效合同，内容是否完整，立项是否清楚，对分包工程的单价、数量、总造价、质量、工期、结算方式、违约责任等有无明确规定。第二，加强对分包工程的管理、监督：是否对分包单位的资质进行严格审查，对分包单位计价结算、安全质量是否严格按合同规定办理。

　　其次，对在建工程的审计。

　　在建工程可能存在的问题如下。

　　有些单位对在建工程的核算违反有关财务制度的规定，核算不规范，施工手续不完备，甚至凭主观推断而随意列账。有些单位为了自身利益，随意增加或减少在建工程成本，致使工程成本不实，形成虚盈实亏。

　　针对这些问题，审计中应严格审查在建工程所列项目是否真实，审核未完工程盘点单，计价列账是否按工程完工进度和规定处理，有无人为调节成本现象。一旦发现必须及时调账，以保证工程成本、收益的真实性。

# 5.4 基建项目决策审计

因为介入时间及审计人员与基建项目决策层地位差距较大等问题，基建项目决策审计一直是基建项目审计的薄弱环节。因此，决策审计团队应该在各相关方的支持下，从多方面的思考破解及推进方法。具体而言，可以从以下四个方面思考出路：首先，在制度和程序方面，明确决策审计的介入时间和方式。其次，在审计程序方面，形成有效畅通的沟通机制。再次，在胜任能力方面，强化决策审计人员的专业化建设。最后，应该与经济责任审计密切配合。

## 5.4.1 基建项目决策工作主要内容

基建项目决策工作主要内容如下。

（1）项目建议书：为建设项目投资提出建议，在一个确定的地区或部门内，以自然资源和市场预测为基础，选择建设项目。

（2）可行性研究报告：在项目建议书经批准后，进行技术上、经济上的可行性研究和论证，为决策提供可靠的依据。可行性研究分为投资机会研究、初步可行性研究和详细可行性研究三个阶段。

（3）在可行性研究阶段应该报批建设项目环境影响报告书、环境影响报考表或者环境影响登记表。

## 5.4.2 基建项目决策工作程序

基建项目决策工作程序见图 5-2。

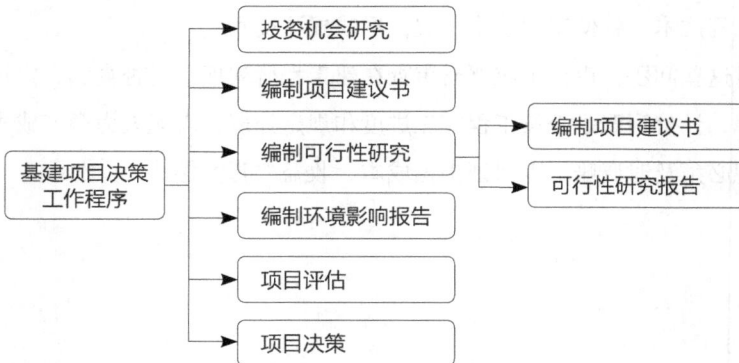

图 5-2 基建项目决策工作程序

## 5.4.3　基建项目可行性研究报告的主要内容

基建项目可行性研究报告的主要内容见图 5-3。

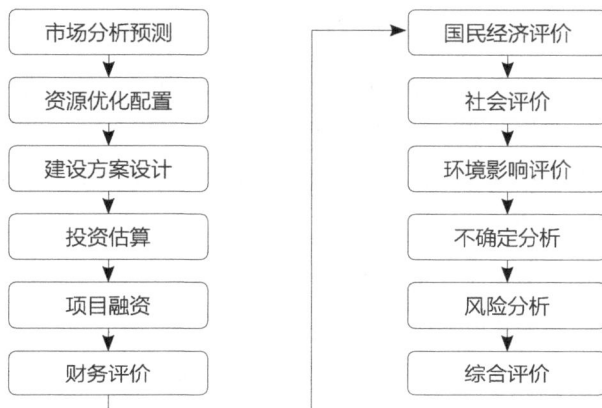

图 5-3　基建项目可行性研究报告的主要内容

## 5.4.4　基建项目决策审计主要内容

基建项目决策审计的内容包括以下方面。

第一，审计前期决策程序的合规性。审计投资决策程序是否完整，是否与项目的建设程序相一致，审计建设项目投资决策程序是否符合项目的建设要求，决策程序是否民主、科学。

第二，可行性研究报告的真实性和完整性审计。

（1）真实性审计：检查市场调查及市场预测中数据获取方式的适当性及合理性；检查财务估算中成本项目是否完整，对历史价格、实际价格、内部价格及成本水平的真实性进行测试。

（2）完整性审计：检查可行性研究报告是否具备行业主管部门发布的《投资项目可行性研究指南》规定的内容。

**案例　三泰恒业集团公司决策审计**

决策审计的重点如下：大中型建设项目是否具备可行性研究报告，可行性研究报告的编批程序是否符合国家要求，有无先报批、后论证的行为等问题。如果审计人员在在建期或竣工后对建设项目投资决策进行审计，则应注意审计前期的决策方案是否得到了严格的执行，建设质量和建设项目的综合效益是否达到了前期投资决策中所预期的目标和标准。投资决策行为的前后呼应性，从客观上要求前期决策审计必须注重决策过程的合规性。

一是审计可行性研究报告的编制与审批单位的资质和级别的合规性。

二是审计可行性研究报告内容的完整性和编制的深度。评价建设项目可行性的主要指标有：财务内部收益率、投资回收期、投资利税率、固定资产借款偿还期、经济内部收益率等。审计时，审计人员应采用抽样审计的方式，着重检查上述指标在原可行性研究报告中所用的基础数据是否真实，计算方法是否正确，参考依据是否合理，有无虚假分析的行为发生等相关内容。从理论上说，这是可行性研究报告审计的核心内容，也是重点内容。

三是审计投资决策文件本身的科学性和合理性，财务评价是否可行。财务评价，是指在财务数据估算的基础上，从企业和项目的角度出发，根据现行财务制度和价款，对项目财务可行性所进行的分析和评价。财务评价的内容包括：财务盈利能力（投产后产生的利润）、清偿能力（债务清偿）、财务外汇平衡能力。

财务评价的基本程序如下。

第一步：估算财务数据，具体包括总投资额、总成本、销售收入或营业收入、销售税金及附加、利润及利润的分配。

第二步：编制财务报表，具体包括编制资产负债表、现金流量表、利润表等主要报表和固定资产投资估算表、投资计划与资金筹措表、总成本费用估算表等辅助报表。

第三步：计算财务指标，具体包括静态指标（投资回收期、投资利润率、投资利税率、资本金利润率）和动态指标（财务净现值、财务内部收益率、动态投资回收期等）。

第四步：提出财务评价结论，看项目是否可行。

审计结果分析。

在基建项目前期决策审计中发现的问题主要有：前期投资决策中提出的建设条件难于落实，投资项目选址不当；可行性研究报告中使用的基础数据不全、不实，从而导致前期决策结果失真，深度不能满足设计工作的要求；有些项目是领导项目或人情项目，致使可行性研究报告成为可批性的报告，前期决策工作流于形式；投资决策过程中对投资项目的经济评价分析失误，致使投资效益目标难以实现。

# 5.5 基建项目勘察设计审计

勘察设计工作真正做到科学性、经济性和合理性，指导工程施工，设计中未经鉴定或正在试验以及尚未开发的产品一律不得使用。

## 5.5.1 勘察设计阶段主要工作内容

勘察单位根据批准的项目建议书承接主管部门委托的勘察工作，调查后编制有关图表和报告。勘察工作结束后，承担工程设计的单位根据建设单位下达的初步设计任务书及规划要求，开始初步设计文件的编制工作，其中包括设计方案及工程项目总概算书；初步设计经主管部门批准后，可进行施工图设计，编制相应的概预算书。

勘察设计基本工作内容见图 5-4。

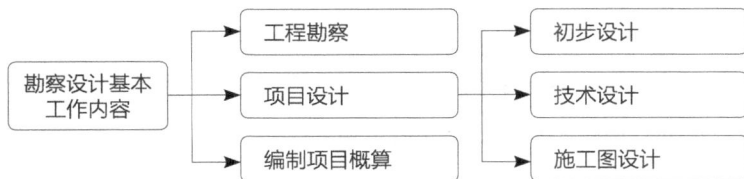

图 5-4 勘察设计基本工作内容

基建项目勘察设计审计是基建项目审计的重要内容，对节约建设资金、避免损失浪费，都具有十分重要的意义。

支出费用仅占总费用 3% 的勘察设计阶段对工程造价的影响达到 80% 左右。显而易见，控制工程造价的关键环节在施工以前，即投资决策和设计阶段，而在项目做出投资决策后，控制工程造价的关键环节在设计。

## 5.5.2 基建项目勘察设计审计重点

基建项目勘察设计审计重点，包括以下四点。

（1）审计检查委托设计（勘察）的范围是否符合已报经批准的可行性研究报告。

（2）审计检查是否采用招投标方式来选择设计（勘察）商及有关单位的资

质是否合法合规。

（3）审计招投标程序是否合法、公开，其结果是否真实、公正，有无因选择设计（勘察）商失误而导致的委托风险。

（4）审计检查勘察设计招标、合同是否按规定备案。

### 5.5.3 基建项目勘察设计审计问题处理

基建项目勘察设计审计，包括两个方面。

第一，勘察设计单位设计情况的审计，主要包括以下内容。

①审计勘察设计单位资格、等级。

②审计工程勘察工作报告。

③审计设计任务书（审批）。

④初步设计审计：检查报经批准的初步设计方案是否符合经批准的可行性研究报告；检查初步设计深度是否符合规定，有无因设计深度不足而造成投资失控的风险；检查初步设计方案的修改情况。

第二，审计工程勘察设计费用，包括设计费、招投标代理费、招投标交易服务费，以及设计补偿费和技术方案使用费等。

**案例　勘察设计审计案例分析**

企业内部审计组的李××等审计人员，对三泰恒业集团公司（以下简称"三泰公司"）建设项目勘察设计情况进行了初步分析，根据审计组讨论的几个问题形成初步共识后，确定本次审计对象是勘察设计工作及其管理，审计重点见图5-5。

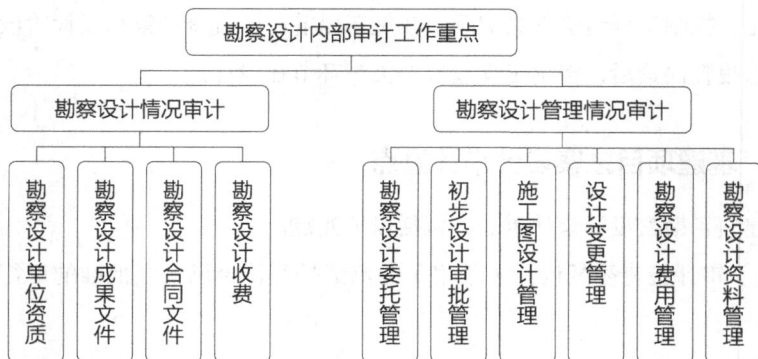

图5-5　勘察设计内部审计工作重点

（1）审计过程。

对三泰大厦建设项目勘察设计情况审计，三泰公司基建审计部审计人员进行了以下审计工作。

第一，明确建设项目勘察设计审计的目的及程序。明确建设项目勘察设计审计的目的及程序，是对建设项目勘察设计情况审计的首要工作。三泰公司基建审计部对三泰公司建设项目勘察设计情况进行审计时，首先编制了建设项目勘察设计情况审计程序表，见表 5-1。

表 5-1　建设项目勘察设计情况审计程序表

| 客户：三泰恒业集团公司 | 签名 | | 日期 | |
|---|---|---|---|---|
| 一、审计目标 | | | | |
| 1.确定勘察设计的合规性 | | | | |
| 2.确定勘察设计的正确性 | | | | |
| 3.确定勘察设计的科学性 | | | | |
| 4.确定勘察设计的有效性 | | | | |
| 二、审计程序 | | 执行情况 | | 索引号 |
| 1.收集与勘察设计审计有关的资料 | | 已收集 | | |
| 2.调查了解勘察设计情况 | | 已执行 | | |
| 3.综合评价勘察设计总体情况 | | 已评价 | | |

第二，收集与勘察设计审计有关的各种资料。三泰公司基建审计部李 ×× 等审计人员，根据三泰公司建设项目勘察设计情况审计程序表，实施了收集与勘察设计审计有关资料的审计程序，并编制了建设项目勘察设计情况审计有关资料清单，见表 5-2。

表 5-2　建设项目勘察设计情况审计有关资料清单

| 客户：三泰公司 | | 签名 | | 日期 | | | |
|---|---|---|---|---|---|---|---|
| 项目：建设项目勘察设计审计有关资料 | | 编制人 | 李 ×× | 2020-3-8 | | 索引号 | CH-2 |
| 截止日：2018 年 8 月 31 日 | | 复核人 | 杨 × | 2020-3-25 | | 页次 | 1 |
| 序号 | 资料名称 | | 资料来源 | 提供时间 | | 备注 | |
| 1 | 勘察单位资料 | | 三泰公司 | 3 月 8 日 | | 已提供 | |
| 2 | 设计单位有关资料 | | 三泰公司 | 3 月 9 日 | | 已提供 | |
| 3 | 初步设计文件 | | 三泰公司 | 4 月 10 日 | | 已提供 | |

第三，调查了解建设程序执行情况。三泰公司基建审计部的李××等审计人员，依据三泰公司建设项目全过程审计的实施方案和建设项目勘察设计情况审计的特殊要求，在对三泰公司建设项目勘察设计情况审计时，实施调查了解和分析建设项目勘察设计情况的审计程序，并编制了建设项目勘察设计情况审计调查表，见表5-3。

**表5-3　建设项目勘察设计情况审计调查表**

| 调查内容 | 是 | 否 | 备注 |
| --- | --- | --- | --- |
| 1.勘察单位是否有资质 | 是 | | |
| 2.设计单位是否有资质 | | 否 | |
| 3.设计是否科学合理 | | 否 | |
| 审计小结：该建设项目勘察单位有资质。但设计单位无资质，对该项目的设计不科学，这是该项目建设后倒塌的重要原因 | | | |

第四，查证核实建设项目勘察设计情况。三泰公司基建审计部的李××等审计人员，依据三泰公司建设项目全过程审计的实施方案和建设项目勘察设计情况审计的特殊要求，在对三泰公司建设项目勘察设计情况审计时，实施查证核实建设项目勘察设计情况的审计程序。

（2）审计结果。

第一，地质勘察设计情况。

经过审计调查核实，三泰大厦在工程设计前进行了地质勘察，但工程勘察未进行招标，直接委托某勘察设计院进行地质勘察。某勘察设计院具备勘察甲级资质，符合承担本项目勘察任务的要求，也签订了地质勘察委托合同，勘察收费执行国家规定的收费标准。

第二，工程设计情况。

建筑工程设计。三泰大厦的建筑工程设计，采用公开招标方式选择了具备工程设计甲级资质的某建筑设计院承担，并且签订了建筑工程设计合同，设计费根据招标文件规定按国家规定的标准计取。设计单位按照招标文件和合同规定提供了初步设计、施工图设计，并配合建设单位履行了初步设计审批和施工图审查工作。

其他设计。三泰大厦供水、燃气设计由市政设计院负责完成，园区景观设计由田地美术景观设计公司完成，该几项设计采用直接委托的方式，签订了相应的设计合同，其费用计取依据国家标准，但承担园区景观设计的设计公司，不具备风景园林资质，只有建筑设计乙级资质。

# 5.6 施工图预算审计

施工图预算审计是对施工单位根据施工图和预算定额、预算单价、取费标准编制的施工图预算所进行的审计。通过施工图预算审计，确定工程预算成本和预算造价的真实性、准确性，并作为承发包单位办理工程拨款和结算的依据。

施工图预算一般由设计单位负责编制，并由建设银行和建设单位核实、审查。审计人员在审查之前，应查询施工图预算的审查情况。对当时审查得比较细致、扎实的项目，可以作重点抽查。

## 5.6.1 施工图预算审计的主要内容

审计人员应该根据被审计单位的情况，确定审计范围。一般应以重点建设项目的施工图预算，作为重点审计对象。对于规模很小的施工单位和集体施工队所编制的预算，也应作为重点审计对象。因为他们组建不久，人员不足，对预算编制技术尚不熟练，或经营作风不端正，常常出现错算、多算或重复计算工程量的现象，除了对直接费用的审计外，对施工管理费、技术装备费等也要注意审计，以节约建设资金的使用，控制固定资产投资规模。

施工图预算审计的主要内容如图 5-6 所示。

施工图预算编制完成后，应经过相关责任人的审查、审核、审定三级审核程序，应重点对工程量、工、料、机要素价格、预算单价的套用、费率及计取等进行审查。

（1）审查施工图预算的编制是否符合现行国家、行业、地方政府有关法律、法规和规定要求。

（2）审核工程量计算的准确性、工程量计算规则与计价规范规则或定额规则的一致性。

施工图预算审计的主要内容

（3）审核在施工图预算的编制过程中，各种计价依据使用是否恰当，各项费率的计取是否正确；审查依据主要有施工图设计资料、有关定额、施工组织设计、有关造价文件规定和技术规范、规程等。

（4）审核各种要素市场价格选用是否合理。

（5）审查施工图预算是否超过概算以及进行偏差分析。

图 5-6 施工图预算审计的主要内容

图 5-6 中列出了施工图预算审计的主要内容。除此之外，施工图预算审计还要考虑以下三点。

### 1. 施工图审计的几个要素

建筑市场的现状归因：设计单位的原因；施工单位的原因；开发单位的原因。

施工图外审的状况：施工图是否达到规定的深度要求。

施工图错漏的危害：现场返工、拆改、剔凿，影响工程施工进度、施工单位索赔。

甲方设计管控范畴的检查：甲方要求在图纸中落实情况的检查，跨专业核图。

### 2. 施工图审查的保障体系

第一，建立施工图审计制度。未经内部审计严禁施工，明确施工图审查责任主体，编制施工图审查要点，形成书面审查意见及回复，组织施工图评审会。

第二，合理的施工图审查周期。审查周期包括核对计算书，完成书面审图意见等。

第三，外部资源。甲方独立聘请值得信任的专家顾问，或专门的顾问公司和设计单位。

第四，施工、监理单位参与。二者作为施工图审查单位应尽的职责：严格按照有关法律、法规，对施工图涉及公共利益、公众安全和工程建设强制性标准的内容进行审查。对建筑物的稳定性、安全性审查，包括地基基础和主体结构体系是否安全、可靠；对住宅工程施工图质量常见问题防控专篇设计深度能否满足住宅工程质量常见问题防控、专项治理要求进行审查；对没有裂缝、渗漏等质量常见问题专项治理设计专篇或设计专篇针对性不强、设计深度不够等不能满足专项治理要求的设计文件，不得出具审查合格书。

注意规避风险：使用未经施工图审查合格或审查不到位的设计文件是存在较大的技术和经济风险的！

### 3. 施工图审查思路

施工图审查思路包括两个方面。第一，关键问题：安全质量、成本控制。第二，一般问题：图纸深度、构造措施、错漏碰缺、施工因素。

## 5.6.2　施工图预算的审计方法

施工图预算的审计方法，可采用全面审核法、标准预算审核法、分组计算审核法、对比审核法、筛选审核法、重点审核法、分解对比审核法等。

**案例　某建筑安装工程造价**

某土方工程直接工程费为 1 000 万元，以直接费用为基础计算建筑安装工程费，其中措施费为直接工程费的 4%，间接费费率为 8%，利润率为 4%，综合计税系数为 3.22%，列表计算该工程的建筑安装工程造价。

该建筑安装工程造价，如表 5-4 所示。

**表 5-4　建筑安装工程造价计算表**

| 序号 | 费用项目 | 计算方法（单位：万元） |
|:---:|:---:|:---:|
| 1 | 直接工程费 | 1 000 |
| 2 | 措施费 | （1）×4%=40 |
| 3 | 直接费 | （1）+（2）=1 000+40=1 040 |
| 4 | 间接费 | （3）×8%=1 040×8%=83.2 |
| 5 | 利润 | ［（3）+（4）］×4%=（1 040+83.2）×4%=44.928 |
| 6 | 不含税造价 | （3）+（4）+（5）=1 040+83.2+44.928=1 168.128 |
| 7 | 税金 | （6）×3.22%=1 188.128×3.22%≈37.61 |
| 8 | 含税造价 | （6）+（7）=1 168.128+37.61≈1 205.74 |

# 5.7　基建项目施工准备阶段审计

施工准备阶段征地拆迁审计，首先要确定编制审计实施方案的依据，依据包括相关法律、法规、规章及地方政府文件，以及相关文件、资料等。

### 5.7.1　施工准备阶段征地拆迁审计

审计内容主要包括：基建程序是否合法、有效，征地拆迁及安置工作管理情况，拆迁安置资料的真实性、完整性、规范性，拆迁安置补偿成本的真实性、准确性、合规性和合法性，征地拆迁安置实施情况及其效果，征地拆迁安置资金筹集、使用及管理情况。

审计重点及审计措施如下。

**1. 审计基建程序是否合法、有效的主要措施**

检查是否取得拆迁许可证，拆迁手续是否齐全；是否按规定发布暂停公告、拆迁公告；是否制定了拆迁补偿方案、实施细则；拆迁概（预）算编制是否完整、合理，有无不合理开支列入拆迁概（预）算情况。

检查拆迁公司、拆除公司、评估公司等是否按照规定进行招投标，并关注招投标过程是否公开、公正、公平，是否存在围标、串标、违规转包以及暗箱操作行为。

检查项目是否遵守合同制，项目单位是否与中标单位签订了书面委托协议，合同条款是否全面、合法、公允，与招标文件和投标承诺是否一致。

**2. 围绕征地及拆迁安置工作业务流程的主要措施**

检查是否建立专门的征地、拆迁安置管理部门，相关内部控制制度是否建立、健全、有效。

检查征地拆迁安置项目是否符合城市的整体规划。

检查是否及时编制和下达征地拆迁安置年度计划。

审核征地拆迁安置项目实施程序是否符合有关规定，项目审批流程是否完整，手续是否齐全。

检查是否建立相关的征地、拆迁安置工作制度。

检查征地拆迁安置项目责任单位、参与项目具体实施各单位及其相关负责人职责是否明确，检查是否建立了对征地拆迁安置工作的监管机制，能否起到相互监督、相互制约、相互牵制的作用。

检查拆迁安置补偿协议的签订、拆迁资金的审批支付、拆迁资料的收集、整理、归档、编号等工作流程的制定、完善和执行情况。

检查拆迁安置资料的真实性、完整性、规范性。

分析现有的征地拆迁安置管理模式是否能保障征地拆迁工作的顺利开展。

**3. 围绕征地及拆迁安置工作资金流程的主要措施**

检查征地及拆迁安置资金的来源是否合规。

检查筹集的征地及拆迁安置资金是否及时足额下拨、是否及时入账、专户存储和专账核算。

检查征地及拆迁安置资金的用途。

检查是否建立严格的资金使用管理制度，管理是否规范有效，资金在拨付的各个环节是否发生挤占、截留、挪用、滞留等违法违规问题。

## 5.7.2　招标投标概述

招标投标，是在市场经济条件下进行货物、工程和服务的采购时，达成交易的一种方式。

在招标投标方式下，通常由货物、工程或者服务的采购方作为招标方，通过发布招标公告或者向一定数量的特定供应商、承包商发出投标邀请书等方式，发出招标采购的信息，提出招标采购文件。

由有意提供采购所需货物、工程或者服务的供应商、承包商作为投标方，向招标方书面提出响应招标文件要求的条件，参加投标竞争；招标方按照规定的程序从众多投标方中择优选定中标方，并与其签订采购合同。

## 5.7.3　招投标审计

招投标审计的要点如下。

（1）招投标的范围是否全面。大型基础设施、公用事业等关系社会公共利益、公众安全的项目全部或者部分使用国有资金投资，或者国家融资的项目、使用国际组织或者外国政府贷款、援助资金的项目的勘察、设计、施工、监理，以及与工程建设有关的重要设备、材料等的采购，必须进行招标。

（2）项目结算单位。有的工程项目规定了乙方的资质，有的采购项目对乙方有一些限制性条款。审计人员应审查有无为了自己确定的对象能够中标，配合对方，挂靠相关单位或借用资质以通过资格审查，参与招投标，中标的实际承建商或供货方为不够资格的乙方的情况。

（3）标书。标书是由招标方编制或委托设计单位编制，向投标方提供对该工程的主要技术、质量、工期等要求的文件。

（4）招标前单位资金变动。在招标前招标对象应缴纳保证金，这是在审计时应关注的地方。

（5）工程合同。是否按招标结果签订工程合同。

（6）工程决算。重大建设项目竣工决算是实施工程项目关键的一步。招投标工作的目的是合理控制资金，公正支付对价服务，最终意义是付诸实施，合理地控制建设资金。

（7）相关联的工程项目和商品采购。审计时要关注相关联的工程项目和商品采购，审计查明是否存在逃避招投标的行为。

（8）具体项目要求。在一些专项资金的使用规定上，为了确保项目资金公开透明地分配使用，即使未达到招投标金额也指定要求进行公开招投标，审计时要关注项目资金的使用规定，了解没有依规招投标的原因，追究相关人员的责任。

## 5.7.4 合同签订和审计

合同签订的一般流程如下：基建管理部门根据单位批准的基建项目投资计划和工程建设情况，拟定合同并签署意见；财务部门审签项目是否立项、有无计划，是否有款源；付款方式是否合法、合规、合理；基建管理部门根据各相关职能部门反馈意见修改合同；基建管理部门领导审签；单位基建分管领导签字；单位法定代表人或委托代理人签订合同；基建管理部门、财务部门存档。

合同审计的内容包括以下六方面。

### 1. 合同签订前审计

审计签订合同的必要性。主要审计合同内容是否符合企业目标，合同项目是否列入企业的计划，是否已安排了相应的财务预算。

审计合同的合法性、合规性和合理性。主要审计合同是否符合国家法律法规和规范性文件的规定，是否违反国家利益或者社会公共利益；审计合同是否符合本企业的规章制度要求，履行该合同是否给本企业带来预期利益；审计对方的主体资格是否合法，签订合同的当事人是否有签订该合同的权利，对方是否有履行该合同的能力和诚意，选择对方签订合同的理由是否充分。

审计合同条款的完整性和真实性。合同条款的完整性，主要审查是否符合相关法律的规定（具体内容包括当事人的名称或姓名和住所、标的名称、标的数量、标的质量、价款或者报酬、履行期限、履约地点、履约方式、违约责任、解决争议方法等是否完整）；合同条款是否规范、用词是否准确。合同条款的真实性，主要审查标的数量、标的质量、价款等重要条款形式上的完整性，此外，还要审查其真实性、合理性，如合同当事人的信誉、经营范围、履约能力、售后服务；合同的内容是否可行，是否经过单位相关部门的论证。

审计合同在企业内部是否经过相关部门的会签，拟签订合同的人是否得到适当的授权，合同拟盖公章是否符合企业的规定。

### 2. 合同履行过程的审计

合同履行过程的审计包括：审查履行合同的主体是否是合同的当事人，有无由他人代为履行的情况；审查双方是否按照合同约定行使自己的权利和承担应尽的义务；合同当事人履行合同的地点是否与合同约定相同；以分次、分期、分部履行的方式签订的合同，其履行方式是否约定一致；合同的履行费用结算是否符合合同的约定，优惠承诺是否按照合同约定进行结算；履行该合同是否达到预期的效益；对合同执行过程中存在的问题，有关职能部门是否及时查明原因并予以纠正；合同违约责任是否按法律规定或者合同约定进行；合同纠纷的处理是否及时、合法、合理。

### 3. 合同变更的审计

合同变更的审计是指对当事人修改或者补充的合同内容进行的审计。具体审查的内容包括：合同的变更理由是否充分，有无欺诈、胁迫、重大误解、显失公平而导致合同的权利义务对一方当事人不合理、不公正的变更；合同的变更是否经双方协商一致，合同当事人是否履行法定程序；合同变更是否损害公共利益；变更条款是否真实、完整。

### 4. 终止合同的审计

终止合同的审计主要包括：合同终止是否符合有关法律规定的情形；合同的权利义务终止后，当事人是否遵循诚实信用原则，根据交易习惯履行通知、协助、保密等义务；对已解除的合同，当事人是否依照法律、法规规定办理批准、登记等手续；解除已履行的合同后，已履行方是否根据履行情况和合同性质，要求对方恢复原状、采取其他补救措施和赔偿损失。

### 5. 合同日常管理的审计

合同日常管理的审计包括：审查企业有无设置专门的合同管理机构，合同管理机构、合同管理人员是否具有具备相应的资格，合同管理制度是否完善，有无重大合同变更的风险防范措施，合同的归档和保管是否完整。

### 6. 合同审计的主要方法

询问法。询问法包括问卷调查法、面谈法、专题讨论法等，实际工作中多采取问卷调查法。

流程图法。主要是将招投标、委托授权、合同签订、合同履行、终结及售后服务全过程，以流程图的形式绘制出来，从而识别合同风险。这种方法比较简洁和直观，易于发现关键控制点的风险因素。

测试表法。主要是将合同各关键控制环节以测试表的形式进行测试，以查找合同管理的风险点和控制缺陷，分析其潜在的影响和重要程度，提出规避和防范风险的措施。

现场观察法。深入合同相关方现场，了解合同双方的资质资信情况，观察工艺流程，获得第一手资料。这种方法的客观性较强，能有效保证审计质量。

历史分析法。审查与合同相关的财务、统计和企业管理历史资料，如通过检查车辆索赔记录及其他风险信息，确定已投保车辆发生的修理费是否计入有关项目中。

环境分析法。主要是对相关方社会环境变化趋势、可能变更的法律法规等进行深入分析，查找风险因素和潜在影响。

## 5.8 基建项目开工前期主要审计工作

基建项目开工前审计，即对项目投资规模、投资结构、建设项目中的新开工项目和恢复建设停缓的建设项目进行审计。

### 5.8.1　基建项目的设计管理审计

基建项目的设计管理审计的内容包括：审计设计单位的资质和级别；审计设计依据；审计设计方案；审计设计图纸；审计设计收费；审计设计质量保证体系。

### 5.8.2　基建项目开工前期准备工作审计

基建项目开工前期准备工作审计，包括以下内容。

（1）审计目标。对资金筹集情况进行审计，审计筹资过程中的合法合规性、建设资金的到位性和筹资成本、筹资费用的经济性。

（2）需要收集的资料。已经获得批准的建设单位投资计划；建设单位财务部门编制的筹资计划和年度建设预算；使用国家财政资金的项目的上级有关部门关于划拨资金的批文；使用银行贷款的项目的贷款协议或合同；使用自有资金项目的银行存款证明资料；合同等其他相关资料；筹资成本与费用测算资料。

## 5.9　基建项目实施阶段审计

施工阶段是基本建设的重要阶段。在施工中必须按照工程设计和施工组织设计以及施工验收规范的要求，保证质量并如期完工。与此同时，建设单位应进行其他有关基本建设工作及生产准备工作。

### 5.9.1　设备和材料采购工作审计

设备和材料采购工作审计是指对项目建设过程中设备和材料采购环节各项管理工作质量及绩效进行的审查和评价。其目标是审查和评价采购环节的内部控制及风险管理的适当性、合法性和有效性，采购资料依据的充分性与可靠性，采购环节各项经营管理活动的真实性、合法性和有效性等。

设备和材料采购审计内容，包括以下五方面。

（1）设备和材料采购环节的审计：主要审查计划、询价、认价、合同、验收、入库、保管及维护制度。

（2）设备和材料领用的审计：主要审查出入库手续。

（3）设备和材料出售的审计：主要审查剩余或不适用的设备和材料以及废料的销售情况。

（4）设备和材料的采购费用与会计核算的审计。

（5）设备和材料库存盘盈、盘亏的审计。

## 5.9.2　工程设计变更审计

设计变更是指在已完成的施工设计图纸基础上所做的改变，设计变更一般由设计单位或总承包单位提出。

设计变更应控制在设计阶段，在工程施工过程中提出设计变更，必然造成浪费。

在进行每一变更设计之前，必须实行工程量及造价增减分析，并经原设计单位同意，如果变更后工程造价突破总概算，必须经有关部门审查同意，防止通过变更设计增加设计内容，提高设计标准，增加工程造价。

重大设计变更（变更设计）应组织会议审查。同意方案，各方在相应的变更上签署意见；不同意方案，说明理由。

工程设计变更的审计，包括以下四点。

（1）设计变更的必要性审核。对影响工程造价的设计变更、签证，应从专业技术需要的角度，提出合理化建议方案，供业主选择。

（2）变更造价的确认。适用投标合同报价的原则；参考投标合同报价的原则；重新组价（定额量、信息价、投标费率）。

（3）变更管理控制评审。审核设计变更洽商管理签批制度、（设计、建设方、监理）考核标准、变更台账等。

（4）设计变更的合规性审核。审核设计变更手续是否合理合规，是否符合甲乙双方的事前约定。根据变更引起造价变更的数额实行分级审批制，明确审批权限，加速变更工作的进展。同一原因引起的，数额较大的变更项目不能肢解为多个变更项目申报而逃避审批。

### 5.9.3　洽谈索赔工作审计

依据合同，洽谈索赔有明确规定的程序和时效限制。索赔事件要有依据，应核查合同有关条款，避免发生不该发生的费用。

索赔审计应把握的三个重点：分析索赔的原因，确立索赔成立条件；严格审查索赔程序，界定索赔行为；审查索赔计算，突出审计重点。

索赔的实质内容表现为费用索赔和工期索赔两个方面，审计人员在审计过程中要根据建设单位或业主提供的索赔资料对双方确定的工期索赔天数和费用索赔金额逐项逐笔进行审核计算。对费用索赔的计算审核，一是审查费用内容和项目是否合理，二是审查费用计算是否正确。

对工期索赔审计应注意划清施工进度拖延的责任。因承包人造成施工进度滞后，属于不可原谅的延期；只有承包人不应承担任何责任的延期才是可原谅的延期。有时工期延期可能由双方导致，此时审计人员就应进行详细分析，分清责任比例，只有可原谅延期部分才能批准顺延合同工期。

### 5.9.4　工程进度款支付审计

工程进度款支付的审计主要核查是否存在超拨和提前支付的问题，主要审查以下内容。

（1）检查进度款的支付方式是否符合执行合同的约定。对工程款的拨付要注意控制最后一次拨付款占总造价的比例（70%~80%，竣工结算审核后支付余款），防止超付。

（2）检查预付款、保留金等扣除是否正确，是否符合合同约定。审查施工企业应缴纳的增值税、城市维护建设税、教育费附加、价格调控基金，是否按税法规定由建设单位代扣代缴。

# 5.10　基建项目财务收支与竣工验收审计

基建项目竣工财务决算是工程竣工验收的重要组成部分，是核定新增交付使用资产价值的主要依据。财务决算审计人员应不断增强专业判断能力，正确把握建设项目财务评价的思路与方法，从项目招投标的审计等方面入手，正确评价建设项目的合规性。

## 5.10.1　基建项目资金筹措审计

基建项目资金筹措的审计，分为三种情况。

### 1. 预算内基建拨款的审计

审计建设单位是否符合预算拨款的范围，审计建设项目是否已纳入批准的基建计划，审计建设单位取得预算拨款的依据是否完备合法，审计进口设备转账拨款，审计器材转账拨款。

### 2. 自筹基建资金拨款的审计

审计自筹基建资金拨款计划，审计建设单位自筹基建资金的来源，审计建设单位自筹基建资金的落实情况。

### 3. 其他拨款的审计

审计其他单位、团体或个人无偿捐赠用于基建的资金或物资等。

## 5.10.2　基建项目资金使用情况审计

基建项目资金使用情况审计，从以下七个方面进行。

（1）设备和材料审计。

审计设备投资，审计材料采购和使用情况，审计设备和材料采购的招标投标，审计设备和材料等实物资产的保管与控制情况。

（2）建筑安装工程投资审计。

（3）待摊投资审计。

（4）其他投资审计。

（5）待核销基建支出审计。

（6）基建收入审计。

（7）交付使用财产和资金冲转核算的审计。

## 5.10.3　基建项目竣工验收审计

基建项目竣工验收是建设程序的最后一步，竣工后企业建设单位、施工单位、设计单位联合对工程进行初步验收，然后再进行单项工程验收及总项目验收，同时编制竣工决算并组织试生产。

基建项目竣工验收条件审核内容如下。

（1）完成工程设计和合同约定的各项内容。

（2）施工单位在工程完工后，根据国家有关法律、法规，工程建设强制性标准和设计文件及合同要求，对工程质量进行检查确认。

（3）有完整的技术档案和施工管理资料。

（4）有工程使用主要建筑材料、建筑构配件和设备的进场试验报告。

（5）已签署工程质量保修书。

（6）向建设单位提交工程竣工报告，申请竣工验收。

（7）监理单位提交工程质量评估报告。

（8）勘察、设计单位提交勘察、设计文件质量自评报告。

（9）建设单位取得工程的规划、消防、环保验收认可文件。

（10）取得电梯准用证及燃气工程验收证明文件。

## 5.10.4　基建项目工程结算审计

工程结算前提：工程验收合格或建设单位进驻使用。

基建项目工程结算审计内容如下。

（1）结算方式是否符合合同约定。

（2）工程量是否符合规定的计算规则，数量是否准确。

（3）分项工程预算定额或清单子目选套是否合规、恰当，结算换价是否正确。

（4）核实工程取费是否执行相应的计算基数和费率标准。

（5）核查设备、材料用量是否与定额含量或设计含量一致等。

（6）核查水电费、甲供材等建设方代扣代缴费用是否扣完，质量保证金、违约金是否扣除。

### 5.10.5　基建项目竣工财务决算审计

基建项目竣工财务决算是指在竣工验收阶段，当建设项目完工后，由建设单位编制的建设项目从筹建到建设投产或使用的全部实际成本的技术经济文件，是建设投资管理的重要环节，是工程竣工验收、交付使用的重要依据，是对建设项目进行的财务总结。

基建项目竣工财务决算审计内容包括：工程项目概算执行情况；工程项目资金的来源、支出及结余等财务情况；工程项目合同工期执行情况和合同质量等级控制情况；交付使用资产情况。

### 5.10.6　基建项目决算报表审计

审核决算报表的编制依据和方法是否符合国家有关基建财务管理的规定；审核决算报表所列有关数字是否齐全、完整、真实，勾稽关系是否正确。

根据批文、合同、财务资料、设计资料，逐项核对"竣工工程概况表""竣工财务决算表""交付使用资产总表""交付使用资产明细表"中填列的内容和数据。

审查竣工决算说明书编制是否真实、客观，内容是否完整；审核编制依据；审查其内容和引用数据的准确情况。

**案例　樟树粮油公司基建审计**

2020年8月，樟树粮油公司监审部在开展基建工程决算审计中，为公司避免了一笔4.7万元工程款的流失，保护了公司的财产安全。

（1）案例调查。

2020年8月13日，某装潢公司将一饲料厂办公装修工程决算报告送到公司监审部办公室。2017年工程结束，2019年12月决算报告做出，2020年8月送出审计，主要目的为查明为什么这么长时间不结账。

决算报告上虽然有饲料厂办公室主任的签名，但没有领导签字和单位公章。

为什么无基建合同，无附加说明？

为什么预付工程款以购石棉瓦、电缆线和车间维修三张发票来冲减往来账，决算报告所列价款是否包括 4.7 万元预付款？

（2）案例结果。

审计人员经过对饲料厂和装潢公司相关人员进行询证发现，三张发票是饲料厂以应付检查为由，向装潢公司索要的，实际上是虚假发票，而财务却据此入账，造成预付款已抵账，工程款另行结算的假象。工程决算报告没注明扣除预付款，如果审计不严格把关，则有可能出现两种结果：一是装潢公司又以全部工程金额开出发票来结账，饲料厂要多付 4.7 万元工程款；二是如果财务清楚假发票的事，虽然不会多付款，但有可能据此多列 4.7 万元的工程费用。

（3）案例评析。

到与被审计单位有业务往来的单位进行实地调查是发现被审计单位欺诈、舞弊的有效办法。上述案例中，从财务处理的形式要件来看，被审计单位 4.7 万元的会计处理似乎并不存在问题，审计人员如不到被审计单位询证，很难发现 4.7 万元的虚假工程费。

### 案例　某市政排水工程结算审计

某市政排水工程结算造价 5 000 多万元，其中挖运淤泥费用 3 500 多万元，淤泥挖运量占总挖运量的比例已经业主、监理、施工单位现场代表以签证单的形式签字盖章确认。如何通过审计确认该工程真实的结算造价？

（1）审计疑点。

为什么挖运淤泥费用占结算造价的比例高达 70%？

签证单的内容真实、可信吗？

（2）审计难点。

签证单已经业主、监理、施工单位现场代表签字确认。

（3）审计取证。

①查阅地质勘探资料及土壤取样照片。

②调阅验槽（坑）记录表。

③审查签证单各标段内容并将其与验槽（坑）记录表相同标段的施工记录仔细

核对。

④走访相关当事人。

⑤向当地居民了解建设前的地形、地貌情况。

（4）审计发现问题。

①地质勘探资料显示整条排水管路除部分低洼地带有小部分淤泥外，其余地带地质状况良好。

②验槽（坑）记录表的记录内容与地质勘探资料虽然有一定出入，但出入不大。经计算，淤泥挖运量仅占总挖运量的20%。

③签证单的签字日期与验槽（坑）记录表所注日期相差整整半年，即签证单为后补的。

④签证单的内容与验槽（坑）记录表相互矛盾。

⑤相关当事人以"工程完工多年，不记得了"为由不予配合。

（5）审计处理意见及结论。

鉴于签证单与地质勘探资料、验槽（坑）记录表相互矛盾，且属后补资料，内部审计组认为应以原始施工记录验槽（坑）记录表作为结算依据。为了稳妥，内部审计组带上全部资料当面咨询了有关造价管理部门，取得了他们对审计处理意见的认同，最终审定造价约3 300万元，核减1 700多万元。

### 案例 某挡土墙工程（招标工程）审计

某挡土墙工程（招标工程）审计内容如下。

结算方式：综合单价不变，工程量按实结算。

合同造价630万元，施工单位送审造价520万元。

结算土方工程量数据：挖土29 000立方米，回填土19 000立方米，运土19 000立方米。

《××挡土墙工程结算如何套用合同项目内容的说明》（施工单位2020-04-28出具，业主基建办4月30日签具事实确认意见，以下简称《内容说明》）。

（1）审计疑点。

根据施工期间施行定额及计价办法计算，挖、填、运土工程量分别为11 000立方米、4 480立方米、4 480立方米。与送审结算工程量相差如此之大，原因何在？

（2）审计取证。

经按"三线图"重新计算，结算工程量包括了基槽放坡工程量。

挖土清单工程量说明："挖土工作包括采用一切必需的措施""挖土石方的单价还须包括为支持及巩固所有开挖工程而采取的被认为必需的任何设施"。

投标报价内的"基本设施项目费"以"项"报价，金额为 50 万元。招标文件内注明"当清单项目说明的数量单位中出现'项'字样，则该项的造价由投标单位承担风险，决算时不做调整，若此项目没有报价，造价则被视为已包括在清单之其他项目价款中"。

施工单位在《内容说明》内阐明了实际施工采用了放坡开挖而不是投标报价时的支撑开挖方式，且业主基建办有关人员签署了"事实认可，工程量和单价需审计复核"意见。

（3）审计发现问题。

结算挖、填、运土工程量包括放坡工程量与招标文件及合同相关条款约定不符。

该工程于 2018 年 1 月 15 日竣工，2020 年 4 月才出具改变施工方案的说明及确认意见，虽然如此，但未能提供在施工过程中由监理和业主基建办签具的任何佐证资料。

（4）审计处理意见及结论。

根据招标文件要求和施工合同约定，放坡应属于技术措施项目，其费用已包括在"基本设施项目费"内，不应另行计算。

施工过程中如需改变施工方案，应该事先以工程联系单的方式报请现场监理和业主基建办审批，监理和业主基建办通过方案优劣对比分析，选择经济、适用、合理的技术方案，并应以书面形式予以确认。施工单位在"内容说明"中陈述："实际施工中土方的开挖方式发生了改变，没有采用支撑开挖，而是采用了放坡开挖的方式。"但未能提供在施工过程中由监理和业主基建办签具的任何佐证资料。

因此，内部审计部门认为：虽然基建办于 2020 年 4 月 30 日在"内容说明"上签署了"事实认可……"的意见，但由于没有监理和业主基建办在施工过程中共同签署的原始资料作为结算依据，还是不能按照"内容说明"中陈述的变更后的施工方案进行结算。

本工程为招标工程，招标时各投标单位对措施项目的报价相差较大，改变措施原则上对其他未中标人显失公平和公正，增加的价款属于施工方费用，不应计入结算价款。

剔除挖、填、运土工程量内包含的放坡工程量，挖、填、运土工程量分别按11 000立方米、4 480立方米、4 480立方米结算。

### 案例　建设资金使用审计

××项目经批准的概算投资4 000万元，投资来源分三条渠道：中央国债资金2 000万元，省财政预算外专项资金1 000万元，市县自筹资金1 000万元（其中市县财政自筹资金500万元、项目所在地镇政府自筹资金500万元）。项目分2年建设（2018年3月—2020年3月），每年投入资金均等，采用财政集中支付方式。

（1）审计假设或疑点。

据项目单位提供的建设管理及会计资料，至2019年10月底，工程形象进度已超过80%，实际到位资金为2 500万元（其中中央国债资金1 300万元、省财政预算外专项资金800万元、市县财政自筹资金100万元、项目所在地镇政府自筹资金300万元）。资金到位率为62.50%，与工程形象进度不匹配，原因是什么？

（2）审计取证及发现问题。

经查阅相关资料，中央国债资金及省财政预算外专项资金已于2019年6月全额拨入市财政国债资金专户。经延伸审计，市财政国债专户、财政预算外专户银行对账单的存款余额分别为500万元和100万元。

财政专户存款余额应为900万元（不考虑存款利息），为何只有600万元呢？少了的300万元去哪儿了呢？经进一步延伸审计发现，300万元借给了市水利局用于支付水库工程进度款。

2019年7—9月的进度款尚未审批支付。

（3）审计结论及处理意见。

资金到位率低的主要责任人为市县两级财政，其资金到位率较低，应抓紧组织资金落实。

借支基建专户资金用于支付水库工程进度款，属挪用国债专项资金，除限期追回外，应追究有关当事人责任。

存在滞留国债、专项资金现象，应按规定予以纠正。

# 第 6 章

# 农村财务审计：如何加强农村内部财务审计工作

农村财务审计是对农村生产经营单位的财务收支活动进行审查和评价，以确定其是否真实、正确、合法、合理和有效的一种经济监督活动。

农村财务审计的对象，包括农村、农村合作社经济组织、乡村集体企业和经济联合体等。农村财务审计的审计主体是农业行政部门的农村经济经营管理机构和乡镇企业行政主管部门的财务管理机构，但不排除国家审计、社会审计对农村生产经营单位实施审计监督。农村财务审计属于政府授权的内部审计。

## 6.1　农村集体经济组织审计机构的审计

农村集体经济组织审计机构的审计目的是加强农村集体经济组织的审计监督，严肃财经法纪，提高经济效益，保护农村集体经济组织的合法权益，促进农村经济的发展。

### 6.1.1　农村集体经济组织审计机构的审计监督范围

农村集体经济组织审计机构的审计监督范围，包括村、组集体经济组织。

### 6.1.2　农村集体经济组织审计机构十一项审计监督事项

农村集体经济组织审计机构十一项审计监督事项包括：

（1）资金、财产的验证和使用管理情况；

（2）财务收支和有关的经济活动及其经济效益；

（3）财务管理制度的制定和执行情况；

（4）承包合同的签订和履行情况；

（5）收益（利润）分配情况；

（6）承包费等集体专项资金的预算、提取和使用情况；

（7）村集体公益事业建设筹资筹劳情况；

（8）村集体经济组织负责人任期目标和离任经济责任；

（9）侵占集体财产等损害农村集体经济组织利益的行为；

（10）乡经营管理站代管的集体资金管理情况；

（11）当地人民政府、国家审计机关和上级业务主管部门等委托的其他审计事项。

## 6.1.3　农村集体经济组织审计机构在审计过程中的五项职权

农村集体经济组织审计机构在审计过程中的五项职权包括：

（1）要求被审计单位报送和提供财务计划、会计报表及有关资料；

（2）检查被审计单位的有关账目、资产，查阅有关文件资料，参加被审计单位的有关会议；

（3）向有关单位和人员进行调查，被调查的单位和人员应当如实提供有关资料及证明材料；

（4）对正在进行的损害农村集体经济组织利益、违反财经法纪的行为，有权制止；

（5）对阻挠、破坏审计工作的被审计单位，有权采取封存有关账册、资产等临时措施。

# 6.2　农村财务审计基本项目

伴随着社会主义新农村建设的不断推进，农村迎来前所未有的发展。农村财务审计作为国民经济和农村经济的重要组成部分，近年来，在增加农村就业、农民收入方面做出了重要贡献，在农村的农业现代化、工业化和城镇化中有着不可替代的作用。

随着农村的蓬勃发展，企业内部的经营管理复杂程度也在进一步加深，审计的风险不断增加，审计人员在这种不确定环境中出现失误、失察的可能性也在不断增加。

农村财务审计基本项目包括以下内容。

## 6.2.1　财经执行情况审计

主要审计以下内容。各项收入是否及时、足额入账，有无坐收、坐支现象，有无侵占、挪用、私分集体资金和私设"小金库"等问题；是否存在超标准发放村干部工资、奖金和补贴等问题；是否存在通过虚增债务的手段来虚增收入，以及将收入或非法收入挂在往来账上虚增债务等问题；有无滥用职权侵占、挪用、平调集体资产和长期占用集体资金的问题；是否存在未按民主程序而私下转让土地经营权等问题。

## 6.2.2　集体资产管理审计

主要审计以下内容。农村集体资产处置，是否依法依规、按规定程序处理；集体资产是否流失；承包和租赁等重大经济事项是否经集体讨论决定，标底较大的是否引入了招投标机制；是否按合同约定及时收缴各类承包款项等。

## 6.2.3　债权、债务管理审计

主要审计以下内容。审查债权、债务增减变化，梳理债权、债务产生原因；审查有无借款用于不合理的非生产性开支状况，有无盲目举债情况，有无未经履行民主程序、未签订借款合同将集体资产擅自借给个人、企业和外单位情况，有无擅自为个人、企业和外单位提供担保或抵押等情况；重点审查集体资金有无被拖欠、占用情况。

### 6.2.4 土地发包、承包审计

主要审计以下内容。"四荒"等资源性资产的发包是否采取招标、拍卖、租赁和公开协商等方式，是否签订规范的土地承包合同，土地承包经营权证填写、发放是否规范；村级项目、基建工程建设是否公开招标，有无"人情包"或"权力包"等。

### 6.2.5 专项资金管理审计

主要审计以下内容。上级划拨或接受社会捐赠的资金和物资的管理、使用情况，土地征收补偿费的管理、使用、分配情况等。

### 6.2.6 民主监督和财务公开审计

主要审计以下内容。村级组织是否按要求建立村务监督等组织，财务公开是否全面、真实、及时、规范；村内"一事一议"筹资筹劳的程序是否规范，资金收取是否超标准、超范围，以及资金的使用情况等。

### 6.2.7 合同签订与履行审计

主要审计以下内容。合同的保管、执行情况，以及签订时是否履行相关程序。

## 6.3 审计人员、审计对象与审计职权

农村内部财务审计中，审计人员、审计对象与审计职权的内容如下。

### 6.3.1 农村审计人员的资格条件及考核

农村审计人员应当参加专业培训，并经省农业行政主管部门考核合格，取得农村审计人员资格证书后，方可从事农村审计工作。

农村审计人员的资格条件及考核办法，由省农业行政主管部门根据国家有关规定制定，报省人民政府备案。

农村审计人员办理审计事项时应回避的情形包括：

（1）与被审计单位负责人和有关主管人员之间有夫妻关系、直系血亲关系、三代以内旁系血亲和近姻亲关系的；

（2）与被审计单位或者审计事项有经济利益关系的；

（3）与被审计单位或者审计事项有其他利害关系，可能影响公正的。

农村审计人员的回避：由农业行政主管部门负责人决定。农村审计人员的保密义务：对知悉的被审计单位的有关商业秘密等秘密事项负有保密义务。

## 6.3.2　农业行政主管部门的审计对象

农业行政主管部门对本行政区域内的下列单位进行审计：农村集体经济组织；农村集体经济组织所属的单位；使用村提留、乡镇统筹费、农村义务工、劳动积累工等农民承担费用（劳务）的单位。

农业行政主管部门对下列事项进行审计监督：财务管理制度的建立及执行情况；财务预算执行情况；会计报表、会计凭证、会计账簿的完整性、真实性和合法性；资产、负债、损益、分配情况；村提留、乡镇统筹费、农村义务工、劳动积累工等农民承担费用（劳务）的管理、使用情况；承包金、租金、土地征用费等费用的收入、管理、使用情况；借入资金的管理和使用情况；受赠资金、物资的管理使用情况；建设项目的财务情况；农村集体经济组织及其所属单位负责人的任期经济责任；其他需要审计的事项。

## 6.3.3　农业行政主管部门的审计职权

农业行政主管部门在进行农村审计时，行使下列职权：

（1）要求被审计单位如实提供财务收支计划及其执行情况、财务报告、合同以及其他与财务有关的资料，查阅、复印被审计单位的会计凭证、会计账簿、会计报表、预算、决算等会计资料，检查资金和财产；

（2）对审计事项涉及的问题，有权向有关单位和人员调查，收集证明材料；

（3）发现被审计单位转移、隐匿、篡改、毁弃会计报表、会计凭证、会计账簿以及其他财务资料的，必要时，经农业行政主管部门负责人批准，可暂时封存被审计单位与违反财务收支有关的账册资料；

（4）发现被审计单位有违反国家和农村集体规定的财务收支行为的，有权予以制止。

农村审计人员行使以上职权时，被审计单位和个人应当如实反映情况和提供证明材料，不得拒绝和阻碍。

# 6.4　审计程序与审计过程

开展农村财务审计，有利于保证内部控制制度的建立及落实。审计过程中发现，许多企业账务处理特别混乱，公开的账务与实际情况不相符，很难做到内部不相容职责的分离，因此，开展农村财务审计工作很关键。审计人员需对相关财务管理内部控制及财务制度进行审查，将审计结果汇报相关部门，推动企业可持续性的健康发展。

## 6.4.1　审计任务与审计程序

审计任务包括：①集体经济组织负责人任期届满审计或任期内离任审计；②集体经济组织成员认为集体经济管理违反财务规则，需要进行的审计；③根据当地人民政府的部署进行的审计。上述第①②项的审计工作经费列入同级人民政府财政预算。

审计人员实施审计的程序如下：①编制审计工作底稿，对审计中发现的问题，做出详细、准确的记录，并注明资料来源；②搜集、取得能够证明审计事项的有关资料、文件和实物等；③对与审计事项有关的会议和谈话内容做出记录，或者根据审计工作需要，要求有关单位提供会议记录材料。

行政主管部门对审计报告进行审查、复核后的处理程序如下：①对没有违反国家规定的财务收支行为，应当对审计事项做出评价，出具审计意见书；②对有违反国家规定的财务收支行为，情节轻微的，应当予以指明并责令其自行纠正，对审计事项做出评价，并出具审计意见书；③对违反国家规定的财务收支行为，需要依法给予处理、处罚的，除应当对审计事项做出评价，出具审计意见书外，还应当依照法定权限做出处理或处罚决定；④对违反国家规定的财务收支行为，应当由有关主管机关或者集体经济组织处理的，应当制作审计建议书，向有关主管机关或者集体经济组织提出处理意见。

## 6.4.2　法律责任

以《浙江省农村集体经济审计办法》为例，该办法规定，被审计单位有下列情形之一的，由农业行政主管部门责令其限期改正，通报批评或者给予警告，并可对有关单位的负责人、直接责任人员处以 500 元以上 1 000 元以下的罚款。

①拒绝、拖延提供与审计事项有关资料的。

②拒绝、阻碍审计检查的。

③转移、隐匿、篡改、毁弃会计凭证、会计报表及有关资料的。

④弄虚作假，隐瞒事实真相的。

⑤拒不执行审计意见书的。

⑥对农村审计人员打击报复的。

上述行为情节严重的，农业行政主管部门应当建议集体经济组织、集体经济组织成员（村民）会议或者集体经济组织成员（村民）代表会议，对被审计单位负有直接责任的主管人员和其他直接责任人员做出处理；对国家工作人员，建议有关主管部门或者行政监察部门给予行政或者纪律处分；构成治安违法的，由公安机关给予治安处罚；构成犯罪的，依法追究刑事责任。

被审计单位转移、隐匿违法取得的资产的，农业行政主管部门应当予以制止，或者申请人民法院采取财产保全措施；造成损失的，责令其赔偿损失。

对侵占、挪用、私分集体资产的有关人员，由农业行政主管部门或者乡镇人民政府责令其退还财产；造成损失的，应责令其赔偿损失。

被审计单位有公款私存、设立"小金库"或账外账、白条抵库、收入不入账、违反规定发放资金、实物等违反财务收支行为的，由农业行政主管部门责令其纠正，并给予警告；有违法所得的，责令其退还。

对受本办法第二十五条、第二十六条、第二十七条处罚或处理的被审计单位的直接责任人及其他有关人员，由农业行政主管部门建议集体经济组织、集体经济组织成员（村民）会议或者集体经济组织成员（村民）代表大会做出处理；构成犯罪的，依法追究刑事责任。

违反减轻农民负担法规、规章规定，增加农民负担的，农业行政主管部门应当责令其纠正；情节严重的，建议有关部门或者行政监察部门对直接责任人和主管人员给予行政或者纪律处分。

应对审计人员违规处罚的五种情况如下。

①依照本办法规定应当回避，因故意隐瞒事实而没有回避的。

②违反规定，泄露被审计单位商业秘密等有关秘密事项的。

③对被审计单位违法行为应当予以制止而没有制止，造成集体经济组织财产损失的。

④因审计监督不力，导致农村集体经济财务混乱，后果严重的。

⑤其他滥用职权、玩忽职守、徇私舞弊的行为。

上述第②③④项情形，情节严重的，由行政监察机关对农业行政主管部门的负责人给予行政处分。

## 6.4.3　审计现场调查

如何做好审计现场调查？

### 1. 与被审计单位管理层沟通

第一，初次沟通，包括：审计目的说明；被审计单位情况；双方讨论，主要讨论对被审计单位有重大影响的本期经营情况的变化和对被审计单位有影响的新出台的法律法规。

第二，审计沟通过程，包括：审计过程中发现的重大问题；审计过程中遇到的不配合情形；遇到的其他困难。

第三，审计结果沟通，包括：审计概况；审计依据；审计结论、审计决定或建议。

第四，与被审计单位沟通应注意的问题：做好沟通前的准备工作；选择适当的沟通方式和场所；认真倾听各方意见；进行有关内部审计工作价值的宣传；为被审计单位提供参与内部审计的机会；及时反馈审计过程中发现的问题。

第五，执行分析性复核。

①分析性复核的作用：有助于深层次了解被审计单位；有助于迅速判断有问题领域；有助于节约审计时间。

②分析性复核所要分析的信息类型：财务信息与非财务信息；货币量信息、实物量信息及其他信息；电子数据信息与非电子数据信息；绝对数信息与相对数信息。

③分析性复核的步骤：确定需要运用分析性复核的交易或事项；估计期望值；确定可接受的差异额；执行计算及比较，确认重大差异；调查重大差异；得出认定结论。

### 2. 开展审计调查

审计调查的主要内容：经营管理活动调查；财务会计活动调查。

审计调查的程序：调查准备阶段；调查实施阶段；调查报告阶段；调查回访阶段。

### 3. 确认审计发现与建议

审计发现是内部审计人员在对被审计单位的经营活动与内部控制的调查和测试过程中所得到的肯定或否定的事实。审计发现是基于标准和实际情况之间的差异而形成的。

审计发现分为：无关紧要的审计发现；次要的审计发现；重要的审计发现。

审计建议指在审计实施中，针对所查出的问题及其错弊，由审计部门所提出的改进措施，以便被审单位及时纠正，避免类似情况再次发生的看法与要求。审计建议有审计报告中的建议和一般审计建议之分，审计报告中的建议是对产生"存在问题"的原因的总结性回顾，并据此对被审单位提出告诫，从指导思想上引起被审单位的警觉和重视。

一般审计建议则是一事一议，对现存的具体问题逐个解决，及时收到实效。一般审计建议具有以下特点：非强制性、建议性、灵活性。审计建议的方式有书面式、会议式、即兴口头式。

# 6.5　农村审计证据与后续审计

审计证据是农村内部财务审计中，审计人员在审计过程中用来衡量被审计事项的准绳，是提出审计意见、做出审计决定的依据。

## 6.5.1　审计证据的类别

审计证据的类别具体如下。

### 1. 书面证据

书面证据是指审计人员在审计工作中运用审计方法依法取得的、能客观反映被审计事项、以书面形式存在的资料。从被审计单位收集到的凭证、账簿、报表、计划、合同、证明函件、信件等，都属于书面证据。

### 2. 实物证据

实物证据是指审计人员在审计工作中运用审计方法依法取得的、能客观反映被审计事项、以实物形式存在的财产物资。从被审计单位收集的厂房、机器、设备、材料、现金等实物信息，都属于实物证据。

### 3. 电子数据证据

电子数据证据包括视听证据和电子证据。视听证据是以录音、录像等形式存储的视听资料。电子证据是以物理形式存储于计算机系统内部及其存储器中的指令和资料。

### 4. 口头证据

口头证据是指审计人员在审计工作中运用审计方法依法取得的、能客观反映被审计事项、以言辞形式存在的资料。

### 5. 环境证据

环境证据又称状况证据，是指被审计事项产生影响的各种环境事实。从被审计单位的角度考察，环境证据分为内部环境证据和外部环境证据。内部环境证据的主要内容包括有关内部控制情况、被审计单位管理人员素质、各种管理条件和管理水平、主要管理人员的观念和品行等。外部环境证据的主要内容包括各种法律、法规及统一的规章制度，政府主管部门的执法检查指导和监督情况，行业自律状况等。

## 6.5.2　审计证据的要求

审计证据的要求如下：审计证据具有充分性、相关性、可靠性。

## 6.5.3　获取审计证据的方法

获取审计证据的方法包括：审核、观察、监盘、询问、函证、计算、分析性复核、电子证据的收集。

## 6.5.4　审计证据的审定

书面证据的审定：首先，审查判断书面证据的真实性、可靠性、正确性，确定其证据力；其次，审查判断书面证据的充分性。

实物证据的审定：审查判断实物证据的真实可靠性；审查判断实物证据的合法性；审查判断实物证据的相关性。

电子证据的审定：审查电子证据的生成环节；审查电子证据的存储环节；审查电子证据的传输环节；审查电子证据的收集环节；针对电子证据的完整性进行特别认定；审定电子证据的证明力。

审计证据的整理、分析与评价审计证据的方法包括：分类、计算、比较、小结、结合。

整理、分析与评价审计证据时应注意的方面：审计证据的取舍；分清事实的现象与本质；排除伪证。

## 6.5.5　后续审计

后续审计是指内部审计机构为检查被审计单位对审计发现的问题采取的纠正措施及其效果而实施的审计。

开展后续审计，要做好以下工作：仔细地阅读被审计单位的书面回复；就书面回复与被审计单位进行初步沟通；确定后续审计的范围和内容；重视已纠正问题的真实性和有效性；跟踪个别的审计发现和建议；重点审查未纠正部分并分析查找原因，督促纠正；对控制风险进行重新评估；记录后续审计的工作；报告后续审计发现。

如何让后续审计更有效？

第一，应注意下列后续审计政策方面的相关要求：政策以书面载明；清楚地表明审计政策中的有关规定来自组织中的最高权力层；应对存在例外情况的所有审计实施后续审计；应列出审计人员、被审计单位和高级管理层在后续审计中的作用和责任；应赋予审计人员评价和报告纠正措施效果的权力和责任；审计政策应声明高级管理层对后续审计原则的认可；具体规定被审计单位应在确切的时限内对审计发现和建议做出书面回复，并说明谁应对纠正措施的实施负责；审计政策应具体规定被审计单位的回复和后续审计报告的发送对象；审计政策应建议回复所采用的格式；审计政策应规定回复应发送给有管理权限的主管。

第二，拒绝被审计单位的回复或措施的原则：审计人员不要把个人的偏好强加给被审计单位；审计人员应避免对纠正措施负责；审计人员在报告中应对事不对人；审计人员应确定哪些缺陷是最严重的，并且是值得跟踪的。

## 6.6　农村内部财务审计方法

农村内部财务审计常使用的审计方法有以下七种，有时同时结合几种审计方法进行审计。

### 6.6.1　检查记录或文件

检查，是审计人员对会计记录和其他书面资料可靠程度的审阅与复核。检查按检查方式可分为审阅法和核对法两种。审阅法是通过对被审计单位的会计资料和其他有关资料进行审查阅读来取得审计证据的一种审计方法。

审计人员在审阅时应注意资料是否真实、合法，一般可以从资料的外观形式和经济内容两个方面进行审阅。在外观形式上，主要审阅资料的完整性、连贯性、统一性和逻辑性。在经济内容上，主要审阅经济业务的真实性、正确性、合规性和合法性。

在具体应用审阅法时，应注意以下几点：在审阅时，应同其他审计方法相结合进行；审阅某一会计事项或会计记录时，应将与其有关的一系列资料全面地、前后对应地审阅，以取得充分可靠的审计证据；应运用一定的符号，以表明已审阅了哪些资料。

核对法是对被审计单位的有关书面资料按照它们的内在关系进行核对而取得审计证据的方法。核对主要包括证证核对、账证核对、账账核对、账表核对以及表表核对等。运用核对法时，要在核对过的凭证、账簿、报表上，逐笔逐项标记核对符号，以免漏核或重核。

可将上述内容归纳如下。

一看资料的完整性，就是看办理该笔业务应该具备的文件是否都具备。

二看资料的协调性，就是看各种资料相互之间是否一致、是否有突兀感、能否相互印证。

三看资料的真实性，就是看重要文件是否真实，有无伪造、变造。

四看资料的有效性（内涵合法性），就是看重要文件是否有法定效力。

## 6.6.2　检查有形资产

抽查各种存货是否账实相符，是否低于市价，是否严重积压。抽查固定资产是否账实相符，有无长期闲置，审查有无淘汰的固定资产、有无报废的固定资产。

## 6.6.3　监盘

监盘是审计人员现场监督被审计单位对各种实物资产及现金、有价证券等相关信息的盘点，并进行适当的抽查，以获取和评价审计证据的过程。

一般而言，实物资产及现金、有价证券的盘点应由被审计单位进行，审计人员只进行现场监督；对于贵重的物资，审计人员可进行抽查复点。采用监盘的方法是为了确定被审计单位实物形态的资产是否存在及是否与账面数量相等，查明有无短缺、毁损及贪污、盗窃等问题。

审计人员监盘实物资产时，应对其质量及所有权予以关注。监盘法有其局限性，它只能对实物资产等是否确实存在提供有力的审计证据，不能保证被审计单位对资产拥有所有权及确定该资产的价值。

因此，审计人员在监盘时应特别注意对实物资产的计价和所有权另行审计。

### 6.6.4　观察

观察是审计人员实地察看被审计单位的经营场所、实物资产和有关业务活动及其内部控制制度的执行情况等，以获取审计证据的方法。

观察法灵活性强，适应面广，适用于各种审计，特别适用于内部控制制度的测试，财产物资的验证，资源利用、工作效率、劳动纪律的考察等。审计人员通过观察法通常只能获得一些片面的感性材料，不足以独立形成审计判断，往往需要将观察法和其他方法配合使用。

### 6.6.5　询问

询问是对审计过程中发现的疑点和问题，通过口头询问或质疑的方式弄清事实并取得口头或书面证据的一种调查方法。日常审计调查中的询问主要是与被审计单位相关人员谈话。

### 6.6.6　函证

函证是指为了获取与被审计事项相关的信息，通过直接来自第三方的对有关信息和现存状况的声明，获取和评价审计证据的过程，是为了印证被审计单位会计记录所载事项的一种方法。函证按答复方式不同，分为肯定式函证和否定式函证两种。函证实际上属于一种书面询问的方法，主要用于往来款的账目核对，可以较为有力地证明债权债务的实际存在和会计记录的可靠性。

同时审计人员也可用该法对企业委托外单位保管的财产、含混不清的外来凭证、某些购销业务、企业银行存款与借款的种类和数额情况、企业保险情况等进行核实。如果没有回函或回函结果不满意，审计人员应当实施必要的替代程序，以获取相应的审计证据。

## 6.6.7　重新计算

重新计算是对被审计单位的原始凭证、会计记录中的数据所进行的验算或另行计算。审计人员在审计时，往往需要对被审计单位的凭证、账簿和报表中的数据进行计算，以验证其是否正确。审计人员的计算并不一定需要按照被审计单位原先的计算形式和顺序进行。在计算过程中，审计人员不仅要注意计算的结果是否正确，而且要对某些其他可能发生的差错予以关注。

一般而言，计算不仅包括对被审计单位的凭证、账簿和报表中有关数据的验算，而且包括对会计资料中有关项目的加总或其他运算。其中，加总又分为横向加总（即横向数字的加总）和纵向加总（即纵向数字的加总）。在会计报表审计中，审计人员往往需要大量地运用加总技术来获取必要的审计证据。

**案例　某农村集体经济组织财务审计要点**

（1）加强会计基础工作，强化财务监督。

一是强化会计基础工作。做好会计基础工作是会计工作正常有序、规范运转的需要，是提供真实可靠财务数据的基本保证。票据是会计记账的重要依据和凭证来源，规范收、付票据的使用，从源头上保证了会计资料的真实性、严肃性。目前市农业局已会同财政局、监察局下发了《关于规范农村集体经济组织财务票据管理的通知》，进一步规范农村集体经济组织财务票据管理工作。

二是完善开支审批手续，强化财务管理监督。对于手续不齐全的支出票据，责令相关经办人限期补齐手续。充分发挥民主理财小组的作用，定期对村级收支进行审核认定和管理，杜绝截留挪用、坐收、坐支现象。

三是全面落实财务公开，规范财务公开的内容、时间及形式，财务公开内容要全面，所有收支账目必须逐笔逐项公开。

（2）推进审计主体多元化。

一是各乡镇（街道）要深入分析实际情况，根据本地经济发展水平，设立内部审计机构，配备专、兼职审计人员，选拔合格称职的农村审计人员，开展农村财务审计工作，强化农村财务审计监督。由乡镇开展农村财务审计有其独特的优势，审计人员生活在农村，掌握农村财务工作的特点，熟悉农村财务情况，了解农村领导的要求，在这些方面有着监督、管理部门不可替代的优势和重要作用。农村财务审计，既可以看成对乡镇农经部门及村级财务工作的检验，又有利于在审计中不断完善各自财务工作，通过发现问题帮助农村财会人员提高业务素质，以审计促进他们按照现行财务制度要求，完善会计科目、报表、凭证，确保账目规范，以审计促进财会人员按照会计制度建账、记账和报账，保证财务资料的全面性和真实性。

二是整合审计力量，建立农村审计人员信息库。由市里牵头、发文，各乡镇推荐一些文化程度高、政治素质强、群众信得过、具有一定专业知识的人（一般镇乡2名，较大的乡镇4名），建立农村审计人员信息档案，根据审计需要可以对审计人员进行分组，在镇乡（街道）间进行交叉审计或联合骨干力量对某个乡镇（街道）进行财务检查。

三是借助社会审计机构力量。借助社会审计机构力量可以缓解农经部门审计资源不足，可以满足更多村级集体经济要求审计的需求，而且社会审计法律效力强。在推进社会审计初期可以从财务管理状况较好、群众没有意见的村入手，营造社会审计进入村集体经济监管领域的审计环境，然后再逐步扩大审计范围。农经主管部门可通过与社会审计机构协调，形成符合农村集体组织特点的审计费用收取指导意见，市财政每年安排一定的经费，用于政府向社会组织购买服务。

四是充分发挥市农业行政主管部门监督、指导、协调作用。市农经总站要坚持农村审计监督与业务辅导相结合的工作方法。在做好农村财务审计工作的同时，还要负责对乡镇（街道）的内审机构、社会审计机构的审计业务进行计划、指导、协调、监督，完成审计任务，确保审计质量。推行全员参与审计制度，每名工作人员每年要完成一定数量的审计任务。

（3）抓好审计队伍建设，提升审计人员的实战能力。

市、乡镇（街道）农经部门要注重内部审计人员的后续教育，为审计人员参加各种针对性强、实用性高的内外部专业培训提供机会与支持。审计人员要自觉接受国家审计机关业务指导，要通过后续教育等途径，增强职业道德素养，强化业务技能，丰富业务知识。市、乡镇（街道）农经部门要帮助审计人员了解最新的经济责任审计理论知识与实务，优化审计人员的知识结构，拓宽审计人员的视野和思路，促进审计人员专业素质提升；引导审计人员树立工作学习相结合的观念，理论联系实践，将学到的理论知识运用到实际工作中去。同时，在审计工作的过程中，审计人员要不断思考学习，发现审计工作遇到的新问题，并进行深入的研究和剖析，在实践中提高实战水平。

（4）重视审计结果，增大执行力度。

建立健全各项制度的落实和执行机制，平时要加强与纪检、检察、公安等部门的业务联系，取得他们对农村审计工作的支持。对于在农村财务审计中发现的问题要一查到底，要按照财经法规进行严肃处理，涉及经济犯罪的移送司法机关处理，对尚未触犯法律却违反财务管理制度的行为要及时报请乡镇党委处理或给予通报批评并健全财务管理制度。

（5）创新工作思路，扩大审计范围。

一是转换审计模式，从委托审计转向计划审计，变被动为主动，从以往被动地接受农村财务审计转为主动出击，每年有计划地从各乡镇抽取几个行政村或者自然村进行审计，从"要我审"逐步向"我要审"过渡，从而提高农村审计在社会上的知名度，树立农村审计的权威性。二是创新工作思路，改变以往只是一味地找问题、找茬的审计模式，转为通过农村财务审计对审出的农村好干部进行宣传，弘扬正能量，展现农村好干部的良好形象。三是不断扩大审计范围。除了开展信访审计和村干部离任审计外，还要开展农民负担审计，抓住农村热点、难点问题开展重点事项审计和日常业务定期审计等。

（6）逐步实行审计手段网络化。

目前该市已建成市、镇、村三级联网的农村集体"三资"监管网络，要充分发挥该网络平台的作用，提高审计工作效率。该市正在与杭州金安易公司联系，开发应用农村财务审计的相关软件，进行农村集体"三资"管理信息与农村财务审计的对接，实现市、镇、村网上数据传输，开展网上审计。

（7）争取领导支持，积极改善审计环境。

农村财务审计是一项非常复杂的工作，要想取得好的效果，需要良好的环境和条件，只有在政策制定完善、法律法规配套、财政资金落实到位、人员配备齐全的情况下才能达到目的。在乡镇成立内审机构，配备专、兼职审计人员；借助社会审计机构力量，逐步推进社会审计服务介入等都需要经费作为保障，否则就无法顺利开展。市委、市政府及局领导应高度重视农村财务审计工作。

电信业审计，是指对电信部门收取的电话费、短信费、上网费等进行审计。

# 7.1  电信企业内部控制的要点

电信企业内部控制制度是为了使企业经济活动的操作处理方法制度化、规范化而制定的一系列要求员工遵照执行的相关规章制度。它包括内部会计控制制度和内部管理控制制度。内部会计控制制度包括组织机构的设置以及与财产保护和财务会计记录可靠性有直接关系的各种措施；内部管理控制制度除组织机构的设置外，还应包括管理部门对事项核准和决策步骤上的程序与记录。

## 7.1.1  电信企业内部控制审计存在的主要问题及对策

电信企业内部控制审计存在的主要问题如下。

### 1. 内控环境不健全

电信企业电信员工内控意识普遍不强，把内控理解为"上级要我做什么就做什么"，以消极应付态度参与内控建设，走过场、走形式的现象依然存在；有的电信员工还认为内控工作实质上就是"为财务、审计部门做事"，人为夸大了内部控制制度的作用，不计成本地开展内控设计。

### 2. 风险评估体系不完善

电信企业在制定风险评估体系时，对具体业务层面风险考虑过多，缺乏对整体风险的考虑和应对研究，没有建立风险应急机制和管控措施，对重大偏差的反馈和管控力度不足，内控自我评估工作未能实现日常化，独立评估的有效性有待提高，评估的独立性难以保证。

### 3. 内控执行不力，绩效考核效果不明显

电信企业内控执行过程中，"急事急办，特事特办"成为部分员工不执行内控的借口；走流程现象已成为员工推诿的借口；授权不及时、共同等待现象依然严重；绩效考核中反向激励远多于正向激励，未能有效调动员工积极性。

### 4. 网络系统支撑能力不足

目前，电信企业各信息系统间相互独立，信息共享程度不高，数据的准确性、完整性和一致性较差；信息系统建设缺乏统一规划，应用系统分散，功能重叠或欠缺。

对于以上问题，电信企业有哪些应对之策呢？

第一，改善内控环境。持续加大内控宣贯力度，加强员工职业道德、内控意识、法纪观念、诚信经营的教育和培训，规范员工内控行为，营造良好的内控氛围；加强内控团队建设，持续不断地、系统地推进内控工作；建立市场化、扁平化、专业化、一体化的组织架构，落实内控责任，分解到具体部门和岗位，实现到岗到人。

第二，健全风险管控机制。加强企业层面风险管控，建立例外事项管控机制，增强企业适应市场变化的抗击能力；优化评估方法，实现内控评估的常态化及内控日常管理的制度化。

第三，增大执行力度，发挥考核的正向激励作用。结合电信各级企业实情，按照精简、高效原则，细化并完善内控操作手册，明确各环节、各关键控制点的内控责任，把执行效果纳入绩效考核，加大正向激励力度，充分调动员工积极性。

第四，加强集中化的信息系统建设。加强信息系统建设，建立集中化的网络管控模式，减少内控执行的手工操作环节，固化流程控制点，提高内控网络化程度，实现信息资源共享，为经营分析和决策提供支撑。

第五，落实内控缺陷整改内控自我评估、内外部独立评估及解决各专业检查过程中发现的内控缺陷。企业内控团队要制定整改计划，并组织实施；各责任部门要按照整改方案，落实整改职责。对整改的缺陷，要进行效果评估。

## 7.1.2　电信企业人力资源控制要点

电信企业人力资源管理的主要风险，包括：人力资源缺乏或过剩、结构不合理、开发机制不健全，导致企业发展战略难以实现；人力资源激励约束制度不合理、关键岗位人员管理不完善，导致人才流失、经营效率低下或关键技术、商业秘密和国家机密泄露；人力资源退出机制不当，导致法律诉讼或企业声誉受损。

电信企业应当设置科学的业绩考核指标体系，对各级管理人员和全体员工进行严格考核与评价，以此作为确定员工薪酬、调整职级和解除劳动合同等的重要依据。电信企业要尊重人才成长规律，善于克服人力资源管理的疲劳效应。

电信企业建立企业人力资源退出机制，是实现企业发展战略的必然要求。第一，要在观念上将人力资源退出机制纳入人力资源管理系统和企业文化之中，使人力资源退出从计划到操作成为可能，同时获得员工的理解与支持。第二，要建立科学合理的人力资源退出标准，使人力资源退出机制程序化、公开化，有效消除人力资源退出可能造成的不良影响。第三，人力资源退出要建立在遵守法律法规的基础上，严格按照法律规定进行操作。

## 7.1.3　电信企业财务报告控制要点

电信企业财务报告控制分为两种情况。

### 1. 制定财务报告编制方案的主要风险及管控措施

会计政策未能有效更新，不符合有关法律法规；重要会计政策、会计估计变更未经审批，导致会计政策使用不当；会计政策未能有效贯彻、执行；各部门职责、分工不清，导致数据传递出现差错、遗漏、格式不一致等；各步骤时间安排不明确，导致整体编制进度延后，违反相关报送要求。

电信企业主要管控措施如下。

第一，会计政策应符合国家有关会计法规和最新监管要求的规定。

第二，会计政策和会计估计的调整，无论是强制的还是自愿的，均需按照规定的权限和程序审批。

第三，企业的内部会计规章制度要经财会部门负责人审批后生效，财务报告流程、年报编制方案应当经企业分管财务会计工作的负责人核准后签发。

第四，企业应建立完备的信息沟通渠道，将内部会计规章制度和财务流程、会计科目表和相关文件及时有效地传达至相关人员，使其了解相关职责要求，掌握适当会计知识、会计政策并加以执行。

第五，应明确各部门的职责分工，总会计师或分管会计工作的负责人负责组织领导；财会部门负责财务报告编制工作；各部门应当及时向财会部门提供编制财务报告所需的信息，并对所提供信息的真实性和完整性负责。

第六，应根据财务报告的报送要求，倒排工时，为各步骤设置关键时间点，并由财会部门负责督促和考核各部门的工作进度，及时提醒，对未能及时完成的进行相关处罚。

**2. 编制合并财务报告的主要风险及管控措施**

电信企业合并范围不完整；合并内部交易和事项不完整；合并抵销分录不准确。

电信企业主要管控措施如下。

第一，财会部门应依据经同级法律事务部门确认的产权结构图，并考虑所有相关情况以确定合并范围是否符合国家统一制度的规定，由财会部门负责人审核、确认合并范围是否完整。

第二，财会部门收集、审核下级单位财务报告，并汇总出本级次的财务报告，经汇总单位财会部门负责人审核。

第三，财会部门制定内部交易和事项核对表及填制要求，报财会部门负责人审批后下发纳入合并范围内各单位。财会部门核对本单位及纳入合并范围内各单位之间内部交易的事项和金额，如有差异，应及时查明原因并进行调整。编制内部交易表及内部往来表交财会部门负责人审核。

第四，合并抵销分录应有相应的标准文件和证据进行支持，由财会部门负责人审核。

第五，对合并抵销分录实行交叉复核制度，具体编制人完成调整分录后即提交相应复核人进行审核，审核通过后才可录入试算平衡表。通过交叉复核，保证合并抵销分录的真实性、完整性。

### 7.1.4 电信企业全面预算控制要点

电信企业全面预算管理的主要风险及管控措施主要如下。

#### 1. 预算编制的主要风险及对应措施

第一，预算编制以财务部门为主，业务部门参与度较低，可能导致预算编制不合理，预算管理责、权、利不匹配；预算编制范围和项目不全面，各个预算之间缺乏整合，可能导致全面预算难以形成。

第二，预算编制所依据的相关信息不足，可能导致预算目标与战略规划、经营计划、市场环境、企业实际等相脱离；预算编制基础数据不足，可能导致预算编制准确率偏低。

第三，预算编制程序不规范，横向、纵向信息沟通不畅，可能导致预算目标缺乏准确性、合理性和可行性。

第四，预算编制方法选择不当，或强调采用单一的方法，可能导致预算目标缺乏科学性和可行性。

第五，预算目标及指标体系设计不完整、不合理、不科学，可能导致预算管理在实现发展战略和经营目标、促进绩效考评等方面的功能难以有效发挥。

第六，编制预算的时间太早或太晚，可能导致预算准确性不高，或影响预算的执行。

电信企业预算编制主要风险的控制措施如下。

第一，全面性控制。一是明确企业各个部门、单位的预算编制责任，使企业各个部门、单位的业务活动全部纳入预算管理；二是将企业经营、投资、财务等各项经济活动的各个方面、各个环节都纳入预算编制范围，形成由经营预算、投资预算、筹资预算、财务预算等一系列预算组成的相互衔接和勾稽的综合预算体系。

第二，编制依据和基础控制。一是制定明确的战略规划，并依据战略规划制定年度经营目标和计划，作为制定预算目标的首要依据；二是深入开展企业外部环境的调研和预测，包括对企业预算期内客户需求、同行业发展等市场环境的调研，以及宏观经济政策等社会环境的调研，确保预算编制以市场预测为依据，与市场、社会环境相适应；三是深入分析企业上一期间的预算执行情况，充分预计预算期内企业资源状况、生产能力、技术水平等自身环境的变化，确保预算编制符合企业生产经营活动的客观实际；四是重视和加强预算编制基础管理工作，包括历史资料记录、定额制定与管理、标准化工作、会计核算等，确保预算编制以可靠、翔实、完整的基础数据为依据。

第三，编制程序控制。其基本步骤及其控制措施为：一是建立系统的指标分解体系，并在与各预算责任中心进行充分沟通的基础上分解下达初步预算目标；二是各预算责任中心按照下达的预算目标和预算政策，结合自身特点以及预测的执行条件，认真测算并提出本责任中心的预算草案，逐级汇总上报预算管理工作机构；三是预算管理工作机构进行充分协调、沟通，审查平衡预算草案；四是预算管理委员会应当对预算管理工作机构在综合平衡基础上提交的预算方案进行研究论证，从企业发展全局角度提出进一步调整、修改的建议，形成企业年度的全面预算草案，提交董事会；五是董事会审核全面预算草案，确保全面预算与企业发展战略、年度生产经营计划相协调。

第四，编制方法控制。企业应当本着遵循经济活动规律，充分考虑符合企业自身经济业务特点、基础数据管理水平、生产经营周期和管理需要的原则，选择或综合运用固定预算、弹性预算、滚动预算等方法编制预算。

第五，预算目标及指标体系设计控制。一是按照"财务指标为主体、非财务指标为补充"的原则设计预算指标体系；二是将企业的战略规划、经营目标体现在预算指标体系中；三是将企业产、供、销、投融资等各项活动的各个环节、各个方面的内容都纳入预算指标体系；四是将预算指标体系与绩效评价指标协调一致；五是按照各责任中心在工作性质、权责范围、业务活动特点等方面的不同，设计不同或各有侧重的预算指标体系。

第六，预算编制时间控制。企业可以根据自身规模大小、组织结构和产品结构的复杂性、预算编制工具和熟练程度、全面预算开展的深度和广度等因素，确定合适的全面预算编制时间。

**2. 预算审批的主要风险及对应措施**

电信企业全面预算未经适当审批或超越授权审批，可能导致预算权威性不够、执行不力，或可能因重大差错、舞弊而带来损失。

预算审批风险控制措施：企业全面预算应当按照《公司法》等相关法律法规及企业章程的规定报经审议批准。

### 3. 预算下达的主要风险及对应措施

电信企业全面预算下达不力，可能导致预算执行或考核无据可查。主要管控措施：企业全面预算经审议批准后应及时以文件形式下达执行。

### 4. 预算指标分解和责任落实的主要风险及对应措施

电信企业预算指标分解不够详细、具体，可能导致企业的某些岗位和环节缺乏预算执行和控制依据；预算指标分解与业绩考核体系不匹配，可能导致预算执行不力；预算责任体系缺失或不健全，可能导致预算责任无法落实，预算缺乏强制性与严肃性；预算责任与执行单位或个人的控制能力不匹配，可能导致预算目标难以实现。

针对以上风险，进行以下控制。

第一，企业全面预算一经批准下达，各预算执行单位应当认真组织实施，将预算指标层层分解：横向将预算指标分解为若干相互关联的因素，寻找影响预算目标的关键因素并加以控制；纵向将各项预算指标层层分解落实到最终的岗位和个人，明确责任部门和最终责任人。

第二，建立预算执行责任制度，对照已确定的责任指标，定期或不定期地对相关部门及人员责任指标完成情况进行检查，实施考评。企业可以通过签订预算目标责任书等形式明确各预算执行部门的预算责任。

第三，分解预算指标和建立预算执行责任制应当遵循定量化、全局性、可控性原则。即：预算指标的分解要明确、具体，便于执行和考核；预算指标的分解要有利于企业经营总目标的实现；赋予责任部门和责任人的预算指标应当是通过该责任部门或责任人的努力可以达到的，责任部门或责任人以其责权范围为限，对预算指标负责。

### 5. 预算执行控制的主要风险及对应措施

电信企业缺乏严格的预算执行授权审批制度，可能导致预算执行随意；预算审批权限及程序混乱，可能导致越权审批、重复审批，降低预算执行效率和严肃性；预算执行过程中缺乏有效监控，可能导致预算执行不力，预算目标难以实现；缺乏健全有效的预算反馈和报告体系，可能导致预算执行情况不能及时反馈和沟通，预算差异得不到及时分析，预算监控难以发挥作用。

电信企业预算执行风险控制措施如下。

第一，加强资金收付业务的预算控制，及时组织资金收入，严格控制资金支付，调节资金收付平衡，防范支付风险。

第二，严格资金支付业务的审批控制，及时制止不符合预算目标的经济行为，确保各项业务和活动都在授权的范围内运行。企业应当就涉及资金支付的预算内事项、超预算事项、预算外事项建立规范的授权批准制度和程序，避免越权审批、违规审批、重复审批现象的发生。对于预算内非常规或金额重大事项，应经过较高的授权批准层审批。对于超预算或预算外事项，应当实行严格、特殊的审批程序，一般须报经总经理办公会或类似权力机构审批；金额重大的，还应报经预算管理委员会或董事会审批。

第三，建立预算执行实时监控制度，及时发现和纠正预算执行中的偏差。确保企业办理采购与付款、销售与收款、成本费用、工程项目、对外投融资、研究与开发、信息系统、人力资源、安全环保、资产购置与维护等各项业务和事项，均符合预算要求；对于涉及生产过程和成本费用的，还应严格执行相关计划及定额、定率标准。

第四，建立重大预算项目特别关注制度。对于工程项目、对外投融资等重大预算项目，企业应当密切跟踪其实施进度和完成情况，实行严格监控。对于重大的关键性预算指标，也要密切跟踪、检查。

第五，建立预算执行情况预警机制，科学选择预警指标，合理确定预警范围，及时发出预警信号，积极采取应对措施。有条件的企业应当推进和实施预算管理的信息化，通过现代电子信息技术手段控制和监控预算执行，提高预警与应对水平。

第六，建立健全预算执行情况内部反馈和报告制度，确保预算执行信息传输及时、畅通、有效。

**案例　浙江移动全面预算管理**

在浙江移动，管理部门要定期提交一份特殊的"成绩单"。这份成绩单记载了主营业务收入、利润目标等，它就是以资金流量、成本费用控制为重点的全面预算责任报告书。这是近年来浙江移动在实施全面预算管理中推出的新举措。

浙江移动用数据量化目标，结合相关环节强化过程控制，实行"全面全额全员"预算管理。

浙江移动强调，全面预算要从三项管理上下功夫。一要加强工程项目管理，把好三个关：立项审核关、投资预算控制关、项目验收关。二要加强物资资产管理，建立统一的库存物资管理体系，完成固定资产清账和处理工作，落实固定资产管理责任。三要加强欠费管理。在此基础上，通过 MIS 预算控制管理功能，实现预算工作的系统化、扁平化、信息化、精细化。

### 6. 预算分析的主要风险及管控措施

电信企业预算分析不正确、不科学、不及时，可能削弱预算执行力；解决措施不得力，可能导致预算分析形同虚设。

主要控制措施：

第一，电信企业预算管理工作机构和各预算执行单位应当建立预算执行情况分析制度，定期召开预算执行分析会议，通报预算执行情况，研究、解决预算执行中存在的问题，认真分析原因，提出改进措施。

第二，电信企业应当加强对预算分析流程和方法的控制，确保预算分析结果准确、合理。预算分析流程一般包括确定分析对象、收集资料、确定差异及分析原因、提出措施及反馈报告等环节。企业分析预算执行情况，应当充分收集有关财务、业务、市场、技术、政策、法律等方面的信息资料，根据不同情况分别采用比率分析、比较分析、因素分析等方法，从定量与定性两个层面充分反映预算执行单位的现状、发展趋势及其存在的潜力。

第三，电信企业应当采取恰当措施处理预算执行偏差。电信企业应针对造成预算差异的不同原因采取不同的处理措施：因内部执行导致的预算差异，应分清责任归属，与预算考评和奖惩挂钩，并将责任单位或责任人的改进措施的实际执行效果纳入业绩考核；因外部环境变化导致的预算差异，应分析该变化是否长期影响企业发展战略的实施，并作为下期预算编制的影响因素。

### 7. 预算调整的主要风险及管控措施

电信企业预算调整依据不充分、方案不合理、审批程序不严格，可能导致预算调整随意、频繁，预算失去严肃性。

**8. 预算考核的主要风险及管控措施**

电信企业预算考核不严格、不合理、不到位，可能导致预算目标难以实现、预算管理流于形式。其中，预算考核是否合理，受到考核主体和对象的界定是否合理、考核指标是否科学、考核过程是否公开透明、考核结果是否客观公正、奖惩措施是否公平合理且能够落实等因素的影响。

## 7.1.5　电信企业合同管理内部控制要点

（1）电信企业合同调查主要风险如下。

第一，忽视被调查对象的主体资格审查，准合同对象不具有相应民事权利能力和民事行为能力或不具备特定资质，与不具备代理权或越权代理的主体签订合同，导致合同无效，或引发潜在风险。

第二，在合同签订前错误判断被调查对象的信用状况，或在合同履行过程中没有持续关注对方的资信变化，致使企业蒙受损失。

第三，对被调查对象的履约能力给出不当评价，将不具备履约能力的对象确定为准合同对象，或将具有履约能力的对象排除在准合同对象之外。

电信企业合同调查风险主要管控措施如下。

第一，审查被调查对象的身份证件、法人登记证书、资质证明、授权委托书等证明原件，必要时，可通过发证机关查询证书的真实性和合法性，关注授权代理人的行为是否在其被授权范围内，在充分收集相关证据的基础上评价主体资格是否恰当。

第二，获取被调查对象经审计的财务报告、以往交易记录等财务和非财务信息，分析其获利能力、偿债能力和营运能力，评估其财务风险和信用状况，并在合同履行过程中持续关注其资信变化，建立和及时更新合同对方的商业信用档案。

第三，对被调查对象进行现场调查，全面评估其生产能力、技术水平、产品类别和质量等生产经营情况，分析其合同履约能力。

第四，与被调查对象的主要供应商、客户、开户银行、主管税务机关和工商管理部门等沟通，了解其生产经营、商业信誉、履约能力等情况。

（2）电信企业合同履行的主要风险如下。

本企业或合同对方当事人没有恰当地履行合同中约定的义务；合同生效后，

对合同条款未明确约定的事项没有及时协议补充，导致合同无法正常履行；未能及时发现已经或可能导致企业利益受损的情况，或未能采取有效措施；合同纠纷处理不当，导致企业遭受外部处罚、诉讼失败，损害企业利益、信誉和形象等。

电信企业合同履行风险主要管控措施如下。

第一，强化对合同履行情况及效果的检查、分析和验收，全面适当执行本企业义务，敦促对方积极执行合同，确保合同全面有效履行。

第二，对合同对方的合同履行情况实施有效监控，一旦发现有违约可能或违约行为，应当及时提示风险，并立即采取相应措施将合同损失降到最低。

第三，根据需要及时补充、变更甚至解除合同。一是对于合同没有约定或约定不明确的内容，双方协商一致对原有合同进行补充；无法达成补充协议的，按照国家相关法律法规、合同有关条款或者交易习惯确定。二是对于显失公平、条款有误或存在欺诈行为的合同，以及因政策调整、市场变化等客观因素已经或可能导致企业利益受损的合同，经双方协商一致，按照规定权限和程序办理合同变更或解除事宜。三是对方当事人提出中止、转让、解除合同的，造成企业经济损失的，应向对方当事人书面提出索赔。

第四，加强合同纠纷管理，在履行合同过程中发生纠纷的，应当依据国家相关法律法规，在规定时效内与对方当事人协商并按规定权限和程序及时报告。合同纠纷经协商一致的，双方应当签订书面协议；合同纠纷经协商无法解决的，根据合同约定选择仲裁或诉讼方式解决。企业内部授权处理合同纠纷，应当签署授权委托书。纠纷处理过程中，未经授权批准，相关经办人员不得向对方当事人做出实质性答复或承诺。

## 7.1.6 电信企业其余方面的企业内部控制要点

电信企业其余方面的企业内部控制要点如下。

### 1. 组织架构要点

组织架构是指企业按照国家有关法律法规、股东（大）会决议和企业章程，结合本企业实际，明确股东（大）会、董事会、监事会、经理层和企业内部各层级机构设置、职责权限、人员编制、工作程序和相关要求的制度安排。

电信企业应当关注组织架构设计与运行中的下列风险。

①治理结构形同虚设，缺乏科学决策、良性运行机制和执行力，可能导致企

业经营失败，难以实现发展战略。

②内部机构设计不科学，权责分配不合理，可能导致机构重叠、职能交叉或缺失、相互推诿、运行效率低下。

电信企业应当根据国家有关法律法规，明确董事会、监事会和经理层的职责权限、任职条件、议事规则和工作程序，确保决策、执行和监督相互分离，形成制衡。企业应当对各机构的职能进行科学合理的分解，确定具体岗位的名称、职责和工作要求等，明确各个岗位的权限和相互关系。

### 2. 发展战略要点

发展战略是指企业在对现实情况和未来趋势进行综合分析和科学预测的基础上，制定并实施的长远发展目标与战略规划。

电信企业制定与实施发展战略应当关注下列风险。

①缺乏明确的发展战略或发展战略实施不到位，可能导致企业盲目发展，难以形成竞争优势，丧失发展机遇和动力。

②发展战略过于激进，脱离企业实际能力或偏离主业，可能导致企业过度扩张，甚至经营失败。

③发展战略因主观因素频繁变动，可能导致资源浪费，甚至危及企业的持续发展和生存。

电信企业在制定发展目标过程中，应当综合考虑宏观经济政策、国内外市场需求变化、技术发展趋势、行业及竞争对手状况、可利用资源水平和自身优势与劣势等影响因素。

电信企业应当根据发展战略，制定年度计划，编制全面预算，将年度目标分解、落实；同时完善发展战略管理制度，确保发展战略有效实施。

### 3. 社会责任要点

社会责任是指企业在经营发展过程中应当履行的社会职责和义务，主要包括安全生产、产品质量（含服务，下同）保证、环境保护、资源节约、促进就业、员工权益保护等。

电信企业应当关注在履行社会责任方面的下列风险。

①安全生产措施不到位，责任不落实，可能导致企业发生安全事故。

②产品质量低劣，侵害消费者利益，可能导致企业巨额赔偿、形象受损，甚

至破产。

③环境保护投入不足，资源耗费大，造成环境污染或资源枯竭，可能导致企业巨额赔偿、缺乏发展后劲，甚至停业。

④促进就业和员工权益保护不够，可能导致员工积极性受挫，影响社会发展和社会稳定。

电信企业应当根据国家有关安全生产规定，结合本企业实际情况，建立严格的安全生产管理体系、操作规范和应急预案，强化安全生产责任追究制度，切实做到安全生产。

电信企业应当根据国家和行业相关产品质量的要求，从事生产经营活动，切实提高产品质量和服务水平，努力为社会提供优质、安全、健康的产品和服务，最大限度地满足消费者的需求，对社会和公众负责，接受社会监督，承担社会责任。

电信企业应当按照国家有关环境保护与资源节约的规定，结合本企业实际情况，建立环境保护与资源节约制度，认真落实节能减排责任，积极开展和使用节能产品，发展环境经济，降低污染物排放量，提高资源综合利用效率。

电信企业应当依法保护员工的合法权益，贯彻人力资源政策，保护员工依法享有劳动权利和履行劳动义务，保持工作岗位相对稳定，积极促进充分就业，切实履行社会责任。

### 4. 企业文化要点

企业文化是指企业在生产经营实践中逐步形成的、为整体团队所认同并遵守的价值观、经营理念和企业精神，以及在此基础上形成的行为规范的总称。

电信企业应当关注企业文化建设方面的下列风险。

①缺乏积极向上的企业文化，可能导致员工丧失对企业的信心和认同感、企业缺乏凝聚力和竞争力。

②缺乏开拓创新、团队协作和风险意识，可能导致企业发展目标难以实现，影响可持续发展。

③缺乏诚实守信的经营理念，可能导致舞弊事件的发生，造成企业损失，影响企业信誉。

④忽视企业间的文化差异和理念冲突，可能导致并购重组损失。

电信企业应当培育体现企业特色的发展愿景、积极向上的价值观、诚实守信的经营理念、履行社会责任和开拓创新的企业精神，以及团队协作和风险防范意识。

电信企业应当建立企业文化评估制度，明确评估的内容、程序和方法，落实评估责任制，避免企业文化建设流于形式。

**5. 资金活动要点**

资金活动是指企业筹资、投资和资金运营等活动的总称。

电信企业应当关注资金活动方面的下列风险。

①筹资决策不当，引发资本结构不合理或无效融资，可能导致企业筹资成本过高或债务危机。

②投资决策失误，引发盲目扩张或丧失发展机遇，可能引发资金链断裂或资金使用效益低下。

③资金调度不合理、营运不畅，可能导致企业陷入财务困境或资金冗余。

④资金活动管理控制不严，可能导致资金被挪用、侵占、抽逃或遭受欺诈。

电信企业应当根据筹资目标和规划，结合年度全面预算，拟定筹资方案，明确筹资用途、规模、结构和方式等相关内容，对筹资成本潜在风险做出充分估计。

电信企业应当对筹资方案进行科学论证，不得依据未经论证的方案开展筹资活动。重大筹资方案应当形成可行性研究报告，全面反映风险评估情况。

电信企业应当强调筹资业务的会计系统控制，建立筹资业务的凭证和账簿，按照国家统一会计准则制度，正确核算和监督资金筹集、本息偿还、股利支付等相关业务。

电信企业应当根据投资目标和规划，合理安排资金投放结构，科学确定投资项目，拟定投资方案，重点关注投资项目的收益和风险。

电信企业应当加强对投资方案的可行性研究，重点对投资目标、规模、方式、资金来源、风险与收益等做出客观评价。

电信企业应当加强资金运营全过程的管理，统筹协调内部各机构在生产经营过程中的资金需求，切实做好资金在采购、生产、销售等各环节的综合平衡，全面提高资金营运效率。

**6. 采购业务要点**

采购是指购买物资（或接受劳务）及支付款项等相关活动。

电信企业应当关注采购业务方面的下列风险。

①采购计划安排不合理，市场变化趋势预测不准确，造成库存短缺或积压，可能导致生产停滞或资源浪费。

②供应商选择不当，采购方式不合理，招投标或定价机制不科学，授权审批不规范，可能导致采购物资质次价高、出现舞弊、遭受欺诈。

③采购验收不规范，付款审核不严，可能导致采购物资、资金损失或信用受损。

电信企业应当集中开展采购业务，避免多头采购或分散采购。电信企业应当对办理采购业务的人员定期进行岗位轮换。

电信企业应当建立采购申请制度，明确相关部门或人员的职责权限及相应的请购和审批程序。

电信企业应当加强采购付款的管理，完善付款流程，明确付款审核人的责任和权力，严格审核采购预算、合同、凭证、审批程序等相关内容。

**7. 资产管理要点**

资产是指企业拥有或控制的存货、固定资产或无形资产。

电信企业应当关注资产管理方面的下列风险。

①存货积压或短缺，可能导致流动资金占用过量、存货价值贬损或生产中断。

②固定资产更新改造不够、使用效能低下、维护不当、产能过剩。

③无形资产缺乏核心技术、权属不清、技术落后、存在重大技术安全隐患。

电信企业应明确存货取得、验收入库、原料加工、仓储保管、领用发出、盘点处理等环节的管理要求，充分利用信息系统，强化会计、出入库相关记录的管理。

电信企业应当按照单项资产建立固定资产卡片，详细记录各项固定资产的来源、验收、使用地点、责任单位和责任人、运转、维修、改造、折旧、盘点等相关内容。

电信企业应当加强对品牌、商标、专利、专有技术、土地使用权等无形资产的管理，落实无形资产管理责任制。

**8. 销售业务要点**

销售是指企业出售商品（劳务）及收讫款项等相关活动。

电信企业应当关注销售业务方面的下列风险。

①销售政策和策略不当、市场预测不正确、销售渠道不当等，可能导致销售不畅、库存积压、经营难以为继。

②客户信用管理不到位、结算方式选择不当、账款回收不力等，可能导致销售款项不能收回或遭受欺诈。

③销售过程存在舞弊行为，可能导致企业利益受损。

电信企业应当加强市场调查，合理确定定价机制和信用方式，根据市场变化及时调整销售策略。电信企业应当建立健全客户信用档案，关注重要客户资信变化情况，采取有效措施，防范信用风险。

电信企业应当加强对销售、发货、收款业务的会计系统控制，详细记录销售客户、销售合同、销售通知发货凭证、商业票据、款项回收等情况，确保会计记录、销售记录与仓储记录核对一致。

**9. 研究与开发要点**

研究与开发是指企业为获取新产品、新工艺等所开展的各种研发活动。

电信企业开展研发活动至少应当关注下列风险。

①研究项目未经科学论证或论证不充分，可能导致创新不足或资源浪费。

②研发人员配备不合理或研发过程管理不善，可能导致研发成本过高、舞弊或研发失败。

③研究成果转化应用不足、保护措施不力，可能导致企业利益受损。

研究项目应当按照规定的权限和程序进行审批，重大研究项目应当报经董事会或类似权力机构集体审议决策。

电信企业应当建立研究成果保护制度，加强对专利权、专有技术、商业秘密及研发过程中形成的各类涉密图纸、程序、资料的管理，严格按照制度规定借阅和使用。禁止无关人员接触研究成果。

**10. 工程项目要点**

工程项目，是指企业自行或者委托其他单位所进行的建造、安装工程。

电信企业应关注工程项目方面的下列风险。

①立项缺乏可行性研究或者可行性研究流于形式、决策不当、盲目上马，可能导致难于实现预期收益或项目失败。

②项目招标暗箱操作、存在商业贿赂，可能导致中标人实质上难以承担工程项目、中标价格失实，及相关人员涉案。

③工程造价信息不对称、技术方案不落实、概预算脱离实际，可能导致项目投资失控。

④工程物资质次价高、工程监理不到位、项目资金不落实，可能导致工程质量低劣，进度延缓或中断。

⑤竣工验收不规范、最终把关不严，可能导致工程交付使用后存在重大隐患。

电信企业应当指定专门机构归口管理工程项目，根据发展战略和年度投资计划，提出项目建议书，开展可行性研究，编制可行性研究报告。

电信企业应当依照国家招投标法的规定，遵循公开、公正、平等竞争的原则，发布招标公告，提供载有招标工程的主要技术要求、主要合同条款、评标的标准和方法，以及开标、评标、定标的程序等内容的招标文件。

电信企业应当对工程建设过程的监控，实行严格的概预算管理，切实做到及时备料、科学施工、保障资金、落实责任，确保工程项目达到设计要求。

电信企业应当组织审核竣工决算，重点审查决算依据是否完备、相关文件资料是否齐全、竣工清理是否完成、决算编制是否正确。电信企业应加强竣工决算审计，未实施竣工决算审计的工程项目，不得办理竣工验收手续。

### 11. 担保业务要点

担保是指企业作为担保人按照公平、自愿、互利的原则与债权人约定，当债务人不履行债务时，依照法律规定和合同协议承担相应法律责任的行为。

电信企业办理担保业务应当关注下列风险。

①对担保申请人的资信状况调查不深、审批不严或越权审批，可能导致企业担保决策失误或遭受欺诈。

②对被担保人出现财务困难或经营陷入困境等状况监控不力、应对措施不当，可能导致企业承担法律责任。

③担保过程中存在舞弊行为，可能导致经办审批等相关人员涉案或企业利益受损。

电信企业应当建立担保授权和审批制度，规定担保业务的授权批准方式、权限、程序、责任和相关控制措施，在授权范围内进行审批，不得超越权限审批。

电信企业应当建立担保事项台账，详细记录担保对象、金额、期限、用于抵押和质押的物品或权利及其他有关事项。

### 12. 业务外包要点

业务外包，是指企业利用专业化分工优势，将日常经营中的部分业务委托给本企业以外的专业服务机构或其他经济组织完成的业务管理模式。

电信企业办理业务外包应当关注下列风险。

①外包范围和价格确定不合理、承包方选择不当，可能导致企业遭受损失。

②业务外包监控不严、服务质量低劣，可能导致企业难以发挥业务外包的优势。

③业务外包存在商业贿赂等舞弊行为，可能导致企业相关人员涉案。

电信企业应当根据年度生产经营计划和业务外包管理制度，结合确定的业务外包范围，拟定实施方案，按权限和程序审核批准。

业务外包合同执行完成后需要验收的，电信企业应当组织相关部门或人员对完成的业务外包合同进行验收，出具验收证明。验收过程中发现异常情况，应当立即报告，查明原因，及时处理。

### 13. 内部信息传递要点

内部信息传递，是指企业内部各管理层级之间通过内部报告形式传递生产经营管理信息的过程。

电信企业开展内部信息传递应当关注下列风险。

①内部报告系统缺失、功能不健全、内容不完整，可能影响生产经营有序运行。

②内部信息传递不通畅、不及时，可能导致决策失误、相关政策措施难以落实。

③内部信息传递中泄露商业秘密，可能削弱企业核心竞争力。

电信企业应当根据发展战略、风险控制和业绩考核要求，科学规范不同级次内部报告的指标体系，采用经营快报等多种形式，全面反映与企业生产经营管理相关的各种内外部信息。

电信企业应当有效利用内部报告进行风险评估，准确识别和系统分析企业生产经营活动中的内外部风险，确定风险应对策略。

### 14. 信息系统要点

信息系统是指企业利用计算机和通信技术，对内控进行集成、转化和提升所形成的信息化管理平台。

电信企业利用信息系统实施内控应当关注下列风险。

①信息系统缺乏或规划不合理，可能造成信息孤岛或重复建设，导致企业经营管理效率低下。

②系统开发不符合内控要求、授权管理不当，可能导致无法利用信息技术实施有效控制。

③系统运行维护和安全措施不到位，可能导致信息泄漏或毁损，系统无法正常运行。

电信企业开发信息系统，应当将生产经营管理业务流程、关键控制点和处理规则嵌入系统程序。

电信企业应当建立不同等级信息的授权使用制度，采取相应技术手段保证信息系统运行安全有序。

电信企业对于通过网络传输的涉密或关键数据，应当采取加密措施，确保信息传递的保密性、准确性和完整性。

## 7.2　电信企业财务风险管控的基本程序

财务风险管控是指经营主体对其理财过程中存在的各种风险进行识别、度量和分析评价，并适时采取及时有效的方法进行防范和控制，以经济、合理、可行的方法进行处理，以保障理财活动安全正常开展，保证其经济利益免受损失的管理过程。

电信企业财务风险管控的基本程序如下。

## 7.2.1　确定财务风险管控基本目标

财务风险管控基本目标，包括：企业财务风险管控目标应与企业总体目标相一致；企业财务风险管控目标应具有层次性；企业财务风险管控目标应具有明确性；企业应处理好成本与收益之间的关系。

## 7.2.2　分析财务风险

财务风险识别是指在风险事故发生之前运用各种方法和工具，找出研究对象所面临的各种潜在风险以及风险事故发生的可能原因。

财务风险分析可采用风险分析清单法、财务报表分析法、流程法、因果图和事故树等方法。不论企业特性如何，进行风险识别时都要关注以下几个方面：检视运营过程或管理过程的纯熟度；检视相关管理人员接受的训练与相关资源是否充足；注意经营业务的范围与项目。

财务风险的估计与评价是财务风险管控的核心，它直接影响财务风险防范措施的有效性。

财务风险估计与评价的常用方式是根据财务指标估测。这种估测方法主要适用于可借助财务指标衡量其风险管控水平的风险资产或风险活动。在利用该方法进行财务风险水平的估测时，应依次遵循以下 5 个步骤：

①选择适当的财务指标；

②确定财务指标基准；

③利用现有的资料对财务指标进行测算；

④与财务指标基准进行比较；

⑤对财务风险进行量化描述。

企业筹资活动、投资活动、资金回收活动等都适合采用财务指标估测其财务风险。实际应用中，在明确财务指标后，企业可根据历史数据和同行业水平等确定财务风险的基准水平，然后将测得数据与之对比，大致确定目前企业该资产或财务活动可能面临的风险。

### 7.2.3　控制财务风险

#### 1. 财务风险控制步骤

电信企业财务风险控制步骤如下。

（1）财务风险决策。

财务风险决策是指企业决定是用多元化方法分散风险还是转移风险，是有效地预防风险还是回避风险。

（2）财务风险处理。

首先，风险防范计划的实施。实施过程中，应根据风险状态的变化，及时调整风险防范方案，对偏离风险防范目标的行为进行修正。

其次，风险防范效果的评价。对风险防范的技术性及经济性进行分析、检查、修正与评估。

#### 2. 财务风险控制技术

电信企业财务风险控制技术有以下四种。

（1）降低法。

企业努力采取防范措施以降低客观存在的财务风险。例如，通信行业可以通过提高电信服务质量、努力开发新产品及开拓新市场等手段，扩大增值电信服务份额，降低高税负风险。电信业 2014 年 6 月 1 日起实施"营改增"，基础电信服务增值税税率为 11%，增值电信服务增值税税率为 6%。

（2）回避法。

电信企业在选择理财风险时，应综合评价各种方案可能产生的财务风险，在保证财务管理目标实现的前提下，选择风险较小的方案，以达到回避财务风险的目的。当然，采用回避法并不是说企业不能进行风险投资。企业要达到影响甚至控制被投资企业的目的，只能采用股权投资的方式，在这种情况下，承担适当的投资风险是必要的。

（3）分散法。

分散法也称多元法，即通过电信企业之间联营、多种经营及对外投资多元化等方式分散财务风险。对于风险较大的投资项目，电信企业可以与其他企业共同投资，以实现收益共享，风险共担，从而分散投资风险；针对市场需求的不确定性、易变性，企业为分散风险应采用多种经营方式，即同时经营多种产品；在业务结算方面，企业可采用货币组合的方式对风险进行规避（利用不同币种之间汇率的波动趋势不同，选择若干种货币构成货币组合，以达到国际贸易中控制外汇风险的目的）。

（4）转移法。

转移法是指电信企业通过某种手段将部分或全部财务风险转移给他人的方法。转移风险的方式很多，企业应根据不同的风险采用不同的风险转移方式。转移法可归纳为以下七种。

①企业事先向保险公司缴纳保金，为风险性资产或财务活动购买保险，从而将该资产的风险转移给保险公司承担。

②如果企业预测到所承包的工程中某项目的风险因素较突出，企业可以通过将该项目转移给分包商的方式转移这部分风险。

③在对外投资时，企业可以采用联营投资方式，将投资风险部分转移给参与投资的其他企业。

④对闲置的资产，企业可以采用出租或立即售出的处理方式，将资产损失的风险转移给承租方或购买方。

⑤采用发行股票方式筹集资金的企业，可以选择包销方式发行，将发行失败的风险转移给承销商。

⑥采用举债方式筹集资金时，企业可以与其他单位达成相互担保协议，将部分债务风险转移给担保方。

⑦赊销金额比较大的企业，对大宗赊销及时与债务人达成还款协议，可以转移坏账带来的财务风险。


**案例　某省移动公司风险控制举措**

某省移动公司从流程管理和职能管理两条路径对目标风险进行梳理，编制风险语言库——在目标风险梳理成果的基础上，形成统一的风险语言。同时，该移动公司大力宣传风险文化，进一步清除了全面风险管理的阻碍。

该移动公司通过目标风险梳理、公司风险语言库编制，形成目标管理体系和风险管理信息沟通工具，并在公司全面宣传风险管理文化，实现了员工风险管理理念的树立和全面风险管理的推行。

全面风险管理项目开展的真正成果在于，实现了财务部核算人员由单一核算会计向提供财务服务支撑的多面手转型、业务部门人员由粗放管理向提升自身风险管理技能转型，有助于全面落实公司风险管理。

# 7.3 电信企业资产类科目风险与控制

电信企业重要的资产类科目，包括：现金、应收账款、存货、固定资产等。

### 1. 现金风险估计与控制

现金债务指标及计算公式如下。

$$现金到期债务比 = 经营现金流量净额 \div 本期到期债务$$

$$现金流动负债比 = 经营现金流净额 \div 流动负债$$

$$现金债务总额比 = 预计年经营现金流量净额 \times 债务到期年限 \div 债务总额$$

$$现金利息倍数 = 经营现金流量净额 \div 利息支出$$

$$经营现金比率 = 经营活动现金流入量 \div 总现金流入量$$

$$营运现金比率 = 经营实得现金 \div 销售收入总额$$

现金风险控制措施包括两个方面。

第一，道德风险防范：现金业务操作人员职务分离；对现金收入进行控制；对现金支出进行控制；对银行存款进行控制；加强对有关人员的培训，提升管理能力。

第二，协调现金流入流出时间：认真编制现金营运计划；慎重选择交易伙伴；加强资金的集中管理；科学合理地运作，提高资金的使用效益。

### 2. 资金营运风险控制设计

电信企业资金营运风险控制的目标：保持生产经营各环节资金供求的动态平衡；促进资金合理循环和周转，提高资金使用效率；确保资金安全。

资金营运活动的业务流程：资金收付需要以业务发生为基础；企业授权部门审批；财务部门复核；营运资金的会计控制。

企业各阶段现金流量风险见表 7-1。

表 7-1　企业各阶段现金流量风险

| 经营活动现金净流量 小于 0 为 "-"，大于 0 为 "+" | 投资活动现金净流量 小于 0 为 "-"，大于 0 为 "+" | 筹资活动现金净流量 小于 0 为 "-"，大于 0 为 "+" | 一般结论 |
|---|---|---|---|
| - | - | + | 初创期，依靠融资进行初始投资和维持基本的经营活动开支，生产和销售能力尚未形成，未来财务状况取决于行业前景及经营能力，财务风险大 |
| + | - | + | 高速发展的扩张时期，生产和销售能力强，经营活动的货币资金回拢，大量追加投资，同时筹集外部资金进行补充，财务风险小 |
| - | - | - | 扩张过度，预测失误，投资效果差，难以筹集到资金，现金短缺，财务风险较大，若收缩规模，经过调整，有可能渡过难关 |
| + | + | - | 产品成熟期，经营活动和投资活动的货币资金良性循环，融资需求小，处于债务偿还期，财务风险小 |
| + | - | - | 企业经营状况良好，有足够现金用于新项目的继续投资、偿还债务，或发放现金股利，财务风险小 |
| + | + | + | 企业经营状况和投资效果良好，原始的投资项目达到预期目标，仍筹集资金用于扩大规模或争取更好的投资机会，财务风险小 |
| - | + | + | 企业正常经营效果不佳，需要回收资本金或处置长期资产以及借债才能维持经营，财务状况恶化，财务风险很大 |
| - | + | - | 企业产品处于衰退期，市场萎缩，为偿还债务和维持日常经营而大规模收回投资或处置长期资产，财务风险大 |

### 3. 付款业务风险控制设计

电信企业付款业务要注意以下几个方面。支付申请时，填写付款申请单，写明是谁的业务。如是销售要销售签名，然后写明这笔业务应付事项，公司财务先核对各项财务数字、金额、期限、手续等是否准确无误。公司经理审批签名。财务复核支付申请，对符合规定的付款业务进行付款。

付款业务流程的主要风险：付款审核不严格、付款方式不恰当、付款金额控制不严，可能导致企业资金损失或信用受损。

付款业务流程的主要管控措施如下。

第一，严格审查采购发票等票据的真实性、合法性和有效性，判断采购款项是否确实应予以支付，如审查发票填制的内容是否与发票种类相符合、发票加盖的印章是否与票据的种类相符合等。企业应当重视采购付款的过程控制和跟踪管理，如果发现异常情况，应拒绝向供应商付款，避免出现资金损失和信用受损。

第二，根据国家有关支付结算的相关规定和企业生产经营的实际，合理选择付款方式，并严格遵循合同规定，防范付款方式不当带来的法律风险，保证资金安全。除了不足转账起点金额的采购可以支付现金外，其余采购应通过银行办理转账。

第三，加强预付账款和定金的管理，涉及大额或长期的预付款项，企业应当定期追踪核查，综合分析预付账款的期限、占用款项的合理性、不可收回风险等情况，发现有疑问的预付款项，应当及时采取措施，尽快收回。

### 4. 应收账款风险管控

电信企业应收账款风险识别的方法，包括：标准化调查、管理评分、账龄因素影响、人员因素影响。

应收账款风险成因：企业经营环境的影响、商业竞争、企业自身存在的问题、销售和收款的时间差。

应收账款风险的构成，包括：资金占用风险、管理成本风险、经营决策风险、失误风险。

电信企业应收账款风险控制，包括：实行分层管理、进行总量控制、实施动态监控。

**案例　某省移动公司建立风险控制库**

比如，某移动公司在"构建风险管理为核心的风险体系"的思想指导下，逐渐建立起有效的风险管理体系。各分子公司在总公司的统一部署下，全面启动风险管理工作。某市移动本部已经初步完成风险的识别和评估，建立了风险控制库、"三重一大"风险库、审计发现问题库，并落实了风险的管控负责单位。

风险识别——识别对公司实施战略、目标和绩效指标产生负面影响的各种潜在事件；形成部门关键岗位的违规舞弊风险清单，包括风险名称、风险描述、风险属性等。

风险评估——评估识别的风险发生的可能性和对目标的影响程度；绘制违规舞弊风险坐标图，初步确定对各项风险的管理优先顺序和策略，形成风险清单。

风险应对——制定关键风险应对策略。

风险库关系梳理——形成切合公司实际的风险控制库。

该移动公司通过实施岗位违规风险识别与评估项目，传播风险管理文化、拓展风险管理思路、树立风险管理理念，推动了公司风险管理体系的构建，加强了全员风险防范意识，为公司发展构筑了一道防火墙，有效确保公司零风险运营。

**5. 存货风险管控**

电信企业存货风险分析，即分析存货结构的合理性、利用率高低和积压状况等。

存货风险分为两类，具体如下。

①系统风险。

自然损耗风险：该风险来源于存货本身的特性和自然环境，如温度、湿度、光照等外在因素变化对存货外观、性能产生的不利影响。

产品过时风险：由于社会流行趋势的不断变化、更新及科学进步带来的现实应用要求，往往超出企业可精确预计的范围，因此企业所生产的商品的规格、款式、适应性很可能落后于现实要求。

②非系统风险。

非系统风险，包括资金占用风险和价格变动风险。价格变动风险又分两种：一是原材料价格变化的风险；二是产品销售价格变化的风险。

存货风险控制措施：确定合适的安全库存量；实施库存集中控制，减少需求的不确定性；实施供应链管理，降低库存风险。

非系统风险包括：存货预算编制不科学、采购计划不合理，可能导致存货积压或短缺。

非系统风险主要管控措施：企业存货管理实务中，应当根据各种存货采购间隔期和当前库存，综合考虑企业生产经营计划、市场供求等因素，充分利用信息系统，合理确定存货采购日期和数量，确保存货处于最佳库存状态。存货取得的风险管控措施主要体现在预算编制和采购环节，由相关的预算和采购内部控制应用指引加以规范。

### 6. 固定资产风险控制设计

固定资产是指同时具有下列特征的有形资产：为生产商品提供劳务出租或经营管理而持有的；使用寿命超过一个自然年度。

①固定资产取得、使用、验收的风险控制设计及运行。

主要风险如下。

一是缺乏对设备采购合同履行情况的有效跟踪，运输方式选择不合理，忽视运输过程保险风险，可能导致采购的设备受损或无法保证供应。

二是固定资产投保制度不健全，可能导致应投保资产未投保而索赔不力。

三是固定资产验收制度不规范，人员选择不当，职责不明确，可能导致资产质量不符合要求，进而影响固定资产使用效果。

主要管控措施：建立严格的固定资产交付使用验收制度；重视和加强固定资产的投保工作；规范验收流程，明确验收责任；对外部购入的设备，采购人员应与厂商约定送货时间及地点；各种监督和测试工作应当加以文字记录，并作为工程验收合格证书的附件妥善保管。

②固定资产技术改造风险控制设计及运行。

主要风险：固定资产更新改造不到位，可能造成企业产品线老化、产品缺乏市场竞争力。

主要管控措施如下。

第一，定期对固定资产的技术先进性进行评估，结合盈利能力和企业发展可持续性，资产使用部门根据需要提出技改方案，与财务部门一起进行预算可行性分析，并且经过管理部门的审核批准。

第二，管理部门需对技术方案实施过程适时监控、加强管理，有条件的企业设立技改专项资金并定期或不定期地审计。

③固定资产处置风险控制设计及运行。

主要风险：固定资产处置方式不合理，可能造成企业经济损失。

主要管控措施如下。

第一，建立健全固定资产处置的相关制度，区分不同固定资产的处置方式，采取相应控制措施，确定固定资产处置的范围、标准、程序和审批权限。

第二，对使用期满、正常报废的固定资产，应由固定资产使用部门或管理部门填制固定资产报废单，经企业授权部门或人员批准后进行报废清理。

第三，对使用期限未满、非正常报废的固定资产，应由固定资产使用部门提出申请，注明报废理由、估计清理费用和可回收残值、预计处理价格等，经企业授权部门或人员批准后进行报废清理。

④固定资产抵押、质押。

主要风险：固定资产抵押、质押制度不完善，可能导致抵押、质押资产价值低估或资产流失。

主要管控措施如下。

第一，加强固定资产抵押、质押的管理，明晰固定资产抵押、质押流程，规定固定资产抵押、质押的程序和审批权限等，确保资产抵押、质押经过授权审批及适当程序。同时，应做好相应记录，保障企业资产安全。

第二，财务部门办理资产抵押时，如需要委托专业中介机构鉴定评估固定资产的实际价值，应当会同金融机构有关人员、固定资产管理部门、固定资产使用部门现场勘验抵押品，对抵押资产的价值进行评估。对于抵押资产，应编制专门的抵押资产目录。

⑤固定资产登记造册。

主要风险：固定资产登记内容不完整，可能导致资产流失、资产信息失真、账实不符。

主要管控措施如下。

第一，制定适合本企业的固定资产目录，列明固定资产编号、名称、种类、所在地点、使用部门、责任人、数量、账面价值、使用年限、损耗等内容。

第二，按照单项资产建立固定资产卡片，资产卡片应在资产编号上与固定资产目录保持对应关系，详细记录各项固定资产的来源、验收、使用地点、责任单位和责任人、运转、维修、改造、折旧、盘点等相关内容，便于有效识别固定资产。应定期或不定期复核固定资产目录和卡片，保证信息的真实和完整。

### 案例 利用职务之便骗取国有财产

2012年11月，山东某公司向上海某技术工程公司原轻纺工程部求购精梳机一套，但当时公司没有购买此类机械的配额，归某想出一个办法，利用其他公司的配额到上海纺机总厂订购。随后，归某将本公司的45余万元划入纺机总厂。

然而，2013年初，他代表公司到纺机总厂核账时发现，纺机总厂财务出错：把已提走的设备当作其他公司购买的设备，而他划入的45余万元变为公司的预付款。2013年3月至4月，归某派人到纺机总厂以公司的名义购买混条机等价值60余万元的设备。

因为有了45万元的预付款，归某仅向纺机总厂支付15万元。随后，他找到亲戚经营的某纺织器材公司开出了67万元的假发票，归某从中得利52万元。2020年上半年，纺机总厂发现45万元被骗，向公安机关报案，归某被判刑15年。

# 7.4 电信企业流动负债风险管控

流动负债是企业在资金上应对危机的实力体现，也是影响企业盈利水平的重要因素。与此同时，流动负债也是建筑企业短期偿债的主要对象，因此，防范流动负债风险可谓至关重要。

## 7.4.1 流动负债风险类型

电信企业流动负债分为以下三种类型。

### 1. 商业信用

商业信用是商品交易中由于延期付款或预收账款而形成的企业间的借贷关系。购买者往往在收到货一段时间后才付款，是短期负债的重要来源。

### 2. 应计项目

应计项目包括应付工资、应付福利费、应交税费和应付股利。由于计提时间与发放或缴纳的时间不一致，企业可以得到短期内资金融通的机会。

### 3. 短期贷款

短期贷款主要包括以下几类。

周转贷款。银行针对企业在生产经营过程中因流动资金周转计划额度内的自由流动资金或辅底资金不足，而向企业发放的贷款。

临时贷款。企业在生产经营过程中，由于季节性、临时性等原因，所需资金超过正常资金计划而发放的短期流动资金贷款。

## 7.4.2　流动负债风险识别

流动负债风险分为：利率风险、违约风险、短期资金长期使用风险、资金短缺风险等。流动负债也可分为实付性流动负债与非实付性流动负债（可展期、延期）。在确定流动资产与流动负债内部结构时，不应局限于传统的以时间为标准的划分流动资产与流动负债的方式，而应做到风险、收益、成本三方面的权衡。

## 7.4.3　流动负债风险控制

流动负债风险控制，包括两个方面：非实付性流动负债筹集资金，适用于融通变现能力弱的资产的资金需要；实付性流动负债筹集资金，适用于变现能力强的资产的资金需要。

# 7.5　电信企业项目投资风险管控

项目投资是企业为了内部生产经营活动的顺利进行和企业不断发展壮大而进行的长期投资，一般属于直接投资。项目投资更多地体现为土木工程和设备安装的建设项目。

## 7.5.1 项目投资风险识别

电信企业项目投资风险，分为以下三种。

### 1. 政策与环境风险

政策风险是指项目实施过程中国家的、行业的或主管部门的与所实施的项目相关的政策、法规、法令、规划或标准等的更改、更新、作废，或新颁布等给项目带来的风险。

环境风险广义上讲是项目实施所涉及的环境（包括自然、政治、法制、经济等方面）的变化给项目带来的风险，狭义的环境风险是指自然环境的变化给项目带来的风险。

### 2. 企业风险

企业风险是指企业在投资多个项目时所产生的风险，反映了企业多元化投资对项目风险的影响。

### 3. 项目特有风险

项目特有风险包括以下方面。

①项目投资准备阶段风险。

项目投资准备阶段风险包括：决策风险、利率风险、通货膨胀与汇率风险。

②项目投资实施阶段风险。

项目投资实施阶段风险主要包括：实施风险、费用风险、进度风险。

实施风险是设计、勘探、论证等失误造成与实际情况偏离、设计变更和漏项等而产生损失的可能性。

费用风险是项目超支或资金短缺的可能性，以及项目超支和资金短缺给项目带来的一些不良后果。

进度风险是指项目实施的某些环节或整个项目的时间延误所造成的风险，而这种时间上的延误往往伴随着成本的增加。

③项目投资完成阶段风险。

项目投资完成阶段风险主要是项目的收益风险，是指投资项目能否获得预期收益的风险。

## 7.5.2　项目投资风险评估

项目投资风险评估可预测各种风险发生概率。

企业投资成败的关键在于是否以市场为中心，对新增项目投资进行风险评估。所谓新增项目投资的风险，是指各种随机因素的作用，引起项目总体的实际价值没有达到预期价值所造成的损失。这种损失越多，风险也就越大。

企业新增项目投资的风险一般可分成两类：一类称为经营风险，它主要是指市场需求、价格波动和竞争情况变化造成的销售收入减少，原材料供应价格、设备生产率波动等造成的经营成本的增加，设备事故、产品质量下降、新技术出现以及其他因素造成的经营利润减少；另一类风险称为财务风险，它主要是指负债筹资所形成的按时还本付息压力，影响企业现金流量的畅通，造成偿债能力的降低。

## 7.5.3　项目投资风险控制

项目投资风险控制，从以下三个方面进行。

**1. 政策与环境风险防范**

制定详细、周全、科学的政策与环境风险防范计划，以应对可能发生的所有情况。

**2. 企业风险防范**

构建合理的多元化投资结构，选择合适的投资时机和投资项目，以降低多元化投资的风险，从而减少项目投资的风险。

**3. 项目特有风险防范**

项目投资开始阶段风险防范：认真选择投资机会；合理进行可行性研究；正确进行投资项目的评估和决策。

项目投资环节风险与防范见表 7-2。

表 7-2　投资环节风险与防范

| 风险控制点 | 财务管理目标 | 风险防范措施 |
| --- | --- | --- |
| 提出投资方案 | 论证投资方案可行性 | ①评估投资方案的战略性，包括是否与企业发展战略相符；②投资规模、方向和时机是否适当；③对投资方案进行技术、市场、财务可行性研究，深入分析项目的技术可行性与先进性、市场容量与前景，以及项目预计现金流量、风险与报酬，比较或评价不同项目的可行性 |
| 投资方案审批 | 选择批准最优投资方案 | ①明确审批人对投资业务的授权批准方式、权限、程序和责任，不得越权；②审批中应实行集体决策审议或者联签制度；③与有关被投资方签署授资协议 |
| 编制投资计划 | 制定切实可行的具体投资计划，作为项目投资的控制依据 | ①核查企业当前资金额及正常生产经营预算对资金的需求量，积极筹措投资项目所需资金；②制定详细的投资计划，并根据授权审批制度报有关部门审批 |
| 实施投资方案 | 保证投资活动按计划合法、有序、有效进行 | ①根据投资计划进度，严格分期、按进度适时投放资金，严格控制资金流量和时间；②以投资计划为依据，按照职务分离制度和授权审批制度，各环节和各责任人正确履行审批监督责任，对项目实施过程进行监督和控制，防止各种舞弊行为，保证项目建设的质量和进度要求；③做好严密的会计记录，发挥会计控制的作用；④做好跟踪分析工作，及时评价投资的进展，将分析和评价的结果反馈给决策层，以便及时调整投资策略或制定投资退出策略 |
| 投资资产处置控制 | 保证投资资产的处理符合企业的利益 | ①投资资产的处置应该通过专业中介机构，选择相应的资产评估方法，客观评估投资价值，同时确定处置策略；②投资资产的处置必须经过董事会的授权批准 |

# 7.6　纳税环节风险管控

电信企业增值税、企业所得税是容易出现问题的税种，也是金额比较大的税种。如何对其进行风险管控呢？

## 7.6.1　增值税风险管控

增值税是以商品（含应税劳务）在流转过程中产生的增值额作为计税依据而征收的一种流转税。

**1. 进项税额的风险防范**

准予抵扣的进项税额包括以下方面。

（1）准予从销项税额中抵扣的进项税额，限于下列增值税扣税凭证上注明的增值税税额和按规定的扣税率计算的进项税额。增值税扣税凭证有两种：其一，从销售方取得的增值税专用发票；其二，从海关取得的海关进口增值税专用缴款书等。

（2）纳税人进口货物，凡已缴纳了进口环节的增值税，不论其是否已经支付货款，取得的海关完税凭证均可作为增值税进项税额抵扣凭证，在规定的期限内申报抵扣进项税额。

（3）增值税一般纳税人购进农业生产者销售的农业产品，或者向小规模纳税人购买的农产品，按照支付给农业生产者的价款和按规定代收代缴的农业特产税作为买价，并按买价 9% 的扣除率计算进项税额，从当期销项税额中扣除。

（4）运输费用的计算抵扣进项税问题。增值税一般纳税人购进或者销售货物支付的款项以及生产经营过程中支付的运输费用，按照运输业增值税专用发票上注明不含税费用的 9% 从销项税额中抵扣进项税额。

运输费用（包括铁路临管线及铁路专线运输费用）、建设基金，不包括装卸费、保险费等其他杂费。准予计算进项税额扣除的运输费，不包括购买或销售免税货物（购进免税农产品除外）的运输费。

不予抵扣的进项税额，包括以下方面。

（1）用于非增值税应税项目、免征增值税项目、集体福利或者个人消费的购进货物或者应税劳务。

（2）非正常损失的购进货物及相关的应税劳务。所谓非正常损失，是指管理不善造成被盗、丢失、霉烂变质的损失。自然灾害和不可抗力因素所造成的损失不作为非正常损失。

（3）非正常损失的在产品、产成品所耗用的购进货物或者应税劳务。

（4）国务院财政、税务主管部门规定的纳税人自用的消费品。

（5）上述各项规定的货物的运输费用和销售免税货物的运输费用。

（6）纳税人购进货物或者应税劳务，未按照规定取得并保存增值税的扣税凭证，或者增值税扣税凭证上未按照规定注明增值税应纳税额及其他有关规定的，其进项税额不得从销项税额中抵扣。

（7）一般纳税人兼营免税项目或者非增值税应税劳务而无法划分不得抵扣的进项税额的，按下列公式计算不得抵扣的进项税额。

不得抵扣的进项税额 = 当月无法划分的全部进项税额 × 当月免税项目销售额、非增值税应税劳务营业额合计 ÷ 当月全部销售额、营业额合计

**2. 销项税额的风险防范**

销项税额的风险防范措施如下。

①增值税纳税义务发生时间的确认。

销售货物或者应税劳务，为收讫销售款项或者取得销售款项凭据的当天；先开具发票的，为开具发票的当天；进口货物的，为报关进口的当天。

②增值税特殊行为征税的规定。

视同销售货物行为，均要征收增值税。单位或者个体工商户的下列行为，视同销售货物：将货物交付其他单位或者个人代销；销售代销货物；设有两个以上机构并实行统一核算的纳税人，将货物从一个机构移送至其他机构用于销售，但相关机构设在同一县（市）的除外；将自产或者委托加工的货物用于非增值税应税项目；将自产、委托加工的货物用于集体福利或者个人消费；将自产、委托加工或者购进的货物作为投资，提供给其他单位或者个体工商户；将自产、委托加工或者购进的货物分配给股东或者投资者；将自产、委托加工或者购进货物无偿赠送其他单位或者个人。

混合销售行为。一项销售行为如果既涉及货物又涉及非增值税应税劳务，为混合销售行为，依纳税人的主业收入缴纳增值税。

兼营非增值税应税项目行为。纳税人兼营非增值税应税项目的，应分别核算货物或者应税劳务的销售额和非增值税应税项目的营业额；未分别核算的，由主管税务机关核定货物或者应税劳务的销售额。

③增值税销售额的确定。

第一，正常情况下应税销售额的确定。销售额，是指纳税人提供应税服务取

得的全部价款和价外费用（手续费、补贴、基金、集资费、返还利润、奖励费等），但不包括代为收取的政府性基金或者行政事业性收费。

第二，混合销售应税销售额的确定。纳税人兼营其他应税项目的，应当分别核算应税服务的销售额和其他应税项目的营业额；未分别核算的，由主管税务机关核定应税服务的销售额。纳税人兼有不同税率或者征收率的应税服务（混业经营），应当分别核算适用不同税率的销售额；未分别核算的，从高适用税率。纳税人兼营免税、减税项目的，应当分别核算免税、减税项目的销售额；未分别核算的，不得免税、减税。

④增值税风险防范。

第一，销项税额风险点防范。把握不同销售结算方式的增值税纳税业务发生时间及开票时间；把握增值税特殊行为征税规定；把握计税依据。增值税销售额的确定，包括：还本销售方式销售额的确定，采取以物易物方式销售额的确定，一般纳税人销售自己用过的物品、出租出借包装物销售额的确定等。

第二，进项税额风险点防范。除了把握准予抵扣和不予抵扣的项目以外，还必须注意：发票认证、发票抵扣时限、发票专用章换版、发票丢失、固定资产抵扣、农产品发票、允许抵扣的运输发票等。

第三，增值税风险防范措施。自查销售收入及价外费用是否全额入账、是否存在少计销售额情况；自查视同销售、混合销售、兼营行为是否按规定计算纳税；自查包装物押金的计税处理是否正确；自查还本销售业务，有无将还本支出冲减销售额的情况；自查销售折扣、销售折让、销售退回业务的计税处理是否正确等。

### 3. 规避取得虚开增值税专用发票的风险

规避取得虚开增值税专用发票的风险，需要做到以下五点：

①提高风险防范意识，尽力防止取得虚开发票；

②对供货单位应当做必要的考察；

③要尽量通过银行账户划拨货款；

④要求对方提供有关资料，将相关信息进行比对，落实其中内容的一致性和合法性；

⑤对有疑点的发票，要及时向税务机关求助查证。

## 7.6.2　企业所得税风险管控

企业所得税是对我国境内的企业和其他取得收入的组织的生产经营所得和其他所得征收的一种所得税。

**1. 准予扣除项目的确认与调整**

纳税人的财务会计处理与税法规定不一致的，应依照税法规定予以调整，按调整后的金额扣除。

①工薪支出。企业发生的合理的工资、薪金支出准予税前扣除。

②职工福利费。企业实际发生的满足职工共同需要的集体生活、文化、体育等方面的职工福利费支出，不超过工资薪金总额 14% 的部分准予扣除。

③工会经费。企业拨缴的工会经费，不超过工资薪金总额 2% 的部分准予扣除。

④职工教育经费。除国务院财政、税务主管部门另有规定外，企业发生的职工教育经费支出，不超过工资薪金总额 2.5% 的部分，准予扣除；超过部分准予在以后纳税年度结转扣除。

经认定的技术先进型服务企业发生的职工教育经费支出，不超过工资薪金总额 8% 的部分，准予扣除。超过部分准予在以后纳税年度结转扣除。

⑤社会保险费和住房公积金。企业按照国务院有关主管部门或省级人民政府规定的范围和标准为职工缴纳的"五险一金"，准予税前扣除。

企业缴纳的补充养老保险费（即企业年金）、补充医疗保险费，在自愿的基础上，由企业和员工共同缴费构成。不超过自愿参保职工工资总额 5% 标准的部分，允许在税前扣除；超过部分不得扣除。

⑥公益金捐赠支出。企业发生的公益金捐赠支出，不超过年度利润总额 12% 部分，准予扣除。

⑦企业在生产经营活动中发生的下列利息支出，准予扣除。

非金融企业向金融企业借款的利息支出、金融企业的各项存款利息支出和同业拆借利息支出、企业经批准发行债券的利息支出。

非金融企业向非金融企业、向股东或其他与企业有关联的自然人、向内部职工或其他人员借款的利息支出，不超过按照金融企业同期同类贷款利率计算的数额部分。

对于采用实际利率法确认的与金融负债相关的利息费用，未超过银行同期贷款利率的部分。

⑧汇兑损失。企业在货币交易中，以及纳税年度终了时将人民币以外的货币性资产、负债，按照期末即期人民币汇率中间价折合为人民币时产生的汇兑损失，除已经计入有关资产成本以及与向所有者进行利润分配相关的部分外，准予扣除。

⑨借款费用。企业在生产经营活动中发生的合理的不需要资本化的借款费用，准予在税前扣除。

⑩业务招待费。企业实际发生的与生产经营活动有关的业务招待费，按照实际发生额的 60% 扣除，但最高不得超过当年销售（营业）收入额（含视同销售收入额）的 5‰ 。

⑪广告费和业务宣传费。企业发生的符合条件的广告费和业务宣传费支出，除国家财政、税务主管部门另有规定外，不超过当年销售（营业）收入额（含视同销售收入）15% 的部分，准予扣除；超过部分，准予在以后年度结转扣除。

**2. 企业所得税法限制性费用的控制**

企业所得税法限制性费用的控制，包括：企业高层决策高度重视限制性费用的控制；各职能部门各自承担限制性费用的管控责任；建立限制性费用专项控制制度；制定各级年度、季度、月度限制性费用指标；定期考核限制性费用指标。

# 7.7　电信企业内部控制与审计实务

电信企业内部审计的工作流程如下。

## 7.7.1　前期准备阶段

前期准备阶段的主要工作包括以下五点。

（1）编制年度审计计划应该关注的因素：单位组织年度内经济工作的中心问题；单位组织重大政策措施落实情况及存在的问题；经营管理中存在的突出问题和难点问题；员工普遍关注或反映强烈的热点问题；以往审计发现的影响较大的问题；具体审计项目先后顺序安排；审计资源（人员数量、审计耗时与审计经费）的合理分配；后续审计的必要安排。

（2）项目审计计划的内容：审计目标；审计范围；重要性；审计风险评估；审计小组构成；审计时间分配；专家与外部审计结果的利用。

（3）审计前的调查内容：经营活动情况；内部控制设计与运行情况；财务会计资料；重要合同、协议及会议记录；上次审计结论、建议及后续审计执行情况；上次外部审计意见等。

（4）审计方案的内容：具体审计目的；具体审计方法和程序；预定执行人及执行日期等。

（5）审计通知书的内容：被审计单位及审计项目名称；审计目的；审计范围；审计时间；被审计单位应提供的具体资料和必要协助；审计小组名单；审计机构及负责人签章和签发日期。附件包括被审计单位承诺书、被审计单位提供的资料清单、审计文书送达回证。

## 7.7.2 审计实施阶段

审计实施阶段主要工作如下。

### 1. 控制测试

控制测试内容包括内部控制健全性测试与有效性测试。

健全性测试是评价被审计单位各项业务活动是否建立了内部控制制度；各项内部控制制度是否符合内部控制的基本原则（全面、制衡、成本效益、权责利对称）；控制环节是否设置齐全；关键控制点是否存在；控制强点与控制弱点。

有效性测试是评价内部控制系统布局是否合理，有无多余和不必要的控制；关键控制点是否发挥作用；内部控制目标是否达成。

控制测试方法：询问相关人员；检查内部控制生成的文件和记录；观察被审计单位经营活动；重新执行有关内部控制（穿行测试）；功能测试。

穿行测试：检查一项业务从头至尾的处理情况，以确认控制程序是否认真执行。一般采用顺查法，从凭证开始查到登记入账为止。

功能测试：查明制度执行是否发挥了控制作用，还要进行功能分析。注意是否存在多余制度（不经济、无效率、管理混乱）。

**2. 实质性测试**

实质性测试内容包括业务活动效益性测试和财务收支合法性测试。测试种类有分析性程序、交易测试、余额测试和列报测试。测试方法有：询问、观察、检查、监盘、函证、分析、计算。

实质性测试中关于重要性原则判断的考虑如下。

第一，绝对数。把某一特定金额作为重要性水平，而不考虑经营规模或业务量的大小。

第二，以错报金额占相关账户金额的百分比来比较判断错报是否重要。

第三，以错报金额占利润的百分比来比较判断错报是否重要。

第四，以错报金额占资产的百分比来比较判断错报是否重要。

第五，考虑错报的性质（违法、舞弊）而不考虑金额大小。

**3. 审计工作底稿与审计日志**

审计工作底稿是审计业务的具体记录，其内容包括：被审计单位名称；审计事项名称；审计事项期间；审计事项描述与结果记录；审计结论；执行人姓名与执行日期；复核人员姓名、复核日期与复核意见；索引号及页次；审计标志。审计工作底稿应实行多层次复核。

审计日志是审计人员行为的过程记录，其内容包括：审计事项名称；实施的审计步骤与方法；审计查阅的资料名称和数量；审计人员的专业判断和查证结果；其他需要记录的情况。

**4. 中期审计报告**

中期审计报告是内部审计人员在现场审计过程中就某些领域的审计发现与被审计单位适应层次管理人员进行交流，并要求他们在规定期限内给予书面答复的一种报告形式。中期审计报告可以是书面的也可以是口头的，可以是正式报送也可以是非正式报送，非常灵活。

### 7.7.3 审计报告阶段

审计报告阶段的主要工作，包括以下两方面。

#### 1. 审计报告

审计报告基本要素包括：标题、收件人、正文、附件、签章和报告日期。正文内容有：审计立项依据、审计目的、审计范围、审计重点、审计标准、审计依据、审计结论、审计决定、审计建议等。附件包括对审计过程和审计发现问题的具体说明、被审计单位反馈意见。审计报告重点说明：披露发现的情况，说明在什么方面出问题；对发现的情况进行描述，说明为什么出问题；提出改进建议，说明应采取什么整改措施；反映被审计单位意见与行动计划。

审计报告的四种类型：无保留意见审计报告；保留意见审计报告；否定意见审计报告；拒绝表示意见审计报告。

#### 2. 审计交流

审计交流包括：征求反馈意见、审计建议、审计整改、审计决定等。审计交流对事不对人，围绕问题开展细致、深入的交流。

### 7.7.4 后续审计阶段

后续审计阶段的主要内容如下。

#### 1. 后续审计中的三方职责

审计人员职责：对被审计单位给予充分尊重，不把具体纠正措施强加给被审计单位；采取合适的方法确定被审计单位对审计发现是否采取了恰当的行动；向高层管理者报告其后续审计中的判断和评价；实施后续审计时尽量避免对被审计单位正常业务的影响。

被审计单位职责：配合、协助审计人员的后续审计工作；对审计报告做出及时、全面的回复并对报告中提到的缺陷采取切实有效而持续的纠正措施；向审计人员和高层管理者汇报纠正行动取得的进展，并提出在纠正方法上的不同意见；选择最恰当的纠正方法。

高级管理层职责：监控后续审计过程，鼓励被审计单位对审计报告做出回复；评审被审计单位的纠正措施，考虑其充分性和有效性；避免干涉审计人员的后续审计工作。

**2. 制定后续审计政策**

后续审计政策的制定必须做到：表明政策中的各项声明均得到企业最高权力层支持并以书面形式载明；政策应发给所有管理层的主管；要求被审计单位在一定时限内对审计人员的发现和建议做出书面回复；要列示审计人员、被审计单位和高级管理在后续审计中的职责。

**3. 后续审计工作底稿**

后续审计工作底稿的内容包括：被审计单位对审计报告的书面回复；与被审计单位就回复中提到的纠正措施、存在缺陷进行探讨的回函；报告专递信和讨论有关审计报告事项的信函复印件；后续审计会议、电话备忘录以及文件审查、计算的书面资料；发送给被审计单位的其他信件、备忘录。

**4. 后续审计报告**

后续审计报告的内容一般包括：审计目的；以前审计报告中的审计发现和建议；纠正措施；审查结果；被审计单位的审计回复；后续审计发现；后续审计评价。

**5. 扩散审计**

扩散审计是针对被审计单位以外的其他部门是否也存在相同问题开展的审计工作，检查其是否也开展了同步后续审计。

## 7.7.5　成果运用阶段

成果运用阶段的主要工作：建立完善的审计公告与通报制度；积极争取高级管理层和各个被审计单位的支持；认真执行审计结果公告与通报工作；立项必审，审计必纠，结果必告，责任必究；建立纠错机制和制度；审计建议能够得到适当管理层的肯定、采纳和应用，形成制度和政策，以达到防弊、兴利与增值的目的。

审计成果运用的具体体现：被审计单位内部高层管理者对审计意见和建议的批示；职能部门对审计建议的采纳；相关责任人的移送处理。

# 第 8 章
# 审计实操：如何编制企业内部审计工作底稿

内部审计是一种独立、客观的确认和咨询活动，旨在增加价值和改善组织的营运状况。它通过应用系统的、规范的方法，评价并提升风险管理、控制和治理过程的效果，帮助组织实现目标。

内部审计适应了企业、政府和非营利组织高层领导对高质量服务的需求。这些组织的管理层正在寻找关于组织活动的风险、控制及其相关的效率和效果等方面的客观信息。因此，内部审计本质上是管理职能的一部分，是高层管理者的助手。

## 8.1　内部审计基础

内部审计基本准则是内部审计准则的总纲，是内部审计机构和人员进行内部审计时应当遵循的基本规范，是制定内部审计具体准则、内部审计实务指南的基本依据。

内部审计具体准则是依据内部审计基本准则制定的，是内部审计机构和人员在进行内部审计时应当遵循的具体规范。内部审计实务指南是依据内部审计基本准则、内部审计具体准则制定的，为内部审计机构和人员进行内部审计提供了具有可操作性的指导意见。

## 8.1.1　内部审计的职责权限与机构设置

内部审计的职责包括基本职责和主要职责。

**1. 基本职责**

内部审计的基本职责是增加企业价值。内部审计人员可通过收集生产和销售过程的资料，查明和评估企业在生产经营过程中存在的问题和风险，以保证各项规章制度和管理指令得到有效的贯彻执行；通过运用自己的知识和经验对了解到的企业外部环境信息进行整理、判断，并将这些有价值的信息以建议和报告的形式提交给决策者与管理层。

**2. 主要职责**

审查和评估企业的经营或项目，以确保其成果与企业既定战略目标相一致，以及确定经营或项目是否按计划进行。

审查财务与经营信息的可靠性、完整性以及鉴别、衡量、分类和报告这些信息所使用的方法。

审查为确保遵守那些对经营和报告可能有重大影响的决策、计划、程序、法律和规定而建立的系统，并确定组织是否一贯地遵守。

审查和评估人力、财力和物质资源的利用是否经济、有效。

审查和评估资产的安全性和完整性，必要时，核实这些资产是否真实存在。

了解和评价企业出现重大风险的可能性，并帮助企业改进风险管理工作。

必要时，对属于内部审计任务规定范围内的涉及被指控的任何措施行为和渎职的案件进行年度审查。

进行特别调查，查明经营管理中的薄弱环节和故障。

确保内部审计、调查和检查报告的完整性、及时性、客观性和准确性。

**3. 内部审计的独立性与权限**

内部审计的独立性，即内部审计人员必须独立于他们所审计的活动，向管理层和审计委员会提供其他服务。保持独立性必须满足以下两个条件：内部审计部门具备独立地位；内部审计人员具备客观性。

内部审计的权限包括以下内容。

①审计部门可以根据管理当局批准的年度审计计划，在职责范围内，自主确

定审计项目和审计对象。

②审计部门可根据需要委派审计人员对有关单位或特定的事项实施内部审计。

③在履行职责时，内部审计可以不受限制地查阅属于企业的所有文件与记录。

④被审计单位应当按照审计部门规定的期限和要求向审计部门报送、提供与审计内容相关的原始文件资料或其复印件。

⑤根据需要，审计部门参加企业有关会议，会签有关文件。

⑥企业有关部门和下属单位编制的经营、财务等计划和执行结果报告，应当抄送企业审计部门。

⑦审计部门进行审计工作时，有权实地查看、盘点或监督盘点实物，有权进行工作流程测试。

⑧审计部门履行职责时，有权就审计事项向有关单位和个人进行书面或口头调查、询问，企业下属单位和个人应当如实向审计部门反映情况，提供有关证明材料。

⑨审计部门应根据预定审计目标，在预定的审计范围内实施审计。

⑩内部审计可以直接受理企业职员提出的投诉等。

**4. 内部审计机构的设置**

内部审计是为管理服务的，是管理的重要组成部分，它不直接参与管理，但为管理提供有价值的信息。

审计委员会与内部审计具有共同的目标。审计委员会是为董事会提供服务的监督机构，其监督对象主要是董事会提名任免的高层管理人员；内部审计则是为总经理提供服务的监督机构，其监督对象主要是经总经理提名任免的中层管理人员。

## 8.1.2　选择审计对象

选择审计对象，需要从以下两个方面考虑。

**1. 选择审计对象的原则**

①重要性原则。

所谓重要，就是关系企业大局的有影响力的事项。有影响力是指一旦发生，就会对企业的经营产生重大影响，并对其他业务产生连锁反应。不同的公司，或同一个公司在不同的时间里，重要的项目是不一样的。

②风险导向原则。

风险无处不在。风险导向原则就是要求内审部门在选择审计对象时，以风险评估为前提，根据备选审计对象的风险大小来确定审计的先后顺序，合理制定审计工作计划。

③胜任原则。

内部审计资源总是有限的。如何利用可使用的审计技术、方法和人才等方面的内部审计资源，是内部审计部门在选择审计对象时需要考虑的重要问题。

### 2. 选择审计对象的方法

风险管理贯穿企业管理的始终，对风险管理进行评价是现代内部审计的主要目的。内部审计的方法有经验估计法、统计抽样法、风险排序法等。

①识别潜在审计对象。

如何划分审计对象？主要考虑以下几点。

按业务循环划分审计对象，按职能部门划分审计对象，按项目划分审计对象，按潜在审计对象的价值划分审计对象，按地理位置划分审计对象，按会计系统划分审计对象。

②选择风险因素并确定权重。

表 8-1 列示了 18 种主要的风险因素与权重。

表 8-1　主要的风险因素与权重

| 次序 | 银行、保险、证券 | 权重 | 制造业 | 权重 | 事业单位 | 权重 | 其他行业 | 权重 |
|---|---|---|---|---|---|---|---|---|
| 1 | 内部控制的质量 | 20 | 内部控制的质量 | 25 | 内部控制的质量 | 20 | 内部控制的质量 | 20 |
| 2 | 管理人员的能力 | 15 | 管理人员的能力 | 15 | 管理人员的能力 | 15 | 管理人员的能力 | 15 |
| 3 | 管理人员的正直程度 | 10 | 管理人员的正直程度 | 10 | 管理人员的正直程度 | 10 | 管理人员的正直程度 | 10 |
| 4 | 会计系统的近期变动 | 10 | 单位的规模 | 8 | 会计系统的近期变动 | 10 | 会计系统的近期变动 | 10 |
| 5 | 单位的规模 | 10 | 经济环境变化 | 7 | 一级单位转拨下属经费 | 8 | 业务的复杂性 | 10 |

| 次序 | 银行、保险、证券 | 权重 | 制造业 | 权重 | 事业单位 | 权重 | 其他行业 | 权重 |
|---|---|---|---|---|---|---|---|---|
| 6 | 资产的流动性 | 7 | 业务的复杂性 | 7 | 二级单位转拨下属经费 | 8 | 资产的流动性 | 7 |
| 7 | 重要人员的变动 | 7 | 重要人员的变动 | 7 | 三级单位领拨和使用经费 | 8 | 单位的规模 | 7 |
| 8 | 业务的复杂性 | 7 | 会计系统的近期变动 | 7 | 事业活动与经营活动区别核算 | 7 | 经济环境变化 | 7 |
| 9 | 快速的增长 | 7 | 快速的增长 | 7 | 事业结余与经营结余分别计算 | 7 | 重要人员的变动 | 7 |
| 10 | 政府法规 | 7 | 管理人员完成目标压力 | 7 | 补助、单位缴款和其他收入 | 7 | 快速的增长 | 7 |

## 8.1.3　审计证据

审计证据是审计人员表示审计意见和得出审计结论所必须具备的依据。在审计活动结束时，审计人员要对被审计单位的经济活动是否合法、合规、合理，其会计资料及其他资料是否真实、正确，依照一定的审计标准发表审计意见和得出审计结论。为了保证审计意见和结论的稳妥可靠，审计人员必须获取足够的证据。

### 1. 审计证据的类别

审计证据分为以下五类：书面证据、实物证据、电子证据、口头证据、环境证据。

这里重点介绍环境证据，其又称状况证据，是指对被审计事项产生影响的各种环境事实。从与被审计单位关系的角度划分，环境证据分为内部环境证据和外部环境证据。内部环境证据的主要内容包括有关内部控制、被审计单位管理人员素质、各种管理条件和管理水平、主要管理人员的观念和品行等。外部环境证据的主要内容包括各种法律、法规及统一的规章制度、政府主管部门的执法检查指导和监督、行业自律状况等。

### 2. 审计证据的要求

审计证据的要求有三点：一是审计证据的充分性；二是审计证据的相关性；三是审计证据的可靠性。

### 3. 获取审计证据的方法

获取审计证据的方法，包括审核、观察、监盘、询问、函证、计算、分析性复核、电子证据的收集。

### 4. 审计证据的审定

书面证据的审定：审查判断书面证据的真实性、可靠性、正确性，确定其证明力；审查判断书面证据的充分性。

实物证据的审定：审查判断实物证据的真实可靠性；审查判断实物证据的合法性；审查判断实物证据的相关性。

电子证据的审定：审查电子证据的生成环节；审查电子证据的存储环节；审查电子证据的传送环节；审查电子证据的收集环节；针对电子证据的完整性进行特别认定；审定电子证据的证明力。

### 5. 审计工作底稿的归档

审计工作底稿经过分类整理、汇集归档后，就形成了审计档案。审计档案是审计组织的重要历史资料，是审计组织的重要财富，应妥善管理。内部审计人员在完成审计项目后，应及时对审计工作进行分类整理，按相关法规的要求归档、管理和使用。

## 8.2　审计工作底稿的分类

审计工作底稿是指审计人员在审计工作过程中形成的全部审计工作记录和获取的资料。审计工作底稿是审计证据的载体，它形成于审计过程，也反映整个审计过程。

### 8.2.1 按性质和作用分类

审计工作底稿按性质和作用分类，可以分为以下三类。

**1. 综合类工作底稿**

综合类工作底稿包括年度审计计划、审计通知书、项目审计方案、审计工作总结、审计差异调整表、审计发现汇总表、审计报告、审计决定书、管理建议书等。

**2. 业务类工作底稿**

业务类工作底稿包括审计人员对具体审计项目进行风险评估、开展审计调查所形成的记录和资料。业务类工作底稿按使用性质分为通用格式工作底稿和专用格式工作底稿。

**3. 备查工作底稿**

备查工作底稿主要包括被审计单位的设立批准证书、营业执照、合营合同、协议、章程、组织机构及管理人员结构图、董事会会议纪要、重要合同、相关内部控制及其了解与评价记录资料的复印件或摘录。

### 8.2.2 按编制主体分类

审计工作底稿按编制主体分类，可以分为以下两类。

**1. 被审计单位或其他第三者提供或代为编制的工作底稿**

被审计单位或其他第三者提供或代为编制的工作底稿包括：被审计单位设立有关的法律性资料；被审计单位组织机构及管理层人员结构有关的资料；重要法律文件、合同、协议和会议记录的摘录或副本；对被审计单位相关内部控制的了解与评价记录；被审计单位的未审会计报表及相关财务资料；被审计单位管理当局声明书。

**2. 审计人员自己编制的工作底稿**

审计人员自己编制的工作底稿包括：审计实施方案；实施具体审计程序的记录和资料；与被审计单位、其他审计人员、专家和其他人员有关的会谈记录、往来函件；审计报告、审计差异调整表、审计发现汇总表、管理建议书底稿及副本等；审计约定事项完成后的审计工作总结；其他与完成审计约定事项有关的资料。

# 8.3　审计工作底稿的要求

注册会计师编制的审计工作底稿，应当使未曾接触该项审计工作的有经验的专业人士清楚了解审计程序、审计证据与审计结论。

## 8.3.1　编制审计工作底稿的总体要求

编制审计工作底稿，一方面是为出具审计报告提供充分适当的记录，另一方面是为证明注册会计师已按照审计准则和相关法律法规的规定计划和执行了审计工作。因此，注册会计师编制的审计工作底稿应当使未曾接触该项审计工作的有经验的专业人士清楚地了解以下内容。

（1）按照审计准则的规定实施的审计程序的性质、时间和范围。

（2）实施审计程序的结果和获取的审计证据。

（3）审计中遇到的重大事项和得出的结论，以及在得出结论时做出的重大职业判断。

## 8.3.2　编制审计工作底稿的基本要求

编制审计工作底稿的基本要求如下。

（1）按照审计准则和相关法律法规的规定实施的审计程序的性质、时间安排和范围。

（2）实施审计程序的结果和获取的审计证据。

（3）审计中遇到的重大事项和得出的结论，以及在得出结论时做出的重大职业判断。

（4）对于审计工作底稿的编制不能认为其只是工作底稿，就可以马马虎虎、草率了事，而必须认真对待，在内容上做到资料翔实、重点突出、繁简得当、结论明确，在形式上做到要素齐全、格式规范、标志一致、记录清晰。

## 8.3.3　审计工作底稿的勾稽关系

审计工作底稿的勾稽关系至少包括以下三项。

第一，各会计报表项目与审计工作底稿之间。注册会计师必须通过交叉索引及备注说明等形式反映相关审计工作底稿之间的勾稽关系。

交叉索引是指注册会计师在某一审计工作底稿中引用其他审计工作底稿的资料或数据时，在两张工作底稿上同时注明对方工作底稿索引号的一种方法。交叉索引即在引用其他工作底稿的数据前，注明被引用工作底稿的索引号（表示数据来源）；在引用被引用工作底稿上的数据后，注明引用工作底稿索引号（表示去向）。

第二，各会计报表项目审计工作底稿与试算平衡表之间。当注册会计师按照审计计划完成审计业务约定书中约定的全部审计事项后，应将具体审计项目工作底稿中的相关数据和内容进行归类汇总，编制试算平衡表。只有在上述审计工作底稿经复核无误后，才能编制审计报告。试算平衡表应控制各会计报表项目审计工作底稿，并通过交叉索引得以明确反映。

第三，各会计报表项目审计工作底稿与被审计单位未审会计资料之间。按照有关会计报表项目、会计科目或具体审计项目编制的审计工作底稿所记载的内容和数据（未审数），应与被审计单位未审会计报表、账簿、凭证等直接对应，并通过交叉索引或备注说明予以反映。

# 8.4　审计工作底稿的基本内容及作用

审计工作底稿的内容包括：业务约定书；总体审计策略、具体审计计划；分析表、核对表和问题备忘录；重大事项的往来函件；声明书；被审计单位文件记录的摘要或复印件；管理建议书；内部或外部会议记录；与其他人士的沟通文件；错报汇总表。

审计工作底稿的存在形式有纸质、电子或其他介质形式。

## 8.4.1　审计工作底稿的内容

审计工作底稿的内容可以划分为三个类别，见表8-2。

表 8-2 审计工作底稿内容

| 类别 | 具体内容 |
|---|---|
| 反映审计核心环节 | 总体审计策略、具体审计计划、分析表、问题备忘录、重大事项概要、询证函回函和声明、核对表、有关重大事项的往来函件（包括电子邮件） |
| 摘要或复印审计客户资料 | 被审计单位文件记录的摘要或复印件（如重大的或特定的合同、协议） |
| 会议记录或沟通文件 | 业务约定书、管理建议书、项目组内部或项目组与被审计单位举行的会议记录、与其他人士（如其他注册会计师、律师、专家等）的沟通文件及错报汇总表等 |

## 8.4.2 审计工作底稿的作用

审计工作底稿有以下作用：编写审计报告的基础；协调审计工作的依据；控制审计工作质量的手段；考核审计人员的依据；复议和诉讼的重要佐证资料；总结审计工作和进行审计理论研究的资料。

# 8.5 审计工作底稿的复核

## 8.5.1 审计工作底稿复核的基本要求

审计工作底稿复核的基本要求包括以下三点。

（1）应由内部审计机构中比审计工作底稿编制人员职位高或具有丰富经验的人进行复核。

（2）书面表示复核意见并做好必要的审核记录。

（3）复核人员在其复核过的审计工作底稿上签名和签署日期。

### 8.5.2　审计工作底稿复核的内容

审计工作底稿复核的内容，包括：所引用的有关资料是否翔实可靠；所获取的审计证据是否充分适当；审计发现与建议是否有理、有据、可行；审计结论是否恰当。

# 8.6　审计工作底稿的要素

审计工作底稿的要素包括审计工作底稿的标题、审计过程记录、审计结论、审计标志及其说明、索引号及编号、编制者姓名及编制日期、复核者姓名及复核日期、其他应说明事项。

### 8.6.1　审计工作底稿的九项要素

审计工作底稿的要素，包括以下九项。

（1）被审计单位的名称。

（2）被审计事项的名称及实施审计的时间。

（3）审计工作底稿的编号。

（4）审计过程记录。

（5）审计结论或审计查出问题的摘要及依据。

（6）编制者姓名和编制日期。

（7）复核者姓名及复核日期。

（8）其他应说明的事项。

（9）审计工作底稿的附件。

审计工作底稿（通用格式）见表8-3。

表 8-3　审计工作底稿

| 页次 | | 索引号 | |
|---|---|---|---|
| 审计对象 | | 审计类别 | |
| 审计事项 | | 底稿编号 | |
| 事实描述：　　　　　　　　　　　附件　页 | | | |
| 运用的审计程序：　　　　　　　　　附件　页 | | | |
| 审计人员初步意见：<br>执行人：　　　　　　审计日期：　年 月 日 | | | |
| 复核人员意见：<br>复核人：　　　　　　审计日期：　年 月 日 | | | |
| 被审计单位或部门意见：<br>负责人签字：　　　　日期：　年 月 日 | | | |
| 审计结论或建议：<br>审计组长：　　　　　日期：　年 月 日 | | | |

## 8.6.2　审计工作底稿要素的填写规则

审计工作底稿要素的填写规则如下。

**1. 审计项目名称**

按照审计通知书或者审计方案规定的审计项目名称填写。

**2. 审计人员的姓名**

审计人员只能填写自己的姓名，不得填写审计组其他成员的姓名。

若两名以上的审计人员共同完成一个审计事项，或者一个审计事项被另一名审计人员接手，则审计人员只能在自己经手事项的审计日记上署名，不得多人同在一份审计日记上署名。

**3. 实施审计的日期**

要求填写实施审计事项的当天时间。

填写时要具体到上午或下午；外调或者询问重大审计事项的记录，还应具体到时、分。

**4. 审计工作具体内容**

第一，审计事项名称。其是指审计方案分工的审计事项名称，也是审计人员当日负责检查的审计事项名称。

它应当与审计方案确定的审计分工事项名称和当日负责检查的审计分工事项名称对应；审计事项要像会计科目一样，实行分级或者划分明细审计事项。

第二，审计查阅的资料和数量。它是指查阅与审计事项对应的检查资料的名称和数量。

①审计检查的资料名称和数量要与所实施的审计事项相对应。

②要针对当日的审计事项填写检查的账、证、表或者文件资料及其名称。

对账、证、表，不能笼统记录为"明细账""往来账""会计凭证"，而应具体到记录的是哪一类、哪些科目、哪个年度的明细账或者会计凭证。

对文件资料，不能笼统记录为"有关资料""相关资料"，而应当指明"×合同""×协议""×纪要""×文件"等。

③要明确记录检查的账、证、表或者文件资料属于哪个会计期间。不仅要列明检查的是哪一年、哪一个月的会计凭证号或者电子数据，还要根据原始凭证记录审计事实发生的时间、地点、证据来源、当事人以及对审计事实的确认情况。

审计报告是具有审计资格的注册会计师所出具的关于企业会计的基础工作，即计量、记账、核算、会计档案等会计工作是否符合会计制度，企业的内部控制制度是否健全等事项的报告，是对企业财务收支、经营成果和经济活动全面审查后做出的客观评价。

# 9.1　审计报告的价值

审计报告的价值丰富，包括信息价值、指导价值、节约成本等价值。审计部门只有不断创新，揭示和反映经济社会各领域的新情况、新问题、新趋势，才能增加审计报告价值，更好地维护经济安全，充分发挥审计在监督体系中的重要作用。

## 9.1.1　对内部审计自身的积极价值

审计报告对内部审计自身的积极价值，主要体现在：有助于反映审计成果；有助于提升内部审计的价值；能为审计人员的后续教育和培训提供方便；为评价审计人员的工作业绩提供参考；能为后续审计工作提供帮助。

### 9.1.2　对被审计单位业务管理人员的积极价值

审计报告对被审计单位业务管理人员的积极价值体现在：促使业务工作做得更好；有助于获得支持；有助于评价经营业绩。

### 9.1.3　对最高管理层的积极价值

审计报告对最高管理层的积极价值体现在以下四方面。

（1）审计报告提供了有关风险管理、控制、治理过程的效果等方面的详细信息。

（2）审计人员的独立性决定了审计报告所提供的信息是客观公正的，这是其他部门和人员难以做到的。

（3）审计报告揭示了被审计单位的当前情况、内部存在的问题、潜在的高风险领域，并提出了改进建议，为最高管理层加强内部控制，防范经营风险，提高管理效率，提高经营效益提供了有力的帮助。

（4）审计报告能促进被审计单位内部各部门规范化的经营运作。

### 9.1.4　对外部审计的积极作用

内部审计报告对外部审计的积极作用体现在：内部审计报告对于外部审计而言，是一个重要的信息来源；内部审计报告有助于外部审计人员评估内部审计的质量。

## 9.2　审计报告的内容

审计报告是指审计人员根据审计计划对被审计单位实施必要的审计程序，就被审计事项得出审计结论、提出审计意见和审计建议的书面文件。

## 9.2.1　审计报告要素

审计报告应当包括下列要素。

### 1. 标题

审计报告的标题应当统一规范为"审计报告"。

### 2. 收件人

审计报告的收件人一般是指审计业务的委托人。审计报告应当载明收件人的全称。

### 3. 审计意见

审计师在完成审计工作后，对于鉴证对象是否符合鉴证标准而发表的意见。

### 4. 形成审计意见的基础

对于财务报表审计而言，则是对财务报表是否已按照适用的会计准则编制，以及财务报表是否在所有重大方面的公允，反映了被审计者的财务状况、经营成果和现金流量发表意见。

### 5. 管理层对财务报表的责任

管理层对财务报表的责任应当说明，按照适用的会计准则和相关会计制度的规定编制财务报表是管理层的责任。这种责任包括：设计、实施和维护与财务报表编制相关的内部控制，以使财务报表不存在舞弊或错误而导致的重大错报；选择和运用恰当的会计政策；做出合理的会计估计。

在审计报告中指明管理层的责任，有利于区分管理层和注册会计师的责任，降低财务报表使用者误解注册会计师责任的可能性。

### 6. 注册会计师对财务报表审计的责任

注册会计师对财务报表审计的责任，应当说明下列内容：注册会计师的责任是在实施审计工作的基础上对财务报表发表审计意见；审计工作涉及实施审计程序，以获取有关财务报表金额和披露的审计证据；注册会计师相信已获取的审计证据是充分、适当的，为其发表审计意见提供了基础。

### 7. 按照相关法律法规的要求报告的事项（如适用）

在某些情况下，相关法律法规可能要求或允许注册会计师将对这些其他责任的报告作为对财务报表出具的审计报告的一部分。在另外一些情况下，相关法律法规可能要求或允许注册会计师在单独出具的报告中进行报告。

**8. 注册会计师的签名和盖章**

审计报告应当由注册会计师签名并盖章。

**9. 会计师事务所的名称、地址和盖章**

审计报告应当载明会计师事务所的名称和地址，并加盖会计师事务所公章。

**10. 报告日期**

审计报告应当注明报告日期。审计报告的日期不应早于注册会计师获取充分、适当的审计证据（包括管理层认可对财务报表的责任且已批准财务报表的证据），并在此基础上对财务报表形成审计意见的日期。

## 9.2.2  审计依据

审计依据是审计人员在审计过程中用来衡量被审计事项的准绳，是提出审计意见、做出审计决定的依据。

审计依据与审计准则的关系是：审计依据包含审计准则，审计准则是审计依据的重要组成部分。审计依据的特点是层次性、相关性、地域性、时效性。选用审计依据时，必须遵循准确性原则、针对性原则、辩证性原则、有效性原则和可靠性原则。

## 9.2.3  审计发现

审计发现是对被审计单位的经营活动与内部控制的调查和测试过程中所获得的肯定或否定的事实。

实务中，审计发现按照重要性可分为三个层次：审计发现（问题）、关注事项与提示事项。审计发现是企业在经营管理活动中存在的违规违纪事实，企业必须整改；关注事项与提示事项是企业为全面、真实反映情况或为规避审计风险而经确认的事实，无须整改，鼓励企业自查自纠、自我完善。

## 9.2.4  审计结论

审计结论是指审计机构在审计文件（包括审计报告、审计建议书、审计意见书或审计决定）中提出的应由被审计单位执行的审计建议和审计意见或决定。

下面主要讲解审计意见。

审计意见是指审计师在完成审计工作后，对于鉴证对象是否符合鉴证标准而发表的意见。对于财务报表审计而言，审计意见是对财务报表是否已按照适用的会计准则编制，以及财务报表是否在所有重大方面公允地反映了被审计者的财务状况、经营成果和现金流量发表意见。

财务报表审计的审计意见的类型有 5 种，分别如下。

（1）标准的无保留意见：审计师认为被审计者编制的财务报表已按照适用的会计准则的规定编制并在所有重大方面公允反映了被审计者的财务状况、经营成果和现金流量。

（2）带强调事项段的无保留意见：审计师认为被审计者编制的财务报表符合相关会计准则的要求并在所有重大方面公允反映了被审计者的财务状况、经营成果和现金流量，但是存在需要说明的事项，如对持续经营能力产生重大疑虑及重大不确定的事项等。

（3）保留意见：审计师认为财务报表整体是公允的，但是存在影响重大的错报。

（4）否定意见：审计师认为财务报表整体是不公允的或没有按照适用的会计准则的规定编制。

（5）无法表示意见：审计师的审计范围受到了限制，且其可能产生的影响是重大而广泛的，审计师不能获取充分的审计证据。

# 9.3　审计报告的修订与发送

审计机构应根据审定的审计报告，按其违反财经法纪和经济效益情况，做出审计结论和处理决定，及时发送给被审计单位。

### 9.3.1 使审计报告更有价值的方式

可以通过三种方式，使审计报告更有价值。

认真召开审计总结会议；在审计报告中披露被审计单位的反馈意见；提升审计报告的写作技巧。

### 9.3.2 审计报告的修订与发送的相关内容

审计报告的修订与发送包括两个方面的内容。

**1. 审计报告的三级复核制度**

三级复核制度的内容：由审计项目负责人主持现场全面复核；由内部审计机构的业务主管主持现场重点复核；由内部审计机构负责人主持非现场总体复核。

**2. 审计报告的发送**

在审计初期就已初步拟定审计报告的发送对象，在报告检查和修订时做出最后决定。

**案例　工程项目审计报告示例**

关于××公司工程项目的审计报告

××内审字〔2020〕第6号

一、项目概况

根据战略与发展委员会批准，启动××项目，项目概况如表9-1所示。

**表9-1　××项目概况**

金额单位：万元

| 项目 | 计划投资金额 | 实际合同金额 | 差额 |
|------|------|------|------|
| ××安装工程 | 15 | 13 | −2 |
| ××工程材料 | 50 | 50 | 0 |
| 总计 | 65 | 63 | −2 |

项目投资：计划投资金额为65万元，实际合同金额为63万元。

资金来源：自有资金。

计划建设周期：2020年3月8日至4月8日。

二、审核情况

（1）工程立项：原计划 6 000m² 经战略与发展委员会于 2020 年 3 月 19 日批复，实际于 2020 年 1 月 30 日与施工方签订合同；之后增补的 2 500m² 没有得到战略与发展委员会批复，目前已完工使用。工程实际总面积为 8 500m²。

（2）工程用地：占用 ×× 约 3 000m²。

（3）工程进度：原计划 6 000m² 定于 2020 年 4 月 17 日完成验收，新增补的 2 500m² 定于 9 月 15 日完成验收；实际都没有按规定完成最终验收。

（4）投资情况：建设的 6 000m²，实际合同金额为 63 万元；增补的 2 500m² 合同于 2020 年 5 月 4 日签订，截至 2020 年 10 月 7 日，价格还没有确定。

（5）资金使用：经审核，截至 2020 年 10 月 7 日，已支付资金 18.9 万元，其中施工费 13 万元、材料费 5.9 万元，符合合同规定。

（6）工程资料清单：应查 45 项，实查 45 项，其中 22 项符合规定，约占 49%，23 项不符合规定，约占 51%。

三、审计结论

经过审计，对 ×× 公司的项目管理得出以下结论：本次审计主要对 ×× 工程项目管理、财务管理、现场管理三个方面进行了审查，我们发现的问题主要如下。

（1）项目本身不合规、未经批复已经动工、增补的 2 500m² 未经批复。

（2）占用 ×× 约 3 000m² 土地没有土地使用证。

（3）工程项目管理资料存在不全、没有资料清单的情况。

（4）材料供应商的选择、价格的确定、质量的验收由施工方负责，×× 公司缺乏监控。

（5）工程项目未按规定验收。项目基础隐蔽工程在施工阶段没有按规定及时验收，导致完工后无法验收。

（6）施工合同及增补合同未经律师审核，合同条款"合同价款及付款方式"中对施工方与材料供应商的职责不明确。

（7）×× 工程已交付使用但财务没有作为固定资产进行账务处理。截至 2020 年 10 月 7 日，计入在建工程的金额是 309 733.34 元。

四、审计建议

问题（1）工程项目的立项、变更应严格按照《公司治理文件系列》规定解决。

问题（2）、（3）、（4）、（5）按公司《项目管理规定》解决。

问题（6）合同管理应严格按照公司《经济合同管理办法》解决。

问题（7）工程项目账务处理应严格按照《企业会计准则》解决。

同时，建议对以上问题尽快进行整改，并明确责任人，我们将择期对整改情况进行后续审计。

# 第 10 章
# 审计数据分析：存在的问题在数据中的表现

在面向数据的计算机辅助审计中，统计分析的目的是探索被审计数据内在的数量规律性，以发现异常现象，快速寻找审计突破口。一般来说，常用的统计分析方法包括一般统计、分层分析和分类分析等，在不同的审计软件中，统计分析方法的叫法略有不同。

## 10.1　常用的审计数据分析方法及工具的使用

一般统计常用于具体分析之前，以帮助审计人员对数据有一个大致的了解，从而快速地发现异常现象，为后续的分析工作确定目标。一般统计对数值字段提供下列统计信息：全部字段以及正值字段、负值字段和零值字段的个数，某类数据的平均值、绝对值以及最大或最小的若干个值等。

分层分析的做法是：首先选取一个数值类型的字段作为分层字段，根据其值域将这一字段划分为若干个相等或不等的区间，通过观察对应的其他字段在分层字段的各个区间上的分布情况来确定需要重点考察的范围。它是通过数据分布来发现异常的一种常用方法。

分类分析的做法是：首先，选择某一字段作为分类字段，然后，通过观察其他对应字段在分类字段各个取值点上的分布情况来确定需要重点考察的对象。它是通过数据分布来发现异常的另一种常用方法。分类分析的思路类似于"分类汇总"，它是一种简单而常用的数据分析手段。与分层分析不同的是，分类分析中用作分类的某一字段不一定是数值型数据，可以是其他类型的数据，而分层分析中用作分层的某一字段一定是数值型数据。

## 10.1.1 数据分析方法

数据分析方法有以下六种。

### 1. 合规分析法

合规分析法就是用审计软件的会计核算部分，根据企业会计准则和被审计单位业务处理逻辑的数据处理要求，检查是否有账证不符、账账不符、账表不符、表表不符的情况；账户对应关系是否正常；是否存在非正常挂账、非正常调账现象；账户余额方向是否存在异常；是否有违背被审计单位业务处理逻辑的情况等。

### 2. 趋势分析法

趋势分析法是指审计人员将被审计单位若干期相关数据进行比较和分析，从中找出规律或发现异常变动的方法。它是审计人员利用少量时间点或期间的经济数据来进行比较分析的特殊时间序列法，此法有助于审计人员从宏观上把握事物的发展规律。审计人员可根据审计需要来确定时间序列的粒度，如年、季、月、旬、日等。

### 3. 比率分析法

比率是两个相关联的经济数据的相对比较，它体现各要素之间的内在联系。比率分析法计算简单、结果简单，便于审计人员判断。由于采用了相对数，比率分析法可以适用不同国家或地区、不同行业、不同规模的客户。

### 4. 结构分析法

结构分析法也叫比重分析法，是通过计算各个组成部分占总体的比重来揭示总体的结构关系和各个构成项目的相对重要程度，从而确定重点构成项目，提示进一步分析的方向。结构分析法和趋势分析法还可结合应用，分析数据结构比例在若干期间的变动趋势。应用结构分析法和趋势分析法，对被审计单位的资产、负债、损益和现金流进行结构分析、趋势分析以及结构比例的趋势分析，以对被审计单位的总体财务状况、经营成果和现金流量形成总体的了解。

### 5. 经验分析法

审计人员在长期的对某类问题的反复审计中，往往能摸索、总结出此类问题的表征。在审计实践中抓住这种表征，从现象分析至实质，就可以较为方便地核查问题。经验分析法，即将审计人员的经验运用到计算机审计中，将问题的表征转化为特定的数据特征，通过编写结构化查询语句（SQL）或利用审计软件来检索，查询可疑的数据，并通过深入核实、排查来判断、发现问题。

### 6. 多维数据分析

联机分析处理（OLAP）工具为多维数据分析提供了十分有效的功能，它能够从多种角度对从原始数据中转化出来的、可真正为用户所理解的并真实反映企业的多维特性的信息进行快速、一致、交互地存取，帮助审计人员深入了解数据。

## 10.1.2 数据分析等工具的使用

常规数据分析方法存在许多弊端：一是审计人员的经验和知识是有限的，被审计对象行业跨度大、情况千差万别，当审计经验无法运用时，审计人员面对海量数据如盲人摸象；二是数据是不断变化的，审计经验相对于数据往往是滞后的，这种不同步性给审计带来了巨大的潜在风险；三是审计同一数据，不同的审计人员可能会得出完全不同的结论，知识的不对称性无法保障审计质量；四是传统的数据分析方法无法处理庞大的数据库系统，数据难以追踪，审计人员无从下手。

数据挖掘是针对日益庞大的电子数据应运而生的一种新型信息处理技术。它一般排除人为因素而通过自动的方式来发现数据中新的、隐藏的或不可预见的模式或活动。这些模式是隐藏在大型数据库、数据仓库或其他大量信息存储的知识。利用数据仓库包含的信息，数据挖掘可以发现审计人员可能没有想过的问题，它是在对数据集全面而深刻认识的基础上，对数据内在和本质的高度抽象和概括，也是对数据从理性认识到感性认识的升华。数据挖掘方法千差万别，不同的方法应用于不同的领域和对象。选取合适可行的挖掘方法对挖掘的效果起着重要的作用，它将直接影响决策。在实际运用过程中，很多挖掘方法不是单独使用的，而是和其他方法结合起来，才能产生预期的效果。

### 1. 运用统计分析技术发现偏差数据

统计分析技术是指利用统计学原理对数据库字段项之间存在的函数关系或相

关关系进行科学分析的方法。其具体方法包括常用统计（求大量数据中的最大值、最小值、汇总值、平均值等）、回归分析（用回归方程来表示变量间的数量关系）、差异分析（从样本统计量的值得出差异来确定总体参数之间是否存在差异）等。

审计人员通过建立统计模型对搜集的被审计单位以及同类型单位的大量财务、业务历史数据进行分析，挖掘内部存在的函数关系或相关关系，然后对审计期间内的相关数据进行合理预测，再将分析的预测值和审计值进行比较，从而发现疑点。例如，根据个人或家庭的购买模式，估计个人或家庭的收入水平，通过与个人或家庭的正常收入水平相比，找出个人或家庭收入方面的一些问题。对某个企业或单位，也可以按此逻辑来分析其收入或支出等方面的数据的正常性。一般情况下，估值可以作为分类的前期工作，输入一些特定的数据，通过估值分析，得到难以直接获取的变量的值，然后根据预定的分类规则进行分类。例如，银行的个人消费信贷业务就可以运用估值分析，给各个客户打分，然后根据一定的分类标准对客户进行分类。

### 2. 运用关联分析技术揭示关键属性

关联分析技术是从操作数据库的所有细节或事务中抽取频繁出现的模式，进而总结出一组事件或条目与其他事件或条目的相互联系的一种技术。

利用关联分析技术，审计人员可对审计对象数据库中的数据进行分析，找出数据库中各数据之间的相互联系，发现某些数据之间的异常联系，以此为基础，寻找审计线索，发现审计疑点。例如，利用关联分析技术，审计人员可以发现企业的原材料消耗量、职工工资总额、生产量、销售费用、销售额和应纳增值税额或消费税额的关联性，通过查找相关企业这些数据的对应关系，来发现该企业在缴纳增值税或消费税方面存在的问题。

### 3. 运用孤立点分析技术挖掘审计疑点

孤立点是指明显偏离其他数据，即不满足一般模式或行为的数据。孤立点分析技术是数据挖掘中的一项重要技术，用来发现数据源中显著不同于其他数据或行为的异常数据和异常行为。

面对海量的电子数据，审计人员需要利用计算机强大的数据分析能力，采用孤立点检测算法，发现异常审计数据或异常发生频率等，从而发现隐藏的违规行为。

#### 4. 运用聚类分析技术确定审计重点

聚类分析就是把一个数据集分解或划分成不同的组，使同一组中的对象尽可能相似，不同组中的对象尽可能相异。通过聚类，审计人员容易识别出密集的和稀疏的区域，发现全局的分布模式和数据属性之间的相互关系。

在审计实践中，审计人员通常利用聚类分析技术对信息系统中被审计单位的同类型的财务数据或者业务数据进行分组。一般来说，财务数据及重要业务数据（如销售数据）的变动具有一定的规律性，所以如果某些数据处于稀疏区域，说明其变动表现异常，需要重点关注。同时通过观察该区域记录的特征，可以发现审计需要查证的问题特征。例如，对银行的信贷业务进行审计时可将各种业务风险分类为低、中、高三类风险，然后分配各笔业务到预先定义的业务分片。一旦确立分类规则，各种数据都可自动通过数据挖掘系统归类聚集。

# 10.2　账表分析

企业内部审计不同于政府审计和注册会计师的鉴证审计，它偏重于对企业一个时期各种经济活动的详细审计，涵盖了被审计单位的经营管理、目标考核、财务收支等具体内容。

随着会计电算化的普及，越来越多的企业使用财务软件，实现对企业的经营活动全过程的核算和管理。

## 10.2.1　财务软件采集财务数据

财务管理和财务核算由过去传统的手工操作、有纸化记录转变为智能化、网络化的记录。电子介质记录、核算和管理的实现，要求内部审计工作从过去的凭证复核、记录与归类、统计和形成结论，转变为开发使用财务审计软件，以提取和利用财务软件数据资源、最大限度地减少审计人员工作量，提高审计效率和审计质量，完善审计程序设计和运用。

### 10.2.2 审查被审计单位的财务数据

利用财务软件，通过账表分析审查被审计单位的财务数据。

账表分析是指通过审计软件把采集来的财务备份数据还原成电子账表，然后直观地审查被审计单位的总账、明细账、凭证、资产负债表等财务数据，从而达到审计分析的目的。

审计人员利用账表分析功能可以简单方便地审查被审计单位的记账凭证、会计账簿和报表。这种方法的优点是比较直观，审计人员不必关心电子数据的数据结构等技术细节，而只需要按照传统的查账法进行审计就可以了，对审计人员的技术水平要求相对较低。

### 10.2.3 数据查询工具 MS Access 简介

数据查询是目前面向数据的计算机辅助审计中常用的数据分析方法。数据查询是指审计人员根据自己的经验，按照一定的审计分析模型，在通用软件（如MS Access）中采用 SQL 语句来分析采集的电子数据，或采用一些审计软件通过运行各种各样的查询命令以某些预定义的格式来检测被审计单位的电子数据。

这种方法既提高了审计的正确性与准确性，也使审计人员从烦琐的计算工作中解放出来，告别了以前手工翻账的作业模式。另外，运用 SQL 语句的查询功能，审计人员可以完成模糊查询以及多表之间的交叉查询等，从而可以完成复杂的数据分析。

## 10.3 审计抽样

审计抽样是指审计人员在实施审计程序时，从审计对象总体中选取一定数量的样本进行测试，并根据样本测试结果，推断总体特征的一种方法。它是随着经济的发展、被审计单位规模的扩大以及内部控制的不断健全与完善，而逐渐被广泛应用的审计方法。

根据决策依据方法的不同，审计抽样可以分为两大类：统计抽样和非统计抽样。统计抽样是在审计抽样过程中，应用概率论和数据统计的模型和方法来确定样本量、选择抽样方法、对样本结果进行评估并推断总体特征的一种审计抽样方法。非统计抽样也称为判断抽样，由审计人员根据专业判断来确定样本量、选取样本和对样本结果进行评价。

## 10.3.1　统计抽样

对于统计抽样，必须做到两点：一是随机抽样；二是计量抽样风险。

本期多种商品价格（或数量）之和除以基期多种商品价格（或数量）之和，得到的比值称为简单综合指数。

比如，某地 3 种商品 2019 年和 2020 年的销售价格和销售数量资料见表 10-1。

**表 10-1　3 种商品的销售价格和销售数量资料**

| 商品名称 | 价格（万元 / 吨） | | 销售量（吨） | |
| --- | --- | --- | --- | --- |
| | 2019 年 | 2020 年 | 2019 年 | 2020 年 |
| 商品 1 | 6 | 4 | 100 | 120 |
| 商品 2 | 15 | 20 | 200 | 150 |
| 商品 3 | 10 | 8 | 100 | 110 |

（1）3 种商品的简单综合指数（价格）为：

$P=（4+20+8）÷（6+15+10）×100\%=103.23\%$

此 3 种商品 2020 年的销售价格比 2019 年综合上涨 3.23%。

（2）此 3 种商品的简单综合指数（数量）为：

$Q=（120+150+110）÷（100+200+100）×100\%=95.00\%$

此 3 种商品 2020 年的销售数量比 2019 年综合下降 5.00%。

## 10.3.2　非统计抽样

不同时符合统计抽样两个条件的抽样均属于非统计抽样。统计抽样和非统计抽样都是通过样本中发现的错报或偏差率推断总体的特征，运用得当都可以获取充分、适当的审计证据，都可以通过扩大样本量来降低抽样风险。

它们之间也有不同：统计抽样可以量化风险，而非统计抽样不能量化风险；统计抽样只能采用随机数表法和系统选样法选取样本，而非统计抽样除了可以采用上述两种选取样本的方法外，还可以采用随意选样法。

如何进行非统计抽样？

第一步，明确测试目标。比如，确认 ABC 公司 2020 年 12 月 31 日应收账款明细账中记录的金额确实存在。

第二步，定义总体。审计组将总体定义为 2020 年 12 月 31 日剔除贷方余额账户和零余额账户以及剔除单个重大项目和极不重要项目之后的应收账款余额。

代表总体的实物是 2020 年 12 月 31 日剔除单个重大项目和极不重要项目之后的应收账款借方余额明细账账户。

审计组将重大项目定义为账面金额在 140 000 元以上的所有应收账款明细账账户，并决定对其进行单独测试；将极不重要项目定义为账面金额在 1 000 元以下的所有应收账款明细账账户，并决定对其不实施审计程序。剔除重大项目和极不重要项目后抽样总体变成 2 200 000 元，包括 1 500 个账户。抽样总体情况见表 10-2。

表 10-2　抽样总体情况

| 项目分类 | 项目数量（个） | 总金额（元） |
| --- | --- | --- |
| 重大项目 | 1 | 200 000 |
| 极不重要项目 | 150 | 10 000 |
| 抽样总体 | 1 500 | 2 200 000 |
| 合计 | 1 651 | 2 410 000 |

### 10.3.3　AO 的审计抽样功能

现场审计实施系统，又名审计师办公室，英文名称为 Auditor Office，简称 AO。现场审计实施系统是审计人员开展计算机审计、强化审计项目管理、实现审计信息共享的重要系统，也是审计人员现场审计的必备工具。

### 10.3.4　IDEA 的审计抽样功能

"数据处理软件"被称为 IDEA，使用 Excel 也可以实现它的绝大多数功能。IDEA 和 Excel 相比，具备它自身的优点，其优点如下。

（1）通常，IDEA 能处理的数据量比 Excel 多。在数据量膨胀的信息时代，IDEA 的优势明显。

（2）IDEA 能实现多种文件格式的数据预处理。在转化多维数据为一维数据方面很有优势，如处理 PDF、PRN 等格式的文件。

（3）IDEA 有清晰完整的操作历史记录，谁在什么时候有什么具体操作都被一一记录。其他人可以根据该操作历史记录重做，或者检查操作步骤是否恰当合理。此外，操作记录还能随时提取出来，让计算机实行自动化操作。

（4）IDEA 保护原数据，限制对其的修改，有利于避免不小心修改数据的情况发生。

（5）IDEA 内设了很多审计程序，可以快速提高审计效率，比如 Smart Analyzer、MUS 等。

# 10.4　审计统计指标

审计统计指标是反映审计工作成果和审计工作情况的基本概念和这些概念在一定时间、空间内的具体数值，前者是审计统计指标的设计形态，后者是审计统计指标的完成形态。确定审计统计指标的设计形态，建立一套与审计工作相适应的审计统计指标体系，是审计统计工作的前提条件。

审计统计指标要科学合理、繁简得当、具有可操作性，要既符合客观实际，又有适当的超前性，做到全面、准确、不重复、不遗漏。分类是正确认识事物的一种方法，审计统计指标有以下几种分类。

## 10.4.1　总指标和分指标

根据审计统计指标之间的层级关系，可将其划分为总指标和分指标。总指标是划分审计统计情况的一级指标，分指标是一级指标下面划分出的二级、三级指标。审计统计的总指标主要包括：审计单位个数、审计查出主要问题情况、审计处理情况、审计处理结果落实情况、审计结果利用开发情况、补充资料、审计项目工作量、审计业务经费等。一级指标可以包含二级指标。例如，审计查出主要问题情况按照问题的性质可划分为三个分指标：违规问题金额、管理不规范金额、损失浪费金额。审计处理情况按照不同处理方式可划分为四个分指标：审计决定处理处罚、应自行纠正、移送处理、建议有关部门处理。二级指标又可以包含三级指标，例如，二级指标违规问题金额按照不同内容可划分为以下三级指标：违规变更预算、虚增财政收支、虚列财政支出、截留挤占挪用、少计少缴税金等。

## 10.4.2　直接指标和间接指标

根据审计统计指标的来源，可将其划分为直接指标和间接指标。直接指标是在检查被审计单位财政财务收支真实、合法的过程中直接产生的审计成果和审计情况的反映，而间接指标是对直接产生的审计成果分析、加工、处理情况的反映。

例如：审计查出主要问题情况是对审计过程中发现的主要问题进行统计，是审计统计的直接指标；审计处理情况是根据审计查出主要问题做出的处理处罚、审计移送和审计建议，是源于直接指标的间接指标；审计处理结果落实情况与审计处理情况相对应，反映审计处理结果的最终落实情况，是源于间接指标的间接指标。审计统计的直接指标主要包括审计单位个数、审计查出主要问题情况、审计项目工作量和审计业务经费等。审计统计的间接指标主要包括审计处理情况、审计处理结果落实情况、审计结果利用开发情况和补充资料等。

## 10.4.3　货币指标和非货币指标

根据审计统计指标的性质，可将其划分为货币指标和非货币指标。货币指标是指可以直接以货币为单位进行计量的审计统计指标，而非货币指标是指无法用货币单位进行计量的审计统计指标。

例如：审计查出损失浪费金额是指被审计单位决策失误或者经营管理不善等行为造成的亏损、效益下降以及国有资产流失等损失浪费金额，是可以用货币单位进行计量的货币指标，在审计统计报表中货币指标单位一般为人民币"万元"；审计移送处理是指被审计单位的财政财务收支活动违反国家规定或有关法律，审计机关依法向纪检监察部门或司法机关移送处理的案件，是无法用货币单位进行计量的非货币指标。非货币指标不具备数额大小的可比性，但能反映审计统计信息的不同性质和影响力。例如：移送司法机关的案件一般比移送纪检监察部门的案件性质严重。

# 10.5　数据分析

审计的过程实质上就是不断收集、鉴定和综合运用审计证据的过程。要实现审计目标，必须收集和评价审计证据。审计数据分析的目的是通过对采集来的电子数据进行分析，从而获取审计证据。因此，如何对采集来的数据进行分析是审计人员面临的重要问题。

## 10.5.1　数据分析的作用

数据分析是根据被审计数据记录中某一字段具体的数据值的分布情况、出现频率等指标，对该字段进行分析，从而发现审计线索的一种审计数据分析方法。这种方法是从微观的角度对电子数据进行分析的，审计人员在使用时不用考虑具体的被审计对象和具体的业务。在完成数值分析之后，审计人员针对分析出的可疑数据，结合具体的业务进行审计判断，从而发现审计线索，获得审计证据。

相对于其他方法，数据分析易于发现被审计数据中的隐藏信息。

## 10.5.2　常用的数据分析方法

常用的数据分析方法主要有重号分析、断号分析等，一些方法目前已被应用于现场审计实施系统、IDEA 等审计软件中。

### 1. 重号分析

重号分析用来查找被审计数据中的某个字段（或某些字段）在数据记录中是

否重复。例如，检查一个数据表中是否存在相同的发票被重复记账。

## 2. 断号分析

断号分析主要是分析被审计数据中的某字段在数据记录中是否连续。

在 IDEA 中，断号分析被称为连续性检测，根据被检测的字段类型，可分成三种连续性检测。

第一，数值连续性检测，用于检测数值序列的连续性。

第二，日期连续性检测，用于检测一定范围内日期的连续性。

第三，字符连续性检测，用于检测字符数字序列的连续性。

# 第 11 章
# 内部控制审计：风险导向内部审计要点

风险导向内部审计是指内审人员在审计过程中，通过对企业风险的评估来确定审计范围和审计重点，并评价和改善企业的风险管理和内部控制，从而实现企业价值的增加。

风险导向内部审计也称风险管理导向内部审计，内部审计人员在审计全过程中自始至终都关注风险，属于内部审计的一种。

内部审计的本质是确保受托责任履行的管理控制机制。在风险导向阶段，受托责任关系以及管理控制发生了一些变化，并与风险结合，使风险导向内部审计成为确保受托责任有效履行的能动的管理控制机制。

## 11.1 风险导向内部审计的含义、特点、类型

风险导向内部审计是内部审计的一种发展阶段，或者说是现代内部审计的主要形式。风险导向内部审计重点关注风险。

### 11.1.1 风险导向内部审计的含义

风险导向内部审计是指内部审计人员在内部审计的全过程自始至终都要关注那些可能对企业战略和目标的实现产生影响的事件、行为和环境，包括经营风险、市场风险、信贷风险、技术风险、人事风险，依据识别出的风险，制定审计计划，

最终以被审计单位风险为中心出具审计报告，从而协助被审计单位进行风险管理，帮助被审计单位降低各种风险。

风险导向内部审计是一种新的审计方法，它以系统观和战略观为指导，运用自上而下和自下而上相结合的审计思路，从企业战略分析入手，将被审计单位财务报告错报风险和其他风险紧密联系起来，要求内部审计人员全过程、自始至终地关注被审计单位风险，识别风险、测试风险，及时提出可降低风险的可行性建议和意见。

### 11.1.2 风险导向内部审计的特点

风险导向内部审计的特点如下。

（1）审计重心发生改变。风险导向内部审计需要审计人员将审计工作重心由内部控制测试转向风险评估测试，风险评估结果影响审计人员应关注的高风险审计领域及重点审计项目，从而影响审计资源的分配及审计证据的性质与数量，并要求审计人员在审计过程中更加关注企业战略、企业面对的外部行业状况、法律环境、监管环境及经营风险等内容。

（2）被审计对象由被动审计转变为主动参与。传统审计，大多是被动式审计，被审计单位疲于应付；而风险导向内部审计中，被审计对象主动参与，积极与审计部门共同发现、分析和解决审计发现的问题。

（3）审计业务范围较传统审计有所扩大。风险导向内部审计在传统的内部审计工作范围的基础上，将其业务范围扩展到风险管理、企业治理等领域，以及能为企业增加价值的保证和咨询活动。

（4）将着眼点放在未来。风险导向内部审计更加注重被审计单位显现与潜在的影响未来经营目标实现的风险。在实施审计时，对这些问题投入较多的审计资源，在证实、评价有关信息的基础上，得出恰当的审计结论与提出切实可行的对策性建议，以促进和帮助被审计单位管理当局有效履行其面向未来尤其是制定科学的未来发展战略方面的受托管理责任，这改变了传统审计根据对过去业务与内部控制情况进行评价而得出审计结论、提出审计建议的做法。

### 11.1.3　风险导向内部审计的类型

风险导向内部审计的类型有以下四类。

**1. 系统性风险导向**

内部审计是一个相对独立的系统，同时也是企业管理系统中的一个重要组成部分，是优化企业风险管理的关键部分，在企业核心能力的生成和运行中具有重要的不可替代的作用。内部审计是企业内部审计资源、能力和环境有效整合的连续一体化过程。风险导向内部审计本身有其组成要素、结构及目标，具有复杂系统的显著特征。

跨职能合作的需要以及内部审计各要素相互作用机制的复杂性，导致风险导向内部审计生成和运行更加复杂，因此，在其系统运行业务中，不仅要借助复杂系统理论和方法进行指导，而且要重视其复杂性，注重内部审计资源、能力有效配置，结构优化，目标可协调，及时发现问题、分解问题和解决问题，以确保系统目标的实现。

**2. 增值性风险导向**

内部审计作为一种审计模式，能充分调动全体员工的积极性来发现风险事件或潜在机会，将风险转移或控制在企业风险承受水平内或对潜在的机会加以利用，这种从下至上的合作能为企业减少损失甚至带来收益，提升企业价值。风险导向内部审计整合了全面风险管理和内部审计职能，从上至下，从企业董事会到各子公司或各分部风险管理小组，明确责权利配置，可以监管、激励和约束内部审计行为，协调内部审计关系，优化审计资源的配置，提高内部审计效率，最终保证企业内部审计战略的实现，发挥内部审计的价值增值作用，提升企业价值。

**3. 依存性风险导向**

内部审计依赖审计主体所依存的审计环境、资源、能力，且随时空变化而变化、随实现路径的不同而不同。风险导向内部审计必须与内部审计战略和风险管理战略保持一致的动态调整，尤其要关注企业内外审计资源、内部审计能力的变动和调整。风险导向内部审计的运行是一个适应性的业务，企业必须采取与时俱进的观念和不断修正的方式来制定战略，并力求与企业环境和谐一致，以确保内部审计战略的实现。风险导向内部审计要体现企业战略对审计行动的指导性，并充分发挥其长期效能；当内部审计环境出现较大变化并影响全局时，企业必须利用机会，甚至创造机会，并随之调整内部审计战略。

**4. 创新性风险导向**

内部审计是对审计技术和方法的创新，主要表现在以下方面。首先，将审计重心前移，从以审计测试为中心转移到以风险评估为中心，审计程序包括风险评估程序、审计测试程序，重点是风险评估。其次，风险导向内部审计在以往内部审计的基础上增加了风险评估程序，体现了以风险管理为基础的审计理念。风险评估重心由内部控制向风险管理转移。风险导向内部审计对风险评估结构也进行了优化，使风险分析从零散走向结构化。风险分析结构化的好处是考虑了多方面的风险因素，便于做综合风险评估。

此外，分析性程序成了风险评估的中心。审计师将现代管理中的分析工具充分运用到风险评估中，使分析性程序不仅包括财务数据的分析，还包括非财务数据的分析。

# 11.2 风险导向内部审计的功能

风险导向内部审计的功能，主要包括两个方面。

## 11.2.1 风险管理效应风险导向

风险管理效应是指内部审计积极主动整合审计资源、发挥资源作用来调整控制、驾驭关键风险，实现审计目的。要实现风险管理目标，必须科学选择审计战略路径，建立健全内部审计系统的风险管理组织体系，为风险价值目的实现和战略实施提供保障，建立内部审计风险预警与风险报告体系，提供风险管理的信息资源，建立考评奖惩制度，为风险管理提供激励和约束。

### 11.2.2 价值创造效应风险导向

内部审计的价值创造效应是指充分发挥作用使审计主体、审计客体及相关利益者价值最大的业务及结果。价值创造的物质基础是实现各种审计资源的有效整合。要实现价值创造就必须使内部审计系统的审计决策适应特定审计环境，驾驭相关审计风险。

## 11.3 风险导向内部审计的作用

风险导向内部审计的作用，主要包括以下八个方面。

### 11.3.1 帮助管理层了解风险信息

风险导向内部审计要求审计人员将工作的重点放在重要风险上，使年度计划与组织治理层的战略风险相一致、具体审计计划与具体经营风险相一致，并运用一定的方法进行风险管理、特别是要考虑企业的经营风险、注重对舞弊风险的评估。

在实施审计过程中，管理层能及时了解企业的风险信息，可以在风险和机遇中寻求均衡点，使企业在风险来临时从被动受损转变为主动控制和排除风险，从而能够谨慎而又快速地在风险中生存、壮大。

### 11.3.2 帮助管理层识别与评估风险

以系统论为基础产生的风险导向内部审计，要求内部审计人员不但要检查本企业的风险情况，还要观察同行业其他企业的经营情况及整个市场的经营风险水平，站在一个较高的角度识别企业风险。

内部审计人员在了解了其他企业内部控制程序之后，会对本企业的内部控制制度产生新的认识，更容易评价本企业的内部控制制度是否合适，并采取更佳的内部控制制度来管理企业的风险。

### 11.3.3 帮助管理层进行风险的管理与协调

风险导向内部审计从评价各部门内部控制制度入手，在各领域查找管理漏洞，帮助管理层识别并防范风险。企业风险无处不在，不但各管理部门有内部风险，而且各管理部门还有需共同承担的综合风险，内部审计人员作为独立的第三方，可协调各部门共同管理企业，以防范宏观决策带来的风险。

### 11.3.4 在风险环境分析中的作用

风险环境包括内部风险环境和外部风险环境。风险导向内部审计应从着眼于风险转到着眼于经营环境，通过对经营环境（包括一般环境和社会环境、创业环境、内部审计应用环境和组织环境等）的分析，以进一步评估企业的固有风险和剩余风险，并通过对企业各项环境因素变化的分析，将分析结果以审计报告的形式反映给管理层，以便管理层更加有效地管理风险。

由于风险导向内部审计熟悉企业的内部环境并具有相对独立的职能地位，因此可以全面客观地判断企业的固有风险、评价企业目标的有效性和可行性。

### 11.3.5 在风险事件识别活动中的作用

风险导向内部审计针对现有环境与经营过程，通常以各种类型的战略或各种形式的商业活动为基础模板，观察同行业内其他企业的经营情况及整个市场的经营风险水平，同时，内部审计人员以其专业知识和技术，独立地推断潜在的重大风险。因此，在风险事件识别活动中，内部审计人员要判断管理层是否完全识别了单位的所有风险。

### 11.3.6 在风险评估中的作用

风险导向内部审计通常要求采用风险评级和计分的方法进行风险评估，并根据量化的风险水平排定次序，尽量找出风险存在的根本原因，以寻求最好的解决方案。

对难以客观量化的风险事件，则估计风险发生的可能性，此时，内部审计人员的职业判断显得尤为重要，其可以帮助管理者做出正确的选择。可见，在风险评估中，内部审计人员需要从客观的角度分析风险的假设条件、计算方法的适当性来评价风险，以向管理层提供专业意见。

### 11.3.7　在风险反映和控制活动中的作用

对于大部分风险，企业需要采取一定的行动来转移或分散风险，以达到企业可接受的风险水平。为此，企业需要对其风险加以控制，即将不可接受的固有风险转化为可接受的剩余风险。由于控制活动本身是很复杂的，内部审计人员通常采用分析性程序和详细测试评估控制活动的有效性，以管理风险。

因此，在风险反映和控制活动中，内部审计人员通过分析、评估风险回避的合理性，增强风险措施的有效性，以降低企业承受的风险。

### 11.3.8　在风险信息沟通和风险管理系统监控中的作用

风险管理涉及企业各个职能主体，涉及各管理部门共同承担的企业的综合风险。风险导向内部审计从评价各部门内部控制制度入手，在各领域查找管理漏洞，以独立第三方的身份验证信息的准确性和及时性，帮助管理层进行风险的管理与协调。

为此，内部审计人员需要采用风险监控方式，将经营计量系统记录的业绩与计划和预期业绩以及同一时期的竞争者业绩进行比较，从而发现风险环境中新的风险和变化，便于管理者及时做出反应。可见，在风险信息沟通和风险管理系统监控中，内部审计人员通过评价报告系统证明风险信息被准确、及时地传递给相关人员，内部审计报告可以向董事会和审计委员会传递风险是否得到有效管理的信息、保证单位对风险的管理是一直有效的。

# 11.4 风险导向内部审计的应用

风险导向内部审计有极其重要的用途，对于企业的发展而言有重要意义。其主要以企业的经营思想作为工作的核心，并且创造性地把战略目标作为工作的风向标，然后采用战略分析、绩效分析等工具，综合考虑各项相关的因素并提出合适的解决策略，从而预见企业的风险度，让企业实现更好更快的发展。在具体实施工作中，内部审计人员可以从以下五个方面来进行探讨和分析。

## 11.4.1 多渠道获取信息，围绕目标辨认风险

内部审计风险的产生，除了与审计人员自身的业务素质和职业道德水平有关之外，还与企业的经营风险和财务风险有关。内部审计人员应花大量的时间和精力与各级管理层沟通，充分了解被审计单位经营目标实施过程中的审计域和相关风险因素。

审计域是指被审计职能确定为可检查和评估的项目、部门或制度。例如，参加企业的相关活动了解企业文化，以获取相关领域的控制关键点和风险因素；利用基础审计中得到的线索发现风险点；参与相关的决策过程，如重大的投资决策，及时获知风险；积极利用企业管理部门征集的年度合理化建议的信息，发现真实的控制弱点和失控环节；认真听取各主要职能部门联合大检查的讲评，仔细搜集管理中的风险信息。

## 11.4.2 采取科学方法进行风险评估

风险评估是风险管理的基础，其步骤如下。

（1）针对各个部门、系统、项目等的特性来识别可审计活动的范围。

（2）分析可审计对象会给企业带来的风险有哪些及其风险程度。

（3）列出构成风险的要素有哪些，并确定各要素导致风险的比例大致为多少，然后对风险要素进行排序，根据排序确定审计次序。

在确定风险程度时应关注事情发生的可能性以及可能引起的损失。

内部审计人员在进行风险评估时应考虑以下风险因素：金额的重要性；资产的变现能力；管理水平和能力；内部控制的质量；变化或稳定性程序；上次审计

的时间；复杂性等。在对风险高低程度进行确认和排序之后，审计主管应当优先考虑对高风险的活动实施审计。

### 11.4.3　建立风险预警系统，实现风险预警

审计预警就如同整个审计过程中的抗体，会对出现的潜在风险向内部审计人员提出警告，这样就使风险管理由被动转为了主动。通过审计预警的方式，决策者能对未来风险有所察觉，在风险事件真正发生之前做好充分应对的准备，使风险事件的发生损失降到最低，从而真正做到事前审计。

风险预警系统应该包含两个重要的内容：预警指标和临界点。预警指标是对关键点进行监测，通过与正常值的比较而发出警示的统计指标；临界点则是一触即发的时点。

### 11.4.4　编制风险审计计划，优化资源配置

根据企业经营目标和发展战略及风险状况，合理配置审计资源，制定科学的中、长期审计规划和年度审计计划。完善的风险审计计划，应该包括三个层次的计划：年度审计计划、项目审计计划、审计方案。

年度审计计划是配合长期和年度风险战略，对年度的风险审计任务所做的事先安排和规划，是企业年度工作计划的重要组成部分。年度审计计划应具有一定的灵活性，以满足随时可能出现的战略需求。

项目审计计划是对具体风险业务、项目或因素实施审计的全过程所做的综合安排。

审计方案是指导现场审计达到审计目标的一套具体行动措施，一般包括从审计开始到结束的全部执行步骤。

风险审计计划的上述三个层次应对接可用审计资源，以保证资源的最优配置。

### 11.4.5　及时沟通信息，确保风险处置时效

沟通应该贯穿整个审计过程。在审计实施前，审计人员应就审计报告的提交日期、各审计阶段的进度安排、应提供的资料、人力和物力协助、各重要审计程

序的执行日期等方面与被审计单位充分协调、沟通，避免可能产生的一些矛盾。

在审计实施过程中，对审计发现的问题及所提出的建议，审计人员要与被审计单位或个人进行商谈。讨论审计结果有两种方式：一是面对面的口头交换意见；二是通过编制书面的审计备忘录进行讨论。通常，审计备忘录应包括现状、标准或期望、原因、影响、评价、建议等部分，并要求指定的人员在规定时间内给予正式的书面答复，以免事后产生不必要的争议。

# 11.5　风险导向内部审计各阶段应用

在风险评估、计划制定、计划实施、审计报告、后续审计各阶段如何应用风险导向内部审计呢？

## 11.5.1　风险评估阶段

在风险评估阶段，审计人员需要了解被审计单位内、外部环境，具体如下。

（1）行业状况、法律与监管环境以及其他外部因素。

（2）被审计单位的性质。

（3）被审计单位对会计政策的选择和运用。

（4）被审计单位的目标、战略以及相关经营风险。

（5）被审计单位财务业绩的衡量和评价。

（6）被审计单位的内部控制。

审计人员对被审计单位本身及外界环境进行分析，从而识别出宏观环境和行业环境对被审计单位战略的影响、被审计单位的战略管理控制程序及其实施效果，达到发现战略风险的目的。

经营风险又称营业风险，是指在企业的生产经营过程中，供、产、销各个环节不确定性因素的影响所导致企业资金运动的迟滞，产生企业价值的变动。这需要审计人员分析被审计单位从生产到经营每个关键环节的监控与控制过程存在的风险。

　　审计人员须在分析完战略风险、经营环节风险后得出被审计单位剩余风险。剩余风险是指运用了所有的控制和风险管理技术以后而留下来，未被被审计单位有效控制，并对会计报表产生潜在重要影响的风险。剩余风险可能源于战略风险，也可能源于经营环节风险。剩余风险是审计人员关注的重点。

## 11.5.2　审计计划制定阶段

　　审计人员通过分析影响被审计单位目标实现的各种风险，建立风险坐标图，对风险进行定量和定性评估，在识别出被审计单位重要风险后，确定审计重点、审计范围，制定审计计划。

　　审计计划的内容应包括：被审计单位的基本情况、审计目标、审计范围、审计风险初步评价、重要性标准、审计策略（包括重点审计领域以及其他关注事项）、审计时间表以及人员安排、审计实施前准备工作等。

## 11.5.3　审计计划实施阶段

　　在审计计划实施阶段，审计人员根据风险评估水平所确定的审计重点、时间和范围进行审计，采用恰当的方法，如检查、监盘、观察、查询及函证、计算、分析性复核等，以获取充分、适当的审计证据。

　　风险导向内部审计实施的整体思路是"目标、风险、控制、审计"，关注各项风险因素是否得到适当管理，同时在实施审计时，通过舞弊评估、有针对性的审计来帮助被审计单位降低风险。

　　（1）控制测试。其旨在确定内部控制的有效性，以便提高审计效率。注意，控制测试不是必经程序。当审计人员进行风险评估期望内部控制有效时，或者仅靠实质性测试不能为某项认定提供充分的证据时，就实施控制测试。

　　（2）执行实质性测试。对各类重大交易、账户余额，审计人员都必须进行实质性测试，以确保管理层在财务报表上的各项认定是客观、真实的，即对财务报表所反映的经济事项的存在性和完整性做实际审核。

　　（3）风险再评估及修改审计计划。在审计过程中，审计人员可能会发现计划中存在不符合现实的地方，并且超过了重要性水平，那么就需要调整计划，再次评估企业的风险，实施相应的工作步骤，以确保审计质量。

## 11.5.4 审计报告阶段

审计人员以风险评估为基础提出审计发现和审计建议，完成现场审计并出具审计报告。审计报告应简洁明了，并包括对各项风险因素的披露和审计建议执行力度。

## 11.5.5 后续审计阶段

出具了审计报告，并不意味着审计过程的终结，还要进行后续审计。后续审计的重点是由控制目标未能实现而产生的风险。风险是影响后续审计本质和范围的重要因素，风险越大，后续审计的范围就可能越广。因此，控制目标的实现和风险的再评估是后续审计的重要内容。

### 案例 某炼化企业内部控制审计

某炼化企业实施风险导向内部控制审计，是在内部控制的基础上采用系统化和规范化的方法，通过对企业风险管理体系、各业务循环及相关部门风险识别、风险评价、风险管理等的测试、评价和预警，保证企业实现降低风险的目标。

（1）管理层应增强对内部控制审计的重视。

一方面，石油企业业务链复杂，高层管理者只有充分理解内部控制审计的战略性地位、职能、性质和作用，从企业可持续发展和促进价值增值的角度思考各阶段的审计目标，才能适时地对各级流程中易发风险进行有效防范和控制。

另一方面，石油企业内部审计机构和人员要积极地与管理层进行沟通，主动宣传现代内部审计的新功能、新特点及内部控制审计在石油企业风险管理和企业治理中的重要作用，以及内部审计机构在参与风险管理方面具有的优势，引起治理层对内部控制审计的高度重视。

（2）内部控制审计应向事前审计及追踪审计延伸。

对于内部控制审计来说，事后审计是一种亡羊补牢的方式，如能确保审计部门的独立性，应该将审计工作向事前及追踪审计延伸，把内部控制审计的视角拓展到工程、采购等事前环节，前移审计关口，在前期评估风险，防范舞弊行为的发生。

参与招标、考察、询价、谈判、验收等项目流程可以为企业降低内部控制风险、节约审计成本。企业应该形成辐射全流程的跨流程、复合型审计，通过开展事前及追踪审计，及时向管理层预警已经存在或可能存在的舞弊风险，予以合理控制，并协助、督促管理层适时改进内部控制流程及机制，以内部控制审计的有效性保证企业运营的合规性。

（3）建设风险导向审计系统的网络数据库。

随着计算机的普及，办公自动化已是大势所趋，传统的审计方法在某些地方具有存在的价值，但是计算机审计已经成为审计工作的主要手段和优先选择。信息技术在任何企业当中都具有举足轻重的战略地位，所以企业不能落后于时代的发展，要加快实现和完善审计工作的信息化建设。

一方面，在信息系统开发方面，运用成本效益原则，谨慎选择信息开发方式，规避风险。

另一方面，充分运用互联网技术和通信技术，加快企业内部的局域网以及与外部相联系的广域网的建立，实现纵向和横向之间的连接，实现在线远距离实时审计，通过联机系统将审计人员所需的资料即时传递到审计人员的计算机中，及早发现被审计单位的舞弊问题，提高审计效率和质量。

# 11.6　风险导向内部审计应注意的问题

企业在追求利润最大化的同时，如何最大限度地规避风险，实现效益最大化，是决策者和管理者的研究课题。因此，内部审计人员应将风险导向审计理念和审计方式融入工作，以防范企业重大风险为内部审计工作的主航向标，运用系统科学的分析方法，对风险的级次予以评估，促进内部审计工作向合理安排审计计划、不断优化审计方案、有效配置审计资源的方向发展，充分发挥内部审计参与企业经营决策、防范企业重大风险、监督企业经营活动、评价企业控制执行质量、促进企业健康发展等方面的职能作用。

### 11.6.1 责任问题

企业风险管理是风险导向内部审计的主要业务。内部审计人员并不参与风险管理的建立和运行过程，而是在企业已有风险管理的基础上实施再监督，以促进风险管理框架的建立或使风险管理的有效成为可能。

风险导向内部审计和控制基础审计是审计模式，而风险管理审计和内部控制审计是具体的审计业务。

### 11.6.2 途径问题

在企业风险管理框架下，内部审计是风险管理的函数，是对风险管理的再管理，因此，内部审计参与风险管理的途径有两种：风险管理审计和风险导向审计。但对风险导向内部审计而言，其途径仅为第二种，即对剩余风险的确认、排序和建议。

风险导向内部审计是与控制基础审计等相并列的审计模式，是以风险为导向进行审计；风险管理审计是对风险管理这个活动本身进行审计，它不是一种审计模式，而是一项具体的审计内容。

### 11.6.3 侧重点问题

风险导向内部审计遵循目标—风险—控制的顺序，重视与企业目标直接关联的风险分析，关注的是优先选择高风险领域的控制，并且着眼于评估具体控制对风险管理的效果。

风险导向内部审计强调从整体上分析企业，以企业的经营风险为核心展开审计工作，评估企业的经营风险对审计风险的影响，根据评估结果采取针对性的审计程序，以降低审计风险。其核心是通过评估企业经营风险、管理风险和内部控制，从而实现既节约审计成本、提高审计工作效率，又保证审计风险在可控的范围内的目的。

# 11.7　风险导向内部审计应用中存在的问题与应对措施

风险导向内部审计作为一种新的审计模式在我国起步较晚，由于受各方面条件的限制，其在我国的应用还存在很大的问题。

## 11.7.1　风险导向内部审计在内部审计实务应用中存在的问题

风险导向内部审计在内部审计实务应用中存在以下问题。

（1）传统审计模式制约着现代风险导向内部审计的开展。在内部审计实际应用的层面，内部审计人员很难适应新的模式，此外，审计成本太高、审计信息数据不全等都制约着风险导向内部审计在内部审计中的应用。

（2）内部审计人员未能从本质上改变风险评估的方法。在新的准则下，虽然很多内部审计人员意识到了风险评估的重要性，但由于企业制度的不健全，很多内部审计人员所用的评估方法在本质上并没有改变。

（3）内部审计人员专业水平低、知识体系不健全、有关风险导向内部审计的经验不足、没有高水准的职业判断等。

## 11.7.2　针对风险导向内部审计在应用中存在的问题的应对措施

针对风险导向内部审计在应用中存在的问题，企业可以采取哪些解决措施呢？

### 1. 建立健全内部风险评估新制度

审计部门应该积极地向决策层提出建立健全企业风险管理体系的建议，从而提高企业风险管理的整体水平，带动风险导向内部审计的深入开展，为风险导向内部审计模式的应用提供强有力的制度保障。

### 2. 完善内部风险评估新模式

首先要客观地分析该模式应用的基础是什么、自身拥有什么、难点有哪些；然后引入一些具体的方法和技术，分析其与企业实际情况的适合程度；最后根据企业的特点和现状，加以改进，加强审计工作的时效性，多应用计算机等高科技技术，提高审计的工作效率。

**3. 提高内部审计人员的质量**

加强对内部审计人员的岗前教育以及岗前培训；施行审计类似岗位交流制度；补充审计新生力量。

# 11.8 风险导向内部审计工作流程、技巧与方法

传统的内部审计人员的角色是单位内部的"经济警察"；而在新形势下，内部审计人员更多地转型为企业内部咨询师、内部控制设计师和风险管理专家等角色，从而适应新形势对内部审计人员的专业知识、业务技能、战略感知、行业了解等综合技能提出的更高要求。

内部审计人员应从内部控制及审计理念出发，在风险、问题出现之前，就预先指出制度的疏漏，发现企业运营管理及流程漏洞，帮助企业完善内部控制与风险管理体系，避免产生更大的损失。

## 11.8.1 风险导向内部审计工作流程

风险导向内部审计工作流程如下。

**1. 审前准备**

审前准备工作整体内容框架见表 11-1。

**表 11-1 审前准备工作整体内容框架**

| 基本流程 | 主要工作 | 主要方法 | 审计心态 | 被审心态 |
|---|---|---|---|---|
| 审前准备 | ①编制年度审计计划<br>②编制项目审计计划<br>③组织审计前的调查<br>④编写审计方案<br>⑤下达审计通知书 | ①审计调查方法<br>②分析判断方法<br>③沟通协调方法 | ①冲动心态<br>②畏难心态 | ①配合心态<br>②双重心态<br>③规避心态<br>④防范心态<br>⑤抵触心态 |

审前准备的主要工作如下。

编制年度审计计划。编制年度审计计划应该关注的因素包括：被审计单位年

度内经济工作的中心问题；重大政策措施落实情况及存在的问题；经营管理中存在的突出问题和难点问题；员工普遍关注或反映强烈的热点问题；以往审计发现的影响较大的问题；具体审计项目先后顺序安排；审计资源（人员数量、审计耗时与审计经费）的合理分配；后续审计的必要安排。

编制项目审计计划。项目审计计划的内容包括：审计目标；审计范围；重要性；审计风险评估；审计小组构成；审计时间分配；专家与外部审计结果的利用。

组织审计前的调查。审计前的调查内容包括：经营活动情况；内部控制设计与运行情况；财务会计资料；重要合同、协议及会议记录；上次审计结论、建议及后续审计执行情况；上次外部审计意见等。

编写审计方案。审计方案的内容包括：具体审计目的；具体审计方法和程序；预定执行人及执行日期等。

下达审计通知书。审计通知书的内容包括：被审计单位及审计项目名称；审计目的；审计范围；审计时间；被审计单位应提供的具体资料和必要协助；审计小组名单；审计机构及负责人签章和签发日期。（附件包括：被审计单位承诺书、被审计单位提供资料的清单、审计文书送达回证。）

### 2. 审计实施

审计实施的整体内容框架见表 11-2。

**表 11-2　审计实施的整体内容框架**

| 基本流程 | 主要工作 | 主要方法 | 审计心态 | 被审心态 |
|---|---|---|---|---|
| 审计实施 | ①控制测试<br>②实质性测试<br>③审计工作底稿与审计日记<br>④中期审计报告 | ①审计调查方法<br>②分析判断方法<br>③审计取证方法<br>④逻辑推理方法<br>⑤沟通协调方法 | ①速成心态<br>②拖延心态<br>③对抗心态 | ①配合心态<br>②应付心态<br>③厌烦心态<br>④防范心态<br>⑤抵触心态 |

审计实施阶段的主要工作如下。

①控制测试。

控制测试内容包括内部控制健全性测试与有效性测试。

健全性测试用于评价被审计单位各项业务活动是否建立了内部控制制度；各项内部控制制度是否符合内部控制的基本原则（全面、制衡、成本效益、权责利对称）；控制环节是否设置齐全；关键控制点是否存在；控制强点与控制弱点。

有效性测试用于评价内部控制系统布局是否合理，有无多余和不必要的控制；关键控制点是否发挥作用；内部控制目标是否达到。

控制测试方法：询问相关人员；检查内部控制生成的文件和记录；观察被审计单位经营活动；重新执行有关内部控制（穿行测试）；功能测试。

穿行测试：检查一项业务从头至尾的处理情况，以确认控制程序是否认真执行。一般采用顺查法，从凭证开始查到登记入账为止。

功能测试：不仅要查明制度执行是否发挥了控制作用，还要进行功能分析。注意是否存在多余制度（不经济、无效率、管理混乱的制度）。

②实质性测试。

实质性测试内容包括业务活动效益性测试和财务收支合法性测试。测试种类有分析性程序、交易测试、余额测试和列报测试。测试方法有：询问、观察、检查、监盘、函证、分析、计算。

实质性测试中关于重要性原则判断的考虑：考虑绝对数，把某一特定金额作为重要性水平，而不考虑经营规模或业务量的大小；以错报金额占相关账户金额的百分比来比较判断错报是否重要；以错报金额占利润的百分比来比较判断错报是否重要；以错报金额占资产的百分比来比较判断错报是否重要；考虑错报的性质（违法、舞弊）而不考虑错报金额大小。

③审计工作底稿与审计日志。

审计工作底稿是审计业务的具体记录，其内容包括：被审计单位名称；审计事项名称；审计事项期间；审计事项描述与结果记录；审计结论；执行人姓名与执行日期；复核人员姓名、复核日期与复核意见；索引号及页次；审计标志。审计工作底稿应实行多层次复核。

审计日志是审计人员行为的过程记录，其内容包括：审计事项名称；实施的审计步骤与方法；审计查阅的资料名称和数量；审计人员的专业判断和查证结果；其他需要记录的情况。

④中期审计报告。

中期审计报告是指将在审计过程中发现的重要问题及时传达给高层管理者和被审计单位，以便迅速采取行动，纠正错误，减少损失。中期审计报告可以是书面的也可以是口头的，可以是正式报送的也可以是非正式报送的，非常灵活。

### 3. 审计报告

审计报告工作的整体内容框架见表 11-3。

表 11-3　审计报告工作的整体内容框架

| 基本流程 | 主要工作 | 主要方法 | 审计心态 | 被审心态 |
|---|---|---|---|---|
| 审计报告 | ①完成审计报告<br>②征求反馈意见<br>③审计建议<br>④整改通知<br>⑤审计告知<br>⑥审计决定 | ①审计写作方法<br>②沟通协调方法 | ①批判心态<br>②放松心态<br>③畏难心态<br>④恐惧心态 | ①对抗心态<br>②干扰心态 |

审计报告阶段的主要工作如下。

①完成审计报告。

审计报告的基本要素包括：标题、收件人、正文、附件、签章和报告日期。正文内容有：审计立项依据、审计目的、审计范围、审计重点、审计标准、审计依据、审计结论、审计决定、审计建议等。附件包括对审计过程和审计发现问题的具体说明、被审计单位反馈意见。

审计报告重点说明：披露发现的情况，说明在什么方面出现问题；对发现的情况进行描述，说明为什么出问题；提出改进建议，说明应采取什么整改措施；反映被审计单位意见与行动计划。

②审计交流。

审计交流包括：征求反馈意见、审计建议、整改通知、审计告知、审计决定等。审计交流对事不对人，围绕问题开展细致、深入的交流。

### 4. 后续审计

后续审计工作的整体内容框架见表 11-4。

表 11-4　后续审计工作的整体内容框架

| 基本流程 | 主要工作 | 主要方法 | 审计心态 | 被审心态 |
|---|---|---|---|---|
| 后续审计 | ①后续审计中的三方职责<br>②制定后续审计方案<br>③形成后续审计工作底稿<br>④编写后续审计报告<br>⑤扩散审计 | ①审计取证方法<br>②分析判断方法<br>③审计写作方法<br>④沟通协调方法 | ①放松心态<br>②畏难心态 | ①抵触心态<br>②对抗心态<br>③从众心态<br>④侥幸心态 |

后续审计阶段的主要工作如下。

①后续审计中的三方职责。

审计人员职责：对被审计单位给予充分尊重，不把具体纠正措施强加给被审计单位；采取合适的方法确定被审计单位对审计发现是否采取了恰当的行动；向高层管理者报告后续审计中的判断和评价；实施后续审计时尽量避免对被审计单位正常业务的影响。

被审计单位职责：配合、协助审计人员的后续审计工作；对审计报告做出及时、全面的回复并对报告中提到的缺陷采取切实有效而持续的纠正措施；向审计人员和高层管理者汇报纠正行动取得的进展，并提出在纠正方法上的不同意见；选择最恰当的纠正方法。

高级管理层职责：监控后续审计过程，鼓励被审计单位对审计报告做出回复；评审被审计单位的纠正措施；考虑其充分性和有效性；避免干涉审计人员的后续审计工作。

②制定后续审计方案。

后续审计方案的制定必须做到：表明方案中的各项声明均得到企业最高权力层支持并以书面形式载明；方案应发给所有管理层；要求被审计单位在一定时限内对审计人员的发现和建议做出书面回复；要列示审计人员、被审计单位和高级管理层在后续审计中的职责。

③形成后续审计工作底稿。

后续审计工作底稿包括：被审计单位对审计报告的书面回复；与被审计单位就回复中提到的纠正措施、存在缺陷进行探讨的回函；报告专递信和讨论有关审计报告事项的信函复印件；后续审计会议、电话备忘录以及文件审查、计算的书面资料；发送给被审计单位的其他信件、备忘录。

④编写后续审计报告。

后续审计报告一般包括：审计目的；以前审计报告中的审计发现和建议；纠正措施；审查结果；被审计单位的审计回复；后续审计发现；后续审计评价。

⑤扩散审计。

扩散审计是针对被审计单位以外的其他部门是否也存在相同问题开展的审计工作，检查其是否也开展了同步后续审计。

**5. 成果运用**

成果运用工作的整体内容框架见表 11-5。

**表 11-5　成果运用工作的整体内容框架**

| 基本流程 | 主要工作 | 主要方法 | 审计心态 | 被审心态 |
|---|---|---|---|---|
| 成果运用 | ①建立完善的审计公告与通报制度<br>②建立纠错机制 | ①制度建设方法<br>②档案管理方法<br>③沟通协调方法 | ①忧虑心态<br>②批判心态 | ①对抗心态<br>②服从心态 |

成果运用阶段的主要工作如下。

建立完善的审计公告与通报制度；积极争取高级管理层和各个被审计单位的支持；认真执行审计结果公告与通报工作；立项必审，审计必纠，结果必告，责任必究；建立纠错机制；审计建议能够得到适当管理层的肯定、采纳和应用，形成制度和政策，以达到防弊、兴利与增值的目的。

审计成果运用的具体体现：被审计单位内部高层管理者对审计意见和建议的批示；职能部门对审计建议的采纳；相关责任人的移送处理。

## 11.8.2　风险导向内部审计技巧和方法

风险导向内部审计技巧和方法如下。

**1. 访谈的技巧**

（1）访谈计划。明确访谈目的，了解需收集的数据；制作访谈向导，便于切入访谈主题，但不应过度控制访谈；将访谈主题分解成多个子项，每个问题都围绕某一个子项进行；计划问题的逻辑顺序；预测被访谈者对争议性观点的反应；跟踪细节（如电话号码、建议读物等）；设计相关的问题。

（2）访谈开始。访谈开始影响访谈是否可以顺利地进行，因此需要营造一种适合交流的气氛；不同的文化背景下，采用不同的开场方式；介绍自己、访谈目的及对被访谈者的益处；介绍访谈内容及所需的时间；介绍同来的同事的目的、工作角色；与被访谈者建立合作关系，为访谈做铺垫；注意营造宽松的访谈氛围。

（3）五种常用的问话方式。

①开放式。

希望得到广泛的回答；引导被访谈者充分表达观念、意见等；激发被访谈者表达意愿。常用的问句如下。

谈一谈……;

为什么……;

请问你对……的看法。

②封闭式。

澄清特定的问题;希望得到特定的肯定答复。常用的问句如下。

能不能……;

可不可以……;

是不是……;

你工作几年?

③假设状况。

假设一种状况,了解被访谈者采用何种处理方式;提出在实际工作中可能发生的问题,了解被访谈者采用何种处理方式;了解被访谈者的思考逻辑及处理问题的能力。

④肯定澄清。

审计人员用自己的语言将了解的内容重复一次,澄清对方的意思;可以用一个封闭式的问句或一个肯定的陈述句;证实被审计人员的了解没有偏差。

⑤细化证实。

从广泛的问题的回答中逐渐细化问题直到得到一个肯定的答复。常用的问句如下。

广泛的问题——谈一谈你同时处理许多复杂问题的经验?

细化问题——你如何处理时间安排上的冲突?

(4)访谈结束。利用最后几分钟,对访谈内容进行小结,让被访谈者确认回答正确性,重新询问被访谈者没有充分回答的问题;充分利用这个时间,抓住问最后一个问题的机会获取重要的信息;对于一些敏感问题,被访谈者可能不会在严肃的氛围下回答,所以,可以在气氛轻松时,如关闭记录本时,多做一些了解;给被访谈者时间表达自己的关注点;获取访谈中提到的材料、文档、额外的资料;建立进一步接触的途径。

澄清封闭式的问题——所以,你的意思是你有能力很快地决定事情的重要程度及优先顺序?

### 2. 观察的诀窍

观察分为：方位观察；主次观察；时序观察；远近观察；分层观察；周期观察；动态观察；多角度观察。

使用诀窍包括：抽样与随机结合；事先通知配合或突击暗访；形成工作底稿，必要时有关人员签字；可独立进行或与监盘、询问结合。

### 3. 检查记录或文件的技巧

检查，是审计人员对会计记录和其他书面资料可靠程度的审阅与复核。常用的检查方法是审阅法。

审阅法是通过对被审计单位的会计资料和其他有关资料进行审查阅读来取得审计证据的一种审计方法。审计人员在审阅时应注意资料是否真实、合法，一般可以从资料的外观形式和经济内容两个方面进行审阅。在外观形式上，主要审阅资料的完整性、连贯性、统一性和逻辑性。在经济内容上，主要审阅经济业务的真实性、正确性、合规性和合法性。

在具体应用审阅法时，应注意以下几点：在审阅时，应同其他审计方法相结合进行；审阅某一会计事项或会计记录时，应将与其有关的一系列资料全面地、前后联系地审阅，以取得充分可靠的审计证据；应运用一定的审计技术。

### 4. 检查有形资产的技巧

抽查各种存货是否账实相符，是否低于市价，是否严重积压。抽查固定资产是否账实相符，有无长期闲置，有无淘汰，有无报废。

### 5. 监盘的方法

监盘是审计人员现场监督被审计单位对各种实物资产及现金、有价证券等相关信息的盘点，并进行适当的抽查，以获取和评价审计证据的过程。

一般而言，实物资产及现金、有价证券的盘点应由被审计单位进行，审计人员只进行现场监督；对于贵重的物资，审计人员可抽查复点。采用监盘的方法是为了确定被审计单位实物形态的资产是否存在并是否与账面数量相等，查明有无短缺、毁损及贪污、盗窃等问题存在。

审计人员监盘实物资产时，应对其质量及所有权予以关注。监盘法有其局限性，它只能对实物资产等是否确实存在提供有力的审计证据，不能保证被审计单位对资产拥有所有权及确定该资产的价值。

### 6. 观察的方法

观察是审计人员实地察看被审计单位的经营场所、实物资产和有关业务活动及其内部控制制度的执行情况等，以获取审计证据的方法。

观察法灵活性强，适应面广，适用于各种审计，特别适用于内部控制制度的测试，财产物资的验证，资源利用、工作效率、劳动纪律的考察等。审计人员通过观察法通常只能获得一些片面的感性材料，不足以独立形成审计判断，往往需要将观察法和其他方法配合使用。

### 7. 询问的方法

询问是对审计过程中发现的疑点和问题，通过口头询问或质疑的方式弄清事实并取得口头或书面证据的一种调查方法。日常审计调查中的询问主要是与被审计单位相关人员谈话。

### 8. 函证

函证是指为了获取与被审计事项相关的信息，通过直接来自第三方的对有关信息和现存状况的声明，获取和评价审计证据的过程，是为印证被审计单位会计记录所载事项的一种方法。

函证按答复方式不同，分为肯定式函证和否定式函证两种。函证实际上属于一种书面询问的方法，主要用于往来款的账目核对，可以较为有力地证明债权债务的实际存在和会计记录的可靠性。同时审计人员也可用该法对企业委托外单位保管的财产、含混不清的外来凭证、某些购销业务、企业银行存款与借款的种类和数额情况、企业保险情况等进行核实。如果没有回函或回函结果不满意，审计人员应当实施必要的替代程序，以获取相应的审计证据。

### 9. 重新计算的技巧

重新计算是对被审计单位的原始凭证、会计记录中的数据所进行的验算或另行计算。审计人员在审计时，往往需要对被审计单位的凭证、账簿和报表中的数据进行计算，以验证其是否正确。审计人员的计算并不一定需要按照被审计单位原先的计算形式和顺序进行。在计算过程中，审计人员不仅要注意计算的结果是否正确，还要对某些其他可能发生的差错予以关注。

### 10. 分析性复核的技巧

分析性复核的三大作用：有助于深层次地了解被审计单位；有助于迅速找出

有问题领域；有助于节约审计时间。

分析性复核要分析的四种信息类型：财务信息与非财务信息；货币量信息、实物量信息及其他信息；电子数据信息与非电子数据信息；绝对信息与相对信息。

分析性复核的六个步骤如下：

①确定需要运用分析性复核的交易或事项；

②估计期望值；

③确定可接受的差异额；

④执行计算及比较，确认重大差异；

⑤调查重大差异；

⑥得出认定结论。

**案例　伪造加盟协议私吞加盟费**

审计部对下属公司开展例行审计，在对物流单据进行审阅的时候，发现其向该省某市一家手机售后服务店多次发运厂家提供的手机配件。按照公司规定，厂家提供的手机配件只能供应公司直营店和授权加盟商。

接着，审计人员检查从业务部门获取的加盟商清单，该店不在名单内。

审计人员通过物流单据上的电话号码与收货人联系，对方回复于某年某月与该省分公司经理某某签订了加盟协议，并交纳了加盟费、管理费等共计 × 万元。审计人员当即要求对方传真了银行转账单据和签订的协议，转账单据显示收款人为省分公司经理，账户为其个人账户，协议签订人也为省分公司经理。

审计人员要求业务和财务部门调查，是否收到该店签订的加盟协议和加盟费等，业务和财务部门确认无该店加盟协议和无该店加盟费等入账。

审计人员拿着所有证据与省分公司经理谈话，其承认利用公司合同管控不严和掌握合同印章的权利，私自与该店签订加盟协议并私吞加盟费等的事实。

**案例　违规套现用于炒股**

某商业地产的审计人员在对销售应收款进行审计时，发现个别商铺的款项通过某招商人员的个人账户打款给公司账户，款项达数万元。之后询问商铺何时付款，商铺答复数月前就将该款项交给该招商人员。审计人员询问其他招商人员，发现其最近有大量资金炒股。

审计人员了解到，该招商人员直接拿租金炒股，然后办了 1 张信用卡，用信用卡打款给公司。信用卡有 50 多天的免息期，到期之后用新的租金来偿还信用卡，然后再通过信用卡打款。这样他就不必支付手续费，等于拿到了一笔免息的炒股费用。

### 案例 代垫货款的审计

审计人员在对销售进行审计的时候，发现部分客户在未出现销售退回的情况下进行了退货款账务处理。通过与业务员以及财务部会计沟通发现，此部分货款都退给了公司的业务员。退款原因是业务员前期替客户代垫了销售货款，现在客户向公司付款，故公司需将业务员代垫货款退还给个人。

有审计人员认为代客户垫付销售货款很正常，只要保证公司的货款及时收到即可。其实垫付销售货款既违背集团公司销售提成政策，又使业务员承担了客户拒付货款的潜在风险，还容易把客户拒付货款时的双方（公司、客户）法律纠纷演变为三方（公司、客户、业务员）法律纠纷。

对于业务员代垫货款的处理非常简单，即一经发现，从重罚款，扣减奖金。在中止合作后还有余款的时候退款，退款时客户应出具公函。

### 案例 对隐蔽工程的审计

长江堤防隐蔽工程部分乙方与甲方及监理人员相互勾结，采取偷减料、高估冒算等手段，骗取工程建设国债资金 8 000 多万元。

审计人员查清问题采用的方法如下。

（1）查买石头。审计人员按工程建设标段，了解施工方案、计划、图纸、发票等。如审查抛石量是否足够，先看发票，再查在哪儿买的；发票有公章，审计人员就去采石场，发现有的是假发票，有的是假公章；石头要靠水路运输，审计人员就去找港监部门查运输记录，审查哪天哪条船运，船的吨位是多少，船运了多少等。通过时间、数量、单价，就能发现乙方究竟买了多少石头。

（2）查抛石头。审计人员查施工时的抛石记录，发现有很多漏洞，很多抛石活动未被记录在抛石日志中。审计人员还查气象日志，看抛石头那天是否适合抛石头，发现有的时候下着倾盆大雨还在抛石头，这显然在造假。审计人员还发现了运输记录与抛石记录不相符的情况等。

# 第 12 章
# 大数据审计：网络时代企业内审内控自动化与稽核

我国审计历史悠久，大概起源于西周时代，"宰夫"的设立为我国审计的发展奠定基础。然而经过数千年的发展，我国审计仍然存在种种问题，如对审计发现的问题深入挖掘不够、审计证据不全面等。大数据时代的到来，给审计的发展带来了机遇，同时也带来了新的问题。

## 12.1　大数据下的网络审计

大数据是互联网发展至今的成果。大数据代表的不仅是掌握大量的数据信息，还有对数据的专业化处理。当然，审计的存储方法也发生了巨大改变，用云计算平台进行审计数据存储替代了采用一般服务器来存储数据的方式。

### 12.1.1　大数据下的网络审计概述

大数据下的狭义的网络审计是指借助于电子计算机先进的数据处理技术和联网技术，以磁性介质为主要载体来存储数据，以便用网络来处理、传输、查阅数据，使审计工作与计算机网络组成一个有机整体，从而提高审计的现代化水平。

大数据下的广义的网络审计是指在网络环境下，借助大容量的信息数据库，以及运用专业的审计软件对共享资源和授权资源进行实时、在线的个性化审计服务。

大数据下的网络审计的作用：可以实现审计信息资源的充分共享；可以实现跨时空作业；可以使审计服务更周到；可以实现审计信息数据传递的网络化；可以体现多单位联合作业的协调优势；可以及时披露审计结论、审计报告；可以利用网络的隐秘性更好地实施突击审计。

## 12.1.2　大数据下的网络审计的内容与特点

大数据下的网络审计的内容和特点包括以下几方面。

### 1. 网络审计的内容

①对网络经济的审计。

网络经济是指在开放的互联网环境下，利用服务器来实现的各种经济活动。这种经济模式具有虚拟性、广泛性、隐蔽性、即时性等特点，与传统的经济模式有显著的区别。网络经济既包括网络贸易、网络银行、网络企业及其他商务性的网络活动，又包括网络基础设施、网络设备和产品及各种网络服务的建设、生产和提供等经济活动。

②对网络系统的审计。

网络审计对网络系统安全性、可靠性和准确性有很强的依赖，这就要求尽可能在网络系统投入运行前就对其进行审计。对网络系统的审计包括：对系统开发的审计；对内部网络功能与控制的审计；对外部网络相关单位的审计。

③借助网络进行审计。

网络审计还应该包括审计自身的网络化，即审计本身的电子商务化，这是网络审计与传统审计相区别的根本特征。

第一，借助网络开展业务。网络审计机构的大部分业务活动都需要在网上开展，包括在本企业网站上进行形象塑造、信息披露、服务咨询、同业交流、委托或授权、资金划拨、审计结果报送等。

第二，借助网络进行项目管理和实施。网络审计机构在网上接受委托或授权，并取得登录密码及其他相关权限后，就可以在任何地方借助网络进行项目管理和实施，完成除实地盘点和观察外的大部分审计工作了。如审计项目负责人可以在网上制定审计计划，给各审计人员（位于不同地点）分配审计任务；在网上复核助理人员的工作底稿，并向助理人员提供指示与帮助；随时了解审计项目进展情况；草拟和签发审计报告。

如在系统开发时嵌入了既定的审计程序，则计算机可以对经济业务进行实时的监控，并自动完成部分审计任务。

第三，借助网络进行多单位、跨时空作业。网络审计使得多单位联合审计项目的实施成为可能，主管单位可以在网上对各个单位进行分工、管理、领导与协调；实施单位可以通过网络与协作单位进行联系协调、资料的传输与调用，向主管单位报送工作信息、审计进度、接受指导和协调等。

### 2. 网络审计的特点

网络审计的特点如下。

①实时性和动态性。

由于在网络审计模式下会计信息具有实时性，所以审计可以随时在线进行，并不一定要等到报表公布时才能进行。这样，审计人员就可以充分发挥其监督的职能，随时监控被审计单位的经济活动，从而更加有效地防止舞弊行为，减少其带来的损失。

②审计过程的隐秘性。

审计机构接受委托人或授权人的委托或授权后，可在不通知被审计单位的情况下，通过网络直接进入被审计单位的网络信息系统开展审计，从而提高了审计质量。

③审计工作的高效性。

网络审计借助网络技术、计算机技术、现代通信技术，可使得远程审计与就地审计相结合，并可对大量的业务数据进行联网查询、跟踪、比较、统计、打印和编制审计工作底稿，从而最终完成工作报告，降低审计成本，提高审计效率。

④审计信息的丰富性和审计报告的开放性。

网络的应用使被审计单位的会计信息系统成为一个开放性系统，审计部门经授权后可以通过网络获取会计信息，还可以对与其有业务联系的各单位的会计资料进行查询、分析，使审计的信息来源更直接、内容更丰富。同时，在网络审计模式下，利用网络对外发布审计报告，可使信息使用相关者及时、便捷地查阅审计报告，做出决策。

⑤网络审计需要强大的技术支持。

在网络审计模式下，技术支持是十分重要的因素。例如，为了对被审计单位的会计信息进行实时在线监控，审计人员需要借助网络技术和通信技术；为了对审计线索进行分析整理，审计人员需要借助数据仓库和数据挖掘技术。

⑥安全性成为首要因素。

由于网络的开放性，网络审计系统易受到计算机病毒等的攻击，而网络审计系统内包含大量重要的信息，如被审计单位的经营情况等，这些信息一旦丢失或被盗取，将会给被审计单位和审计机构带来巨大的损失。

## 12.1.3　大数据下的网络审计的程序及方法

大数据下的网络审计的程序及方法如下。

### 1. 大数据下的网络审计的程序

①对被审计单位内部控制取得了解的阶段。

信息技术对内部控制产生的特定风险如下：系统或程序未能正确处理数据，或处理了不正确的数据，或两种情况并存；在未得到授权情况下访问数据，可能导致数据的毁损或对数据不恰当的修改，包括记录未经授权或不存在的交易，或不正确地记录了交易；信息技术人员可能获得超越其履行职责的数据访问权限，破坏了系统应有的职责分工；未经授权改变主文档的数据；未经授权改变系统或程序；未能对系统或程序做出必要的修改；不恰当的人为干预；数据丢失的风险或不能访问所需要的数据。

从下列方面了解与财务报告相关的信息系统：在被审计单位经营过程中，对财务报表具有重大影响的各类交易；在信息技术和人工系统中，对交易进行生成、记录、处理和报告的程序；与交易生成、记录、处理和报告有关的会计记录、支持性信息和财务报表中的特定项目；信息系统获取除各类交易之外的对财务报表具有重大影响的事项和情况的方法；被审计单位编制财务报告的过程，包括做出的重大会计估计和披露。

在对电子商务活动进行审计时，审计人员应当考虑下列事项对财务报表的影响：业务活动和所处行业；电子商务战略；开展电子商务的程度；外包安排。

针对企业内部控制的变化，审计人员在了解被审计单位的内部控制时，就应该根据其特点观察被审计单位的有关活动及运作情况，以了解被审计单位内部控制发挥作用的方式。

②控制测试阶段。

在了解了内部控制程序之后，当存在下列情形之一时，应当实施控制测试：在评估认定层次重大错报风险时，预期控制的运行有效；仅实施实质性程序不足以提供认定层次充分、适当的审计证据。

在网络审计中，控制测试主要体现在以下三方面。

第一，对于一项自动化的应用控制，由于信息技术处理过程的内在一贯性，可以利用该项控制得以执行的审计证据和信息技术一般控制（特别是对系统变动的控制）运行有效性的审计证据，作为支持该项控制在相关期间运行有效性的重要审计证据。

第二，在确定利用以前审计获取的有关控制运行有效性的审计证据是否适当，以及确定再次测试控制的时间间隔时，审计人员还应当考虑：由自动化控制产生的风险和信息技术一般控制的有效性；当出现信息技术一般控制薄弱时，审计人员应当缩短再次测试控制的时间间隔或完全不信赖通过以前的审计获取的审计证据。

第三，信息技术处理具有内在一贯性，除非系统发生变动，审计人员通常不需要扩大自动化控制的测试范围。

③实质性测试阶段。

网络审计中的实质性测试具体包括以下内容。

测试的主要内容如下。

第一，检测数据处理系统的数据处理是否正确。审计人员可以任意选取部分资料，将其在被审计单位数据处理系统中运行，并将运行结果与人工计算结果相比较，以确定处理系统所处理的数据的正确性。如处理结果出现差异，应根据重要性和审计风险，确定是否需要对所有的原始电子数据进行再处理。

第二，电子函证。在审计过程中，电子函证成为审计人员证实交易真实性和完整性的主要方式。审计人员通过电子邮件就可实现传统的函证工作，并且可以迅速得到回函。审计人员应对回函进行鉴定以确定其真伪，要排除那些虚假和恶意的回函。

第三，勾稽关系测试。由于在网络环境下，会计系统的会计轨迹已变得模糊和不可辨认，因而各项目之间的勾稽测试变得更加重要。在勾稽测试时，不仅需要测试报表之间数据的勾稽关系，还要关注各重要项目的报表数与明细账之间的勾稽关系。有时，审计人员还需要采用逆向检查的方法，从报表数据开始一直追溯到电子原始数据。

测试的主要方法如下。

方法一，实地取证。在执业过程中，由于获取实物证据的需要，外勤是审计人员工作中很重要的内容。

方法二，函证。审计人员通过电子邮件即可实现传统的函证工作，而且可以迅速得到回函。数字签名技术的出现，使计算机网络中传递文件的真实性得到了验证，也使通过网络取得的证据具备了合法性。但是电子形式的回函要成为有效的审计证据，还要有网络技术的支持与法律法规及准则的规范。

④计划准备阶段。

通过网上检索，对被审计单位的基本情况做初步的调查与了解。调查内容包括网络系统的硬、软件配置，系统的总体结构和功能模块的设计，网络管理人员的配备与分工，有关法规的遵守，内部控制制度的执行等。

成立网络审计小组。审计小组应由具备计算机基本知识的专业审计人员和具备会计、审计知识的网络技术专家组成，他们相互配合，协调完成审计任务。

与被审计单位签订网络审计业务约定，明确双方应负的责任。

编制网络审计计划，就审计目的、审计范围、审计进度及程序等内容分别说明。

⑤审计实施阶段。

获取充分、适当的审计证据。以互联网为基础，利用外部网访问被审计单位所在网站，在取得被审计单位的网络管理权限后查询并复制重要的财务信息，为网络审计提供账项基础信息；访问被审计单位的上游供应商、下游购货商及其关联企业所在网站，取得往来单位的相关资料，为往来审计提供辅助信息；访问与被审计单位相关的银行、税务、邮政等部门网站，了解被审计单位的支付能力和资信状况，为网络审计发挥函证作用。

评价被审计单位的内部控制体系。对被审系统的内部控制体系的构成及遵守情况进行控制测试，对系统处理功能及处理结果的正确性进行实质性测试，并从制度和技术两方面对被审系统的软件开发、系统维护、操作管理、数据保密及计算机病毒的预防与清除等进行全面审查，最终对内部控制体系的有效性和可靠性做出正确评价。

利用现代化通信技术和决策分析方法，通过数据库和分析模型对被审计单位的业务（即财务数据）进行量化的汇总统计、分析与论证，编制审计工作底稿，辅助审计决策和结论的形成。

⑥审计完成阶段。

整理评价审计证据，复核审计工作底稿，提请被审计单位调整相关事项，正确运用专业判断，形成正确审计意见，出具并向被审计单位实时传输网络审计报告。

**2. 大数据下的网络审计的方法**

①获取审计证据的方法。

在网络经济时代，网络审计不可能按照手工审计的模式进行审计取证。一方面，电子商务的开展和普及，使得网络经济得到迅猛发展，由于整个交易可简单、快速地完成，所以企业的业务量大大增加。

在对这种只有电子化会计凭证的经济活动的存在性和完整性进行审计时，如何取证就成了一个相当重要的问题。在网络审计中，传统的审计取证方法将受到严峻的考验，这就要求审计人员要注重对网络审计取证方法的研究，针对不同类型的经济活动，设计相应的审计取证方法。一般来说，可以采用以下六种审计方法。

第一，检查记录或文件。在网络审计中，检查记录或文件是对在被审计单位内部或外部生成的，以纸质、电子或其他介质形式存在的记录或文件进行审查。在检查记录或文件这一过程中可获得可靠程度不同的审计证据，而审计证据的可靠性取决于记录或文件的来源和性质。许多资料都不是以纸质的形式存在的，而是存储于磁盘中的，因此，要检查这些资料的可靠程度相对来说就比较困难。在网络经济下，由于会计数据（总账数、分类账数等）是根据原始凭据的数据通过财务软件直接生成的，所以账凭之间的勾稽关系一般都不会存在问题。对审计人员来说，检查的重点应为原始凭证的真实性。

第二，检查有形资产。在网络审计下，检查有形资产同样是指审计人员对资产实物进行审查。但是由于资产实物中的现金和有价证券主要是以电子形式存在的，所以对现金和有价证券进行检查时，不同于传统审计，网络审计中，审计人员还要鉴别存在的现金和有价证券是否真实。

第三，观察。在网络审计中，观察程序基本与传统审计一样，审计人员可以亲自到被审计单位查看相关人员正在从事的活动或执行的程序。但是如果相关人员已知被观察时，其从事活动或执行程序的做法可能与日常的做法不同，从而会影响审计人员对真实情况的了解。

第四，询问与函证。在网络审计中，询问也是指审计人员以书面或口头方式，向被审计单位内部或外部的知情人员获取财务信息和非财务信息，并对答复进行评价的过程，但审计人员大多可通过网络对话进行询问取证。通过可视窗口，审计人员可与被审计单位进行面对面的谈话，这跟直接到被审计单位询问有着同样的效果。

同时，审计人员可以将自己与被审计单位的对话及图像存储于计算机中，然后制作为光盘，从而形成审计证据。函证通常可通过发电子函件来完成，而无须使用以前的纸质询证函，这样既方便、快捷，又节省成本。

当然，审计人员需要关注的是电子回函的真实性。其实，辨别其真伪并不难，因为数字签名技术的出现，计算机网络中传递文件的真实性得到了保证，通过网络取得证据也具备了合法性。审计人员要着重检查电子回函有无电子签名、有无单位的电子公章，并要辨别其是否是真实的。当然，电子形式的回函要成为有效的审计证据，还必须有网络技术的支持与法律法规及准则的规范。

第五，重新计算与重新执行。在网络审计中，审计人员可采用计算机辅助审计技术，使重新计算变得简单、易行。

第六，分析程序。在网络审计中，分析程序的目的基本类似于传统审计，也是通过对重要比率或趋势进行分析，从而找出相关信息的差异。

②网络审计特有的技术方法。

在企业的网络化经营中，会计数据的电子化和会计控制的局部程序化直接造成了审计线索的不可见性，所以企业必须应用数据库技术对会计数据进行可靠、完整的保存和管理；借助单机系统或工作站，对会计数据进行快速、准确的加工和处理；利用网络和通信技术对会计数据进行安全、有效的分配和传输。

审计人员必须利用计算机和交互网络、审计接口软件来获取原始数据；利用审计抽样软件来进行样本抽取；利用审计分析软件进行各种数量关系的配比分析和数据查询；利用数据仓库技术来进行分析；利用审计专家系统进行审计推理与判断，并通过数据挖掘、样本抽取、异常项目调查、数据分析与处理等方法进行测试、检查、分析与核对。

## 12.1.4　大数据下的网络审计与控制检查风险及其防范措施

大数据下的网络审计与控制检查风险及其防范措施如下：

**1. 大数据下的网络审计与控制检查风险**

大数据下的网络审计与控制检查风险包括以下方面。

第一，网络审计风险。电子化会计数据存在被滥用、篡改和丢失的可能性；电子数据存在易于减少审计线索或使其消失的可能性；原始数据的录入存在错漏的可能性。

第二，网络控制风险。有意或无意使设置权限密码、实现职责分工的约束机制产生失效的可能性；网络传输和数据存储故障或软件的不完善，使会计数据有出现异常错误的可能性；会计软件对现金和银行存款收付业务缺乏实时有效的控制手段。

第三，网络检查风险。会计软件的更新换代，增加了难以提取历史文件的可能性；内部控制依赖软件本身，增加了难以全面检查测试的可能性。

第四，网络风险。网络作为一种构建在开放性技术协议基础上的信息流通渠道，其防卫能力和抗攻击性较弱。

**2. 大数据下的网络审计与控制检查风险的防范措施**

大数据下的网络审计与控制检查风险的防范措施包括：建立风险管理机制；创新审计技术与方法；数据质量风险的控制。

# 12.2 风险管理自动化审计机制要点

近年来，资本市场和政府监管机构对企业的风险管理及内部控制提出了更高的要求，即要求企业的风险管理更有效和内部控制的运作更高效。企业自动化风险管理正是在这样的背景下应运而生的。

## 12.2.1 具备风险管理知识库

在大数据时代，审计风险管理离不开各类智能平台和信息系统，但是这些智能平台与信息系统都离不开数据的支撑。数据在财务管理中对审计风险的防控具有重要意义，没有数据支撑的风险管理是不可想象的。

在安全风险管理中，安全风险管理知识库是不断完善的关键驱动力。

## 12.2.2 自定义风险管理方法与步骤

风险管理是指如何在一个肯定有风险的环境里把风险减至最低的管理过程。其包括了对风险的量度、评估和应变策略。风险管理自动化审计就是对企业风险管理过程进行审计。

理想的风险管理是按轻重缓急排序处理事情的过程，优先处理可能导致最大损失及最可能发生的事情，稍后处理相对风险较低的事情。

但现实情况里，优先次序往往很难决定，因为风险和风险发生的可能性通常并不一致，所以要权衡两者的比重，以便做出最恰当的决定。

风险管理亦要面对资源有效运用的难题。这牵涉机会成本的因素。把资源用于风险管理，可能使能运用于有回报活动的资源减少；而理想的风险管理，是花最少的资源尽可能化解最大的危机。

对于现代企业来说，风险管理的步骤就是通过风险的识别、预测和衡量，选择有效的手段，以尽可能降低成本，有计划地处理风险，以获得企业安全生产的经济保障。这就要求企业在生产经营过程中，对可能发生的风险进行识别，预测各种风险发生后对资源及生产经营造成的消极影响，使生产能够持续进行。可见，风险的识别、风险的预测和风险的处理是企业风险管理的主要步骤。

### 12.2.3　风险量化

风险量化用于衡量风险概率和风险对项目目标影响的程度。它依据风险管理计划、风险及风险条件排序表、历史资料、专家判断及其他计划成果，利用灵敏度分析、决策分析与模拟的方法与技术，得到量化序列表、项目确认研究以及所需应急资源等量化结果。

风险量化基本观念见图 12-1。

图 12-1　风险量化基本观念

风险量化的依据如下。

（1）风险管理计划。

（2）风险及风险条件排序表。

（3）历史资料：如类比项目的文档、风险专家对类比项目的研究成果及所在行业或其他来源的相关信息数据。

（4）专家判断结果：专家既可以是项目团队、组织内部的专家，也可以是组织外部的专家，既可以是风险管理专家，也可以是工程或统计专家。

依据风险的不同类型，风险量化可分为确定性风险量化和非确定性风险量化。对于确定性风险，审计人员通常采用盈亏平衡分析和敏感性分析等技术在各种方案之间选择；对于不确定性风险，审计人员则往往采用概率分析法、期望值法以及概率树法加以分析。

## 12.3　审计自动化

随着近年来科技的发展、流程的改进，审计自动化已经成为可能。审计自动化可以帮助内部审计在提高审计质量的同时，提高审计工作效率，从而降低业务成本，确保利润空间足够大。

## 12.3.1　审计文档自动化概述

在业务执行过程中，文档自动化可以显著地提高审计质量。当业务人员从一个应用程序向另一个应用程序导入数据时，自动化可以消除数据转换错误，同时可以尽量减少分组和算术错误。

此外，商业审计文档、电子表格、文字处理和数据库平台通常能够实现不同应用程序之间、不同客户文档之间数据快速、无缝地共享。

## 12.3.2　使用审计自动化软件开展审计需要考虑的问题

使用审计自动化软件开展审计，需要考虑哪些问题呢？

由于每一项审计业务都是不同的，应该确保每份文件都得到个性化处理。

虽然，通用模板能为执行业务提供方便，但审计人员在文档结构实现全面自动化的同时，也必须考虑行业特征、内部控制等个性化情况。

审计工作的大部分有形成果都非常相似，因为审计人员通常采用通用的文档结构和相似的清单及形式。

审计人员可以通过许多简单易行的方法来提高效率，秘诀在于创造性地进行应用，发挥自己的想象力。

## 12.3.3　如何创造性地应用文档自动化以提高审计质量

应用文档自动化以提高审计质量，从以下四个阶段入手。

### 1. 业务准备阶段

使用商业软件开展小型企业审计业务时，审计人员需要：即刻回顾上年的电子文档；致电或者电邮客户，讨论本年的审计时间安排，询问企业在过去一年里是否有重大事项或变化发生；如果企业在过去一年时间里没有发生任何重大事项或变化，向客户电邮一份业务约定书、一份审计策略书以及一份开展审计现场工作所需材料的清单。这些文档应提前准备好，并作为文档更新工作的一部分。

**2. 业务处理和集成阶段**

完成业务准备阶段的工作后，审计人员应要求客户按照给定的格式，提供试算平衡表，以便将数据导入审计文档。

**3. 现场工作阶段**

要实现小型企业审计业务的高效性和自动化，审计人员需要逐步推进以下工作：下户时确保已对所携带的审计文档进行了回顾和更新；与客户进行初步交流，更新审计工作安排；知悉客户所属行业、经营环境和实体控制措施在过去一年是否发生变化，如有，请加以书面记录；在试算平衡表的基础上，安排审计工作，进行重要性计算和样本规模计算；回顾多年来的账户分析资料（如毛利率等关键比率分析）；打印所需的确认书，并请客户现场签署；检查相关性并完成业务清单所列事项。执行审计业务时，审计人员应先进行专业判断，避免落入简单重复往年审计流程的陷阱。

**4. 意见形成阶段**

对现场工作形成的分析性评论进行检查，自动更新审计调整事项；将调整后的试算平衡表以及审计调整建议电邮给客户；将声明书和更新后的 ISA 260 审计汇总文件电邮给客户；在客户相关人员认可管理层声明所述责任后，将一份签署过的审计报告连同发票邮寄或电邮给客户。

执行上述工作步骤的前提是假定审计人员已经对所有客户文档的数据项进行了标准化。审计人员可将客户名称和地址字段、年末日期和其他日期、其他标准文档通过编程纳入主文档中，主文档包括对接联络、审计工作规划清单等独立模板。如果想通过自动化最大限度地提高工作效率，那么，在整个企业范围内进行标准化是十分必要的。

## 12.3.4　如何使审计自动化最大限度地提高工作效率

在着手执行自动化项目之前，即便所涉及的自动化程度较低，审计人员仍需注意以下事项。

（1）谨慎对待自动化进程。秉持务实态度，自动化初始进程所需的时间可能长于预期。

（2）花时间完善模板。如果模板存在错误，每次使用时，审计人员不得不纠错，这将大大增加自动化成本。

（3）尽量保证模板在不同客户之间的一致性。使用标准化的模板制定分析计划、财务报表、报表编码和文档索引，避免每执行一家小型企业审计业务，就重新调整模板。

业务自动化是一项耗时耗力的工程，不仅要求相关人员具备项目管理技能，还要求相关人员投入大量时间。

## 12.4　SAP 系统下的企业内部审计

企业使用了 SAP 系统后，企业内部审计主要从以下几个方面考虑。

### 12.4.1　SAP 系统对内部审计工作的影响

企业使用 SAP 系统，改变了企业的经营管理和业务流程，因此内部审计工作也随之变化。使用 SAP 系统对内部审计工作的影响主要体现在以下五个方面。

**1. 对审计环境的影响**

首先，企业通过采用 SAP 系统改变传统的管理模式，实现了产、供、销的实时统一，将一部分的内部控制点建立在系统的应用程序中，由计算机自动执行各种检验、核对和监督功能，并自动地对各关键用户的权限进行控制等。其次，传统的主要审计线索——凭证和账簿已经部分或者完全消失，报表之间、报表与账簿之间会计数据的勾稽关系大部分都由信息系统自动实现。因此，审计工作的传统环境发生了变化。

**2. 对审计技术的影响**

在 SAP 系统下，审计人员只能通过计算机技术获取大部分审计线索，但是大部分的审计线索藏在相互关联的业务之间，单独审计某一业务很难发现审计线索。同时，SAP 系统对关键用户有着极其严格的角色区分和权限控制，内部审计人员没有适当的权限就无法查询相关审计资料。

### 3. 对审计内容的影响

在实施 SAP 系统后，原先部分会计稽核和审计监督工作交由系统集成控制。同时，账务处理过程由计算机按照一定的程序自动完成，传统系统下的审计线索消失，部分内部控制点也由系统自动完成检验和核对，不再需要像传统的内部审计那样通过抽取样本进行测试。由于计算机数据是通过不断变化的技术进行处理的，这些技术的变化影响着系统的长期可靠性，因此，审计过程中审计人员不仅需要对信息系统产生的会计信息数据进行评价，也需要评价信息系统的内部控制。

### 4. 对审计方法的影响

在信息化系统的环境下，对企业所使用的系统或程序的安全性进行检查和复核越来越重要。在 SAP 系统下，会计事项由计算机按程序自动处理，原有手工中的计算错误或对账错误减少。如果系统的应用程序出错，计算机只会按错误方式处理相关的会计事项。

同时，某一节点的信息录入错误也将使系统产生连锁反应。这些错误在信息化系统下都是不易被发现的，因此审计工作需要由事后评价向事前防范转变，要求审计人员更加重视在信息系统下的风险审计。

### 5. 对审计人员的影响

使用 SAP 系统后，实现了高度集成和共享，审计环境更加复杂，审计对象也更广泛。审计人员除了要具有过硬的业务能力外，还应能厘清 SAP 系统的各项模块之间的关系，熟悉企业的经营管理活动和系统的各项功能设置，这样才能对内部控制进行更有效的评价。

从以上几点可以看出，采用 SAP 系统进行内部控制弥补了人工会计系统控制上的缺陷。一方面，通过计算机和网络进行信息处理和传输工作，极大地提高了工作效率；另一方面，通过软件系统实施控制，尽可能地克服了人为因素的干扰。

但是，利用 SAP 系统在极大地提高了会计工作效率的同时，也给内部审计带来了新的挑战。挑战具体表现在：授权方式的改变，增加了审计风险；内部控制程序化容易导致会计差错的重复，且不易发现差错；原始凭证数字化，使得会计信息系统数据易失真；信息系统环境的开放性特征，加大了会计信息系统存在重大差错风险的可能。

所以，在应用 SAP 系统的环境下，审计的线索和重点都发生了较大变化，这就要求审计人员转变审计思路和审计方法，不断适应审计环境改变带来的内部审计工作的变化。

## 12.4.2　SAP 系统下内部审计的工作重点

SAP 系统下内部审计的工作重点如下。

### 1. SAP 系统的流程设置合理性的审计

上线前，SAP 系统需要对企业的组织架构、业务流程、会计核算和记录方式等进行重新设计，以实现数据、业务流程、业务模块的集成。系统程序的设计是否正确和科学，将直接影响整个企业经济管理和信息的披露。因此审计人员需要关注业务流程的改造和对关键节点的控制。

### 2. 对系统中会计核算方法维护情况的审计

SAP 系统是按照事前制定的规则运转的。管理和运行结果的正确与否，取决于关键用户对规则的制定。若系统中维护的会计核算方法、折旧方法、各种费用的摊提方法、成本系数的分配分摊方法、产品定价策略等在规则制定中存在错误，将影响整个集成数据和报表的错误，因此审计人员应将维护情况作为审计重点。同时，SAP 系统下，会计事项由计算机按程序自动处理，计算或过账错误相应减少。

### 3. 手工录入数据和数据采集转换过程审计

在 SAP 系统中，原始凭证、记账凭证和会计报表在同一个数据库中，容易在数据格式转换过程中发生错误或重复录入数据失误，导致原始数据失真或者毁损，同时，大部分会计信息是通过相关业务模块集成处理的。因此，在 SAP 系统下的审计过程中，审计人员需要重点关注获取的信息业务数据的完整性，充分了解业务流程和外部环境，以及非集成凭证和会计报表的形成过程和结果。同时，SAP 系统和报表之间可能会存在一定差额，审计人员必须重点关注差额的形成原因，查清企业对差额的处理情况。

### 4. SAP 系统中关键节点的审计

SAP 系统通过对关键节点的控制来降低流程操作风险。每一模块相应的关键节点都由关键用户操作，对企业的生产经营起着至关重要的作用。因此，审计人员应将对 SAP 系统关键节点的风险管理审计作为审计的重点。

## 12.4.3　SAP 系统内部审计内容的重点

由于在 SAP 系统环境下，系统能够实现对 SAP 用户活动轨迹的监控，所以在该环境下对企业进行审计的内容侧重点有所改变。对于内部审计活动来说，实施对内部控制的监督是其重点之一。比如在采购与付款流程中，是否合理预测企业的产品需求等内容，制定合理的采购计划和采购预算，并经过适当的审批授权等，SAP 系统都能够集中反映出来。另外，审计人员要审查账务的真实性和合理性，核对数据输入是否正确，订单的账务处理是否正确、合理等。最后，利用计算机技术，对财务数据进行分析和处理，了解企业经营情况，对比实际执行结果与预算的差异，发现其中存在的不足之处并提出整改意见。

## 12.4.4　SAP 系统内部审计流程的安排

SAP 系统内部审计与一般审计的区别是，在管理上不但可以事后反馈，还能起到事前控制的作用。因此，审计人员首先要进行事前检查，然后再进行初步审计、详细审计和审计报告。

首先，审计人员能够通过事前检查查阅组织或系统内部的相关文档和报告，熟悉系统开发和设计情况，对数据库和应用程序的运行环境和存在的风险有初步的了解。

其次，在详细审计时，审计人员应对企业的各个具体业务循环流程的基础数据进行详细审查，运用实质性分析程序确定各流程和控制的真实有效。

最后，在客观、真实、公允的条件下，根据在 SAP 系统下整理的审计工作底稿出具内部审计报告，对企业的经营管理进行内部监督和评价，促进完善企业的内部控制体系，提高企业的治理水平。

### 12.4.5 SAP 系统内部审计方法的变化

在 SAP 系统下企业的工作环境发生改变，审计目标有所变化，审计方法自然也要随之变化，否则无法及时发现企业中存在的问题，发挥不了审计的功能。在信息量巨大的环境下，审计人员既要运用询问法、观察法等传统审计方法，又要运用新兴的计算机辅助审计方法，用以甄别有用的审计证据。

审计人员应通过询问相关人员或进行实物盘点来获取审计所需的相关证据，还应直接在 SAP 系统中导出数据以及时准确地获取相关信息，同时利用 Word、Excel 等通用软件进行实质性分析，以得出可靠的结论。

另外，SAP 系统为连续审计带来可能。审计人员能够在事实发生的同时获取相关数据进行分析，通过对连续数据的处理保证审计的时效性；将传统审计方法和计算机辅助审计方法相结合，充分考虑企业业务流程中价值增值较小或不增值的业务流程，进行业务流程改造，提升企业的盈利能力。

### 12.4.6 SAP 系统下对审计质量的控制

SAP 系统下对审计质量的控制，从三个方面考虑。

**1. 审前：做好充分的调查工作**

在审计工作开展前，充分了解 SAP 系统的运作情况，了解系统的组织架构、业务流程的设计及运行情况，同时对系统设计者、系统操作者、系统维护者进行访谈以了解 SAP 系统的运行情况。

**2. 审中：实施标准化的审计流程**

对原始数据的准确性进行审核，同时通过可行的手段获取会计核算和业务方面的完整数据，并对采集到的数据进行预处理，从而从不同层次、不同角度对数据进行分析，建立审计分析模型。对具体的财务、业务和关联数据进行比较分析的同时，充分利用系统已有的审计数据分析方法。

**3. 审后：对环境进行进一步审计规范**

在实施现场审计后，对数据采集、数据验证、证据整理、证据复核等环境进行进一步审计规范，增强其说服力。

# 12.5   信息化条件下企业内部控制的创新

随着企业信息化的程度不断加深，信息化条件下企业内部控制的发展问题不断在企业内部管理中出现。而在该背景下，企业信息化条件下内部控制的创新的效果是直接关系到企业信息化内部管理的效果的关键因素之一。

## 12.5.1   实施业务流程重组，使业务流程与信息流程相协调

信息技术使企业业务流程与信息流程融合在一起。如果企业的业务流程仍然保持手工环境下的状态，必然造成信息系统与业务流程之间存在许多冲突，从而使企业生产经营管理的效率降低，而且会形成内部控制的弱点，产生许多问题。

因此，要提升企业内部控制的效果，首先从根本上重新考虑并彻底重建企业的业务流程，使企业能最大限度地适应以顾客、竞争、变化为特征的现代企业经营环境。在企业流程控制中，企业业务流程必须与信息流程相协调，并针对内部控制目标的要求，对业务流程和信息流程的各类风险进行评估，确定风险重要程度。

## 12.5.2   强化风险意识，建立新型的风险控制体系

在信息化条件下，信息系统失灵导致的重要信息遗失或泄漏，将给企业造成不可估量的损失。这就要求企业强化风险意识，注意识别信息化环境下的新风险；同时还要建立相应的风险控制机制，做到有备无患。

首先，应建立风险评估的信号和指标体系。针对可能出现的技术风险和管理风险等，建立起一套风险预警指标，这就相当于给信息系统安装了风险警报系统，有助于及时发现和评价所出现的风险。

其次，应建立健全风险控制的运行体系。收到预警信号后应及时采取措施，以防风险的发生。这是计算机信息系统运行的防火墙。

再次，应该建立快速处理风险的部门，目的是帮助企业迅速地对事故及故障做出反应，将事故及故障造成的损害降到最小，并通过对已发事件进行分析来防范此类事件再次发生，达到进一步防范风险的目的。

### 12.5.3　监控与操作分离，强化系统内部的相互牵制

职责分离是内部控制的一个重要组成部分。为了强化系统的内部控制，可以在系统内分设操作与监控两个岗位，对每一笔业务同时进行多方备份。一旦主管部门或审计人员对某些数据产生怀疑时，可以利用监控人员备份的原始记录进行分析调查、辨明真伪。

系统分析、程序设计、计算机操作、数据输入、文件程序管理等职务应予以分离，系统操作人员、管理人员和维护人员这三种不相容职务相互分离，互不兼任。信息系统各岗位要明确职责分工，并针对各类人员制定岗位责任制度，各岗位都要得到一定的授权，并用密码控制。

对操作密码要严格管理，指定专人定期更换操作员的密码。通过设立相互稽核、相互监督和相互制约的机制来保障信息的真实可靠，减小发生错误和舞弊的可能性。

### 12.5.4　加强人力资源管理，保证员工业务素质和道德素养

在信息化条件下，加强人力资源的管理，是企业完善内部控制的基础。企业信息化后，对员工业务素质和道德素养提出了更高的要求。员工不但要熟悉更多的业务流程，还要熟悉信息系统的操作方法。

因而人力资源管理的目标主要是通过相应的人事政策激励员工和通过制定良好的培训政策等提高员工的素质。同时，信息化条件下与信息资源相关的风险的存在，要求企业制定良好的绩效考评机制和激励约束机制。企业应对员工进行道德素质教育，引导其形成良好、健康的心态，增强其组织归属感、信赖感；加大惩罚力度，如在职员发生偏离内部控制行为时，给予经济上的重罚，同时利用内部媒体披露；对于严重的偏离行为还可以采取解聘，甚至寻求法律途径进行处罚，以防范内部人员的道德风险。

### 12.5.5　建立安全管理控制制度，保证网络和信息系统的安全

建章立制，强化企业内部控制制度，实行系统信息化管理以后，信息系统正常、安全、有效运行的关键是操作规范。如果单位管理制度不健全或实施不力，都会给各种非法舞弊行为可乘之机。

因此，管理方式和对象的改变，也给内部控制制度赋予了新的内涵。企业应加强对机构和人员的管理与控制，针对各类人员制定相应的岗位责任制度；应严格加强和建立系统操作环境管理和控制系统；制定一套完整而严格的操作规定来控制操作程式；操作规程应明确职责、操作程式和注意事项；应建立健全档案管理制度。

# 12.6　网络环境下实时自动化审计系统的创建

随着计算机及互联网在会计领域中的不断普及，原有的手工审计方法已不能适应电算化环境下审计工作的需要。在网络环境下，如何通过实时自动化审计方法解决会计信息系统的审计问题呢？

## 12.6.1　实时自动电算化审计系统的意义

随着互联网的出现，基于互联网的电子商务、电子商城和各行各业的电算化系统如雨后春笋般涌现，给当前主要以手工审计为主的审计部门带来了严峻挑战。

应对这一局面的对策之一，就是利用高新技术来实现审计领域中的革命性创新变革，提升审计的实时和自动化处理能力。

## 12.6.2　系统的模型及其原理

企业可将具有计算机病毒的机理的实时审计监控软件嵌入被审计的电算化业务系统的审计敏感点中，也可做成标准化的实时审计黑匣子，嵌入被审计的计算机里。

像电算化会计软件中的"加密狗"一样，没有接入审计黑匣子的电算化业务系统不能够正常使用。要保证黑匣子本身的安全，可以从两方面入手：一是做得像飞机黑匣子一样坚固不易损坏，二是在黑匣子上装卫星定位系统。

黑匣子主要由以下四个子系统组成。

（1）实时监控报警子系统。该系统可实现对被审系统敏感点的实时监控。

（2）黑匣子卫星定位系统。该系统可实现实时远程监控黑匣子是否被移动拆除。

（3）审计数据自动实时采集子系统和数据处理加工子系统。这是黑匣子的核心部分，有利于完成对被审计对象审计线索的实时抓取、保存，并转换成审计行业标准数据格式。

（4）有线／无线网络通信子系统。通过有线／无线网络接口装置借助于互联网向审计监控处理中心传送实时采集的被审系统的有关数据。

每一级审计监控处理中心既是监控处理中心，又是提供审计数据共享服务的网络服务器。审计监控处理中心的作用如下。

第一，从无线网或有线网接受传来的实时数据或报警信号。若是报警估号，可显示报警机的位置坐标及机号，可就近反馈处理。

第二，将接收的数据按审计行业数据格式标准，转换成统一的标准数据格式。

第三，审计处理系统或专家系统将这些标准格式的数据分类、统计、汇总、核对，生成对审计结果有用的数据。

第四，由审计结果生成器自动或人工编辑成审计结果报告，并存入审计档案数据库，供网上有关用户共享。

第五，将审计档案数据库中指定审计结果通过网络远程通信接口发往上一级审计监控处理中心。有关用户可通过口令及权限，无时空限制地访问某审计监控处理中心的服务器。

### 12.6.3 硬件方面

网络化环境下，实时自动化审计系统的硬件包括以下几个。有线／无线网络通信。这一技术目前比较成熟，企业可以租用通信部门现有的信道。

实时审计黑匣子。审计黑匣子就是将实时审计软件固化在电路板上，密封在一个铝合金匣子里（像硬磁盘）。这在技术上是可以设计研制的。

实时无线定位报警系统。实际上公安部门已引进这种系统为企事业保险箱、档案柜实施安保。

## 12.6.4　软件方面

网络化环境下，实时自动化审计系统的软件包括以下几个。

具有计算机病毒机理的实时审计嵌入件。利用计算机病毒的长期潜伏、事件触发激活的机理，可将实时审计软件设计成平时嵌入被审电算化业务系统的审计敏感点，一旦被审电算业务系统中有违反审计规定的事件发生，便立即触发实时审计软件。

将各被审计单位不同形式的业务数据，自动转换成审计行业标准形式的数据。这就像计算机内的汉字系统，有各种各样的输入码，如拼音码、五笔字型、自然码等，都可以通过转换程序转换成统一的汉字机内码。有了统一的标准的审计数据格式，有助于后面的自动化审计。

被审计单位计算机系统与审计监控处理中心计算机系统以及审计监控处理中心计算机系统与查询使用审计数据的各级政府部门的计算机系统之间用服务器－客户机网络体系结构来构架。充分利用现有的 Internet/Intranet 资源，可以降低工程成本，减少工程开发工作量。

审计监控处理中心计算机系统中的审计处理系统。初期可以使用一般功能系统，以后可以研发审计专家系统，还可以将人工智能、数据仓库和知识挖掘、运筹学、决策论等数学模型应用到该系统中，提高系统的审计自动化程度和实时性。

## 12.6.5　应注意的问题

网络化环境下实时自动化审计系统的创建，应注意以下四个问题。

（1）由审计署研究和颁布审计数据格式的行业标准。这样可以将计算机自动采集的被审系统中各式各样的业务数据用不同的黑匣子转换为统一的审计处理标准格式，为审计软件自动统一处理提供条件。

（2）审计实时监测软件嵌入被审电算化业务系统中，可能带来有关商业秘密和安全等法律问题。

（3）审计实时监测软件及黑匣子的安全性。

（4）在职审计人员的计算机技能和审计业务技能的综合素质需要进一步培训和提升。

## 第 13 章
# 审计人员：内审职业胜任能力与专业素质提升

当今企业竞争日趋激烈，提高企业的内部管理水平是必不可少的措施，而通过第三方认证来改善内部管理是有效手段。在建立、完善体系的过程中，内审人员的作用非常重要。

对审计人员来说，完善审计理论及技术方法、提高专业胜任能力以应付经济环境的巨大变化，对促进个人发展有着深远意义。

## 13.1　胜任能力的含义

合格的内部审计人员应当具备的能力包括审核工作能力和基本能力。

审核工作能力指内部审计人员为了胜任所承担的审核工作所必须具备的基本功。

内部审计人员具备四个基本能力：具备必要的学识及业务能力，熟悉本组织的经营活动和内部控制，并不断地通过继续教育来保持和提高专业胜任能力；遵循职业道德规范，并以应有的职业谨慎态度执行内部审计业务；坚持独立性和客观性，不得负责被审计单位经营活动和内部控制的决策与执行；具有较强的人际交往技能，能恰当地与他人进行有效的沟通。

### 13.1.1 胜任能力的概念

胜任能力是驱动个体产生优秀工作绩效的各种个性特征的集合，它反映为以不同方式表现出来的人员的知识、能力与职业素养。

### 13.1.2 知识、能力、职业素养的内涵

知识是客观事物的固有属性或内在联系在人们头脑中的一种主观反映；能力是个体顺利进行某种活动的个性心理特征；职业素养是个体在先天的基础上，通过后天的环境影响与教育训练而形成的顺利从事某种活动的基本品质或基础条件。

### 13.1.3 知识、能力、职业素养三者之间的关系

内部审计人员应怎么理解知识、能力、职业素养三者之间的关系呢？

首先，知识与能力是紧密相连的，一方面，掌握知识的速度与质量依赖于能力的发展，另一方面，知识为能力的发展提供基础，能力是在知识的基础上对知识的综合运用。其次，职业素养为知识和能力导引方向。

### 13.1.4 专业胜任能力与职业胜任能力的区别

（1）对内部审计人员专业胜任能力的要求。

内部审计专业胜任能力含义为：在现实工作环境中，内部审计人员（个体）按照特定标准完成特定范围工作的能力，是内部审计人员个人特性与业绩结果的总和。其中，个人特性是指内部审计人员所具备的职业道德、执业技能与职业知识体系的集合；业绩结果是指内部审计人员个人特性与特定标准共同决定的结果。

现行的内部审计人员专业胜任能力构成框架应当包括以下三个方面。

①良好的职业道德。

职业道德在内部审计人员专业胜任能力构成框架中处于基础性地位，它决定了内部审计人员以何种价值观、职业操守和精神开展工作。因此职业道德建设是建立专业胜任能力构成框架的重要方面。

内部审计人员的职业道德是指内部审计人员从事内审工作所遵循的行为规

范，表明内部审计人员的专业品质，是内部审计人员精神与道德的指导与支撑。内部审计人员的职业道德与内审质量有着必然联系，因为职业道德是内部审计人员履行职责时主观能动性的具体体现。

内部审计人员只有始终要求自己保持较高的道德水准上，才能不断约束自身的行为，在审计活动中表现出高尚的品德和情操，体现出较强的监督性和较高的专业技术水平，从而充分发挥内部审计的职能作用，促进内部审计质量的提高。

内部审计人员的职业道德主要体现在以下三个方面：第一，始终坚持独立客观、正直勤勉的职业道德观，这是内部审计人员提高内审质量的精神动力。第二，始终把廉洁自律的职业道德规范当成控制内审质量的生命线。正人先正己，内部审计人员只有自己公正廉洁，才能保持良好的社会声誉，保证审计监督的权威性。内部审计人员的廉洁自律，是将反腐倡廉、纠正不正之风的关口前移，在内部审计人员的思想深处设防，在深层次上建立一种有效的预防和保障机制，这样内部审计人员在审计中才敢于揭露发现的问题，按照相关法规进行严肃处理，增强审计力度，提高审计质量。第三，始终把保守秘密的职业道德规范当成提高内审质量的可靠保证。内部审计人员虽然是监督者，但其工作流程也要受到其他职能部门的监督，以增强审计的公开性和透明性。然而，在审计过程中，可能会涉及相关部门、被审计单位的机密事项等，这就要求内部审计人员处理好公开性与保密性的关系，既要提高内审工作的透明度，又要对不宜公开的秘密贯彻保密性的原则，严守秘密，绝不泄露，这关系到内部审计人员是否能得到被审计单位的信任，从而在审计过程中取得配合和支持、取得可靠的审计信息，保证审计质量。

②扎实的文化素养。

专业扎实的文化素养，历来是指导实践的标准，也是实现实践可行性的基础和首要条件。加之，近年来我国内审职业领域的拓展，社会对内部审计人员有了新的角色定位。内部审计人员不再只是站在监督的层面，而是走向评价考核的层面。这就要求我国内部审计人员，特别是内审的管理人员必须具备专业、扎实的文化素养，只有这样才能运用相关的理论知识，解决工作中遇到的问题；只有具备了相关的理论知识，才能进行系统的思考，促成内审工作顺利、完美地完成。另外，扎实的文化素养也有利于内部审计人员在已有的基础上，进行专业的创新与探索，为我国内部审计职业注入新能量。

③较强的能力素养。

这里的能力主要是指沟通和组织协调能力，这是内审结果能否被有效利用的决定性因素。沟通和组织协调能力的提升是内部审计成果得到有效利用、服务质量提高的保证，因此也是职业胜任能力框架中的重要组成部分。

内部审计的变化，要求内部审计人员不仅是寻找问题，还要能够帮助企业价值增值。内部审计人员应当在保持原有的独立性和客观性的基础上，善于处理人际关系，善于协调组织内部各方之间的利益，建立良好的沟通联系，提升自身的组织协调能力。

综上所述，内部审计人员胜任能力框架的三个组成要素缺一不可，且各自发挥着不可忽视的作用。同时，这三要素之间既相对独立又紧密联系，相辅相成，它们是统一辩证的关系——既相互制约，又彼此促进。

（2）对内部审计人员职业胜任能力的培养。

第一，内部审计人员要保持良好的工作态度，主要表现在积极进取、追求卓越、有紧迫感、换位思考、具有活力、积极表达意见并与管理层讨论重大问题、决心做出非凡成就、有强烈的责任感和使命感。

第二，内部审计人员要树立主动服务的意识，要主动与企业领导和相关部门沟通，增强其对内部审计人员的重视和依赖，防止被边缘化。

第三，采取恰当方式提高单位管理层对内部审计的认识，使其切实理解审计监督是维护企业经济安全的重要工具，是企业管理系统中的具有预防、揭示和抵御功能的免疫系统，从而加强对内审人才的引进和培养力度，不断提升内部审计队伍的专业技能。企业应在体制转型的进程中，充分认识内部审计的作用，将内部审计贯穿各项经济活动的始终，使内部审计有用武之地。

总之，内部审计人员要努力提高职业道德修养，提升专业胜任能力，使自己成为业务精、原则性强、职业道德水准高、深受企业管理层和被审计单位信任的审计人员，从而推动内审工作的开展，促进内审工作效率的提高，为大力提高企业的经济运行质量、实现体制转型和经济跨越式发展的目标做出贡献。

## 13.2 内部审计人员应掌握的知识

其实，内部审计人员的知识结构本身就是一个需要深入讨论的问题，在不同的内审环境和业务模式下，内部审计人员需要掌握的知识结构有很大差异。不管从事业务审计也好，从事财务审计也罢，或者是进行反舞弊等，在任何组织中，内部审计人员都会面临企业所有者或者高级管理层如何定位审计部门、如何发挥审计的作用的问题。

通常，以下三个方面是内审人员必须掌握的通用知识。

### 13.2.1 与内审相关的知识点

内审工作说起来简单做起来难，但它不是简单查查账，更多是确认和咨询。不管是国家审计、社会审计，还是内部审计，均如此。

内部审计并不高深，关键在于内部审计人员是否具有将知识与审计项目相结合的能力，以及挖掘事物本质的决心。至于内审有哪些流程，需要履行哪些程序，如何能够高效完成审计项目，如何确定审计项目的闭环标准等问题，审计目的一旦明确，均会随之明晰，这就是问题导向、目标导向。

（1）在理论层面，内部审计人员可参考很多资料。

（2）在实践方面，内部审计人员需结合被审计单位的具体情况，尤其包括被审计单位对审计的定位、企业文化、经营理念、具体项目实施的难易程度等。

### 13.2.2 风险管理的知识

前文讲过实施以风险为导向的内部审计，那么风险到底是什么呢？国内外对风险相关的研究内容有哪些？企业常见的风险有哪些？这些风险都以何种状态存在？这就需要深入理解风险的内涵，并将风险的意识融入日常的审计项目中，逐步培养对风险的敏感性和提高认知水平。

内部审计人员需掌握一些基础的风险词汇，如市场风险、财税风险、合规风险、外部风险、内部风险、风险识别、风险评估、风险控制、风险管理等。不管是何种风险，其本质是一种状态，需要在审计过程认识和管理。

### 13.2.3 内部控制的相关知识

在现实中，许多企业确实将内部控制的一些管理职能放在审计部门，但是否能够真正推动内部控制体系建设和完善还需要打上一个问号。从内部控制五要素来看，除了监督以外，内部环境、风险评估、风险控制和信息沟通等对内审来说都存在很大的难度。所以内部控制不能简单地理解为制度、流程等，其实内部控制是一种全员参与的过程，其会随着业务实践的变化而变化。

要有一个良好的内部控制实施过程，最主要的是管理层积极参与，集团层面、事业部层面，或者说组织治理层面、业务实操层面，都处于一个系统。那么，通过授权、预算、信息化、会计、不相容职务分离、实物控制等控制手段予以实现。

上述内容是内部审计人员必须掌握和理解的共性知识点。

在此基础上，内审在不同的实体中存在和运行，那么作为内部审计人员，关键是要深入了解和掌握所在组织的业务模式、产品类型、市场情况及内审主要关注的内容。比如，工程施工类、制造业、金融行业、流通行业、互联网、服务业等，这些行业都具有不同的商业模式和内审关注点。

最后一点，就是基础数据和信息化管理方面知识的学习和利用。

首先，内部审计人员要有数据挖掘和分析的意识，进而有意识地收集和建立审计数据库，为审计项目的数据化、科学化奠定基础。

其次，需要学会如何有效利用信息化技术，信息化作为内部控制措施之一，具有数据留痕和不可修改的优点。作为内部审计人员，主要工作是还原事项本质，那么信息化就是必不可少的武器。

以上就是在现实工作中，内部审计人员需要深入掌握和理解的知识，当然还要掌握好财务知识、法学、管理等知识。

## 13.3　内部审计人员应具备的素质和能力

内部审计人员是否具备足够的职业素质和能力以胜任企业分配的各种审计工

作，是内部审计部门能否充分发挥作用的重要前提。

那么，内部审计人员应具备哪些素质和能力呢?

### 13.3.1 内部审计人员应具备的基本素质

内部审计人员应具备的基本素质，包括以下六个方面。

**1. 政治素质**

首先，具有坚定的政治方向和政治立场。

其次，具有扎实的马克思主义理论功底。这是内部审计人员应当具备的基本的政治素质，也是具有正确的政治观点的科学基础。

最后，具有执行党的路线、方针、政策的自觉性。

**2. 道德素质**

内部审计人员应具备的道德素质如下。

（1）大公无私的高尚风格和自我批评的可贵精神。

（2）正派的优良作风。优良作风是内部审计人员的思想和品质的外在表现，是一种强大的人格力量。

（3）高度的责任感、正义感。审计的目的之一是找出差错，因此审计过程中内部审计人员必然要揭露查处一些违纪问题，遇到各种阻力和压力。内部审计人员必须要有强烈的责任感，敢于执法，做企业资产和利益的忠诚卫士。

**3. 专业素质**

内部审计人员应具备的专业素质如下。

①国家经济法律知识。

审计执行经济监督职能，必须以党和国家的财经方针、政策、法律、规章为审计依据，只有掌握了国家经济法律知识，才能明辨是非、解除或确定被审计单位及有关人员的经济责任。内部审计人员应主要掌握《中华人民共和国民法典》《中华人民共和国会计法》《中华人民共和国审计法》《中华人民共和国税法》《中华人民共和国公司法》《中华人民共和国票据法》等。

②财务会计知识。

财务会计是审计监督的基本对象。只有精通会计业务，审计人员才能从复杂的会计账目中发现问题，正确判断被审计单位账务处理的合规性、正确性及财务报表的公允性，才能对被审计单位财务状况和经营成果表示正确意见，为国家进行宏观调控、为利益关系人进行决策提供可靠的信息。

③经济管理知识。

审计是一种综合性经济监督活动，要胜任监督职责，内部审计人员就必须具备广博的经济管理知识。只有这样，内部审计人员才能发现被审计单位存在的问题，提出有针对性的建议，帮助被审计单位改善经营管理、提高经济效益，才能发现国民经济的带普遍性、倾向性问题。

④审计基础知识。

审计作为一种独立、专门的经济监督活动，有完整的理论体系、方法体系和独特的标准体系。只有掌握这些知识，内部审计人员才能有效地收集和评价审计证据、客观地分析和判断被审计事项的性质，进而得出正确的审计结论。内部审计人员应具备审计基础理论、审计标准、一般审计方法、电算化审计方法等知识。

⑤其他相关知识。

在现代科学领域中，无论是自然科学，还是社会科学，它们之间存在着互相影响、互相渗透的关系。因此，内部审计人员了解相关知识，丰富知识结构是十分必要的，这有利于提高审计工作质量和效率。其他相关知识主要包括：市场学、物价学、运筹学、情报学、心理学、逻辑学、交际学、外语学等方面的知识。

**4. 能力素质**

内部审计人员应具备的能力素质，包括：思维和组织能力、鉴别和分析能力、写作能力、自学和科研能力。

**5. 心理素质**

内部审计人员应具备的心理素质，包括：独特的个性特征，即个人的独立性；良好的心理品质，包括广阔性、深刻性、独立性、创造性、敏捷性、灵活性、逻辑性。

**6. 身体素质**

健康的身体是内部审计人员做好工作的物质基础。

总之，内部审计人员要具备一定的业务知识和能力，不仅要熟悉会计制度和会计准则、具备审计专业技术知识，而且要有一定的理解能力、分析能力、判断能力。内部审计人员应准确理解法律法规的基本精神，处理法规条文与事实的适用问题，对审计对象做出客观公正、实事求是的审计评价。

### 13.3.2　内部审计人员应具备的特别素质

在具备了基本素质之后，能否实现审计工作向更高水平的发展，还要看内部审计人员是否具备了从事审计工作所需要的特别素质。

第一，要有职业敏感。面对给定的审计材料，为什么有的人能迅速找到切入点，有的人能从蛛丝马迹中发现问题，而有的人不能，其原因在于个人对问题观察的敏锐程度，这种敏感性要有长时间的理论和实践积累才能形成。

第二，要有洞察力。在敏感性的基础上，要想进一步解决问题，关键要有一定的洞察力。敏锐的洞察力可以帮助内部审计人员找到解决问题的着眼点，即从哪方面着手可以有效地取得对问题正确判断的依据。

第三，要有较强的综合判断能力。审计过程中的判断不仅仅是简单的分析判断，还需要内部审计人员从微观层面进行甄别，从问题的宏观层面进行剖析，分析问题的产生原因和发展脉络，对被审计单位所处的行业现状有不同程度的研究，能够把握审计所涉及的方方面面。只有在统筹分析基础上才能对所掌握的材料进行高度的概括和总结，做到对问题准确的处理，提出有价值的意见和建议。

## 13.4　内部审计人员应如何提升执业胜任能力和专业素质

审计作为一项政策性、专业性很强的工作，对审计人员的专业知识、业务能力、政策水平及道德水平等方面提出了较高的要求，审计人员的能力和素质也面临新的挑战。

### 13.4.1　内部审计人员如何提升职业胜任能力

内部审计人员要提升职业胜任能力，主要从以下几个方面入手：一是提升学历；二是努力参与审计专业后续教育；三是提升审计专业技能；四是具备与提高审计职称；五是不断学习财务会计法规；六是不断学习税务法规；七是不断学习金融法规；八是提升内部控制技能；九是提升沟通能力；十是提升协调能力。

## 13.4.2　内部审计人员提升专业素质的 8 条途径

内部审计人员提升专业素质的 8 条途径如下。

自学不息，累积能量；后续教育，更新知识；培训研讨，拓展思路；考证促学，自我加压；职称晋升，职务过渡；提高学历，适应工作；开拓创新，勇于实践；努力跨界，融会贯通。

# 第 14 章
## 审计沟通：内部审计人员有效沟通的技巧

　　内部审计沟通是指集团内部审计机构与被审计单位、企业适当管理层就审计有关事项、依据、结论、决定或建议进行积极有效的探讨和交流的过程。

# 14.1　审计沟通概述

　　审计沟通是内部审计工作不可缺少的一部分，是贯穿整个审计过程的一项重要工作。在常规审计的各个环节，审计人员应与被审计单位进行全面、有效的沟通，使他们不仅知其然，还知其所以然。审计沟通提高了被审计单位整改问题的自觉性，也达到了常规审计的效果。

## 14.1.1　审计沟通的内容

　　审计沟通的内容包括以下三个方面。

### 1. 审计计划阶段的沟通

　　审计计划阶段的沟通包括：接受委托前就被审计单位基本情况的了解沟通；签订业务约定书时就各项约定内容的沟通；编制审计计划时就评估审计风险资料、客观环境变化等的沟通。

**2. 审计实施阶段的沟通**

审计实施阶段的沟通包括：审计计划中确定的需要被审计单位协助的工作；管理当局对有关事项的解释、声明及提供的其他证据；可能导致会计报表发生重大错报风险的会计认定；已发现的重大错误、舞弊或违法行为；审计工作受到的限制和阻碍。

**3. 审计完成阶段的沟通**

审计完成阶段的沟通包括：有关会计报表的分歧；需要做出审计调整的重大会计事项；会计信息披露中存在的可能导致修改审计报告的重大问题，如期后事项等；可能危及持续经营能力等的重大风险；审计意见的类型及审计报告的措辞；拟提出的关于内部控制方面的意见和建议；与已审会计报表一同披露的其他信息的沟通。

通过审计沟通，审计人员可以取得支持与理解，获取审计证据，降低审计风险，提高审计效率。

## 14.1.2   审计沟通方式

审计沟通的方式，通常包括口头和书面两种方式。其中，口头方式最常用，如内部审计人员向管理当局询问有关审计单位的基本情况，或与管理当局就审计中发现的有关问题进行讨论等。但对于某些重要事项，内部审计人员常采用书面方式进行沟通，这种书面沟通文件常被称为"备忘函""提示函""沟通函"。

如何做好审计沟通呢？

**1. 明确目的**

明确目的是做好审计沟通的基本前提。沟通需要进行的准备工作不仅包括了解被审计单位业务环境、营运状况，还包括了解沟通对象的人格特征和行为模式等方面。对此，内部审计人员首先需要明确沟通目的，在审计计划和现场工作阶段，收集证据是主要目的，建立关系应作为收集证据的一个辅助性子目标。内部审计人员不可能事无巨细地询问，因此沟通时要有针对性，注意表述准确，以点带面，缩短沟通时间，以便及时投入正常工作。

**2. 巧妙提问**

审计沟通除了要围绕审计目标精列要点、做到深浅适度外，还要讲究提问措辞，巧妙提问。内部审计人员要首先认识此次审计的特点，明确审计的重点。

同一问题，提问方法不同，其效果亦不一样，内部审计人员要做到以下几点。避免指责性或领导性口吻；采用开放性的问题，引导受访者谈话；提出探询性的问题使受访者明白自身做了准备工作，并且乐于倾听；在对舞弊问题的调查中，使用某些令受访者恼火的问题，有益于得出真相；充分了解被审计单位业务的细节，以做到有效提问。

内部审计人员可准备一份提纲腹稿，这对提高沟通效能大有裨益。

### 3. 选择环境

选择合适的沟通场所、创造良好的沟通环境，使受访者乐意合作是应考虑的重要因素。对于典型的收集事实的沟通，将沟通安排在一个使受访者感觉舒适的环境中是有益的。如选择在受访者的工作场所进行沟通，将有助于现场了解业务过程；在与涉嫌舞弊者沟通时，选择降低受访者紧张情绪的环境将有利于沟通。

### 4. 考虑人数

根据沟通的目的不同，可选择进行一对一的讨论或是召开座谈会等形式的多人互动。沟通时，通常过多的沟通者会给受访者造成心理上的压力，导致阻碍沟通；当然，沟通时如果出现问题，有一个相对中立的第三者在现场是有益的。如果主要进行没有威胁性的沟通来了解商业运作的过程，此时多人互动更有利于全面获取信息。

### 5. 控制时间

尊重受访者的时间，对审计沟通而言是非常重要的。请记住，每次沟通很可能已经干扰了受访者的正常工作。因此，内部审计人员需要预先设定一个时间，尽量不超过一小时；如果预估沟通会超过一小时，可以分步进行。

### 6. 适当闲聊

闲聊是否适当，取决于沟通的目的和受访者的性格。沟通开始时可以询问非攻击性的问题，或者是采用尊重的态度，进行非正式的谈话，如昨晚的球赛或者是天气。

另外，尽量避免与受访者进行私人话题的讨论，特别是第一次进行沟通时，应紧扣即将涉及的业务事项，必须避免与受访者建立某种个人关系，以免影响独立性。

　　同时，内部审计人员是监督各项财政法规执行情况的卫士，因此更要自觉遵守国家的有关法律。询问涉及被审计单位的商业秘密时，对审计无用的，则不宜谈及，不能打破砂锅问到底。

### 7. 耐心倾听

　　尽管内部审计人员不能做纯粹的倾听者，但倾听也很重要，内部审计人员应该少说多听，理想的沟通是有 80% 的时间是受访者在说。内部审计人员应耐心倾听，营造信任气氛，取得受访者信任，使之愿意提供信息，如果缺乏信任，沟通效果则不理想。

　　另外，如果缺乏耐心，急于得到结果，可能会让受访者感到不舒适，反而影响沟通的效果。要抓住受访者所提供的资料、证言、证据之间的相互矛盾之处，在耐心倾听中出其不意地用其矛攻其盾，受访者在难以自圆其说的情况下，很可能会道出真情原委。

### 8. 注意语言

　　成功的沟通，语言传递的信息要占 50%，内部审计人员不仅要注意说话的内容，还要注意语速、语调和身体语言。作为内部审计人员，要尽量避免表现惊奇或疑问，要通过身体语言表现出自己是来提供帮助的而不是进行责备的，这样有助于促进合作。

　　沟通语言要有启发性，这不仅可以影响受访者的思维，也可以使审计工作收到意想不到的效果。审计组有时会遇到受访者拒绝提供相关资料的情况，审计组长此时可以讲明相关法规，讲清责任，利用政策讲解、案例教育等手段，向受访者讲明政策和法规规定，分析违纪违规行为产生的后果以及应承担的责任，打破其心理防线，使其明白不提供相关资料和说明真相，将被追究责任，从而使对方放弃侥幸心理、承认事实、接受处理。采用这种启发性语言，有时可以收到奇效。

### 9. 畅通渠道

　　受访者常常在沟通后的 1 ～ 2 天会想起一些重要的信息，所以，内部审计人员需要敞开大门，欢迎其随时联系、提问题，或者讨论没有谈过的但是应该讨论的问题，让受访者知道与审计部门沟通的渠道是畅通的。

　　当沟通陷入僵局，或者受访者提出一些新情况、新线索时，内部审计人员可提出采取突击查账或盘点现金或清点测算实物等方法，进行现场核实，判断受访者是否讲真话。

### 14.1.3　内部审计人员有效沟通的六大原则

内部审计人员有效沟通的六大原则包括：沟通信息重要性原则；沟通渠道适当性原则；沟通主体共时性原则；信息传递完整性原则；沟通过程及时性原则；沟通理解同一性原则。

## 14.2　内部审计人员有效沟通的四大技巧

善于沟通，是内部审计人员必须具备的一种软实力。内部审计人员如果业务不精、技术水平不高，就很难在查深、查透和查出重大违纪违规事件上有所表现。

### 14.2.1　表现合作性态度的技巧

在沟通过程中，根据果敢性和合作性的不同，分为强迫性、回避性、折中性、合作性、迁就性五种态度。

合作性态度具体的表现形式有五种。

第一种表现，双方都能够说明各自所担心或顾虑的问题。

第二种表现，双方都积极地解决这个问题，而不是推卸责任。

第三种表现，双方共同研究解决方案。

第四种表现，双方在沟通过程中，对事不对人。

第五种表现，双方最后达成双赢的协议。

态度决定一切，只有内部审计人员的态度问题解决了，沟通才有可能成功。

内部审计人员应克服职业优越感，提升心态平和能力，注意说话的语气和态度，做好耐心说服工作，帮助被审计单位分析违规的性质、原因及由此带来的危害，使其正确认识自己的错误，自觉地改正。

## 14.2.2　有效利用肢体语言的技巧

科学测试证明，当你出现在别人面前的时候，别人 7 秒就形成了对你的第一印象。内部审计人员应在访谈过程中注重自身的表情、眼神、语言和动作，使受访者形成良好的第一印象。

第一印象正是影响受访者是否信任内部审计人员、是否保持合作态度的一个非常重要的因素。

## 14.2.3　有效发送信息五技巧

有效发送信息五技巧：选择有效的信息发送方式；选择有效的信息发送时机；确定将要发送的信息内容；明确最主要的沟通对象；在何处发送信息。

内部审计人员应当尽量以明晰和易理解的方式组织语言并简化语言，同时考虑谈话的对象，保持与受访者的语言一致性。

## 14.2.4　接收信息四技巧

接收信息四技巧：适应对方说话的风格；眼耳并用；理解对方；鼓励对方。

掌握沟通技巧，注意有效倾听，不要带偏见地倾听，要获取全部信息。注意换位思考，理解对方可能产生的疑虑，以对方的立场对审计工作进行分析，从而消除受访者的防范对抗心理。

# 14.3　内部审计人员如何与领导沟通

内部审计人员与领导沟通时，应注意态度与技巧。

### 14.3.1 请示与汇报的基本态度

尊重而不吹捧，请示而不依赖，主动而不越权。

### 14.3.2 与各种性格的领导沟通的技巧

与控制型领导沟通的技巧：语言简明扼要；不说无关紧要的话；开门见山，直切主题。

与互动型领导沟通的技巧：要真心诚意地交流，要言之有物。

与实事求是型领导沟通的技巧：省掉不必要的客套话，直接谈他们感兴趣且具有实质性的内容。

## 14.4 内部审计人员如何与部下沟通

内部审计人员与部下沟通的技巧如下。

### 14.4.1 下达命令五技巧

有执行命令意愿的部下，会尽全力把交代的工作做好。那么，如何提升部下执行命令的意愿呢？

态度和善，用词礼貌；让部下明白这项工作的重要性；给部下更大的自主权；共同探讨状况；让部下提出疑问。

### 14.4.2 赞扬部下四技巧

赞扬部下四技巧：赞扬的态度要真诚、赞扬的内容要具体、注意赞扬的场合、适当运用间接赞扬技巧。

### 14.4.3　批评部下五方法

批评部下五方法：以真诚的赞扬做开头、要尊重客观事实、指责时不要伤害部下的自尊自信、提供真诚而友好的建议、选择适当的场所。

# 第 15 章
# 行政事业单位内部审计

政府审计、社会审计和内部审计是构成审计体系的三大主体。行政事业单位内部审计的主要目标是促进单位内部严格遵守财经纪律，加强廉政建设，为单位在加强管理、提高效益、建立良好秩序方面发挥作用。

行政事业单位不仅为完成政府职能需要使用财政资金，同时还参与财政资金的二次分配，即系统内专项资金的预算安排，也就是说财政资金大部分通过行政事业单位来完成支出。

## 15.1 预算执行情况审计

预算执行情况审计在行政事业单位内部审计中发挥了积极的作用。随着经济体制改革，尤其是财政体制改革的深化、所有制结构的调整和完善，以及我国加入世界贸易组织，预算执行情况审计亟待深化和完善。

如何做好预算执行情况审计工作呢？

### 15.1.1 审查预算的编制情况

审查预算的编制情况包括以下内容。

### 1. 预算编制是否真实

预算编制是否真实，即部门预算收支的预测是否以国家社会经济发展计划和履行部门职能的需要为依据，每一个收支项目数字的测算是否依据实际或计划的基础数据，运用科学合理的方法进行了测算。

### 2. 预算编制是否合法

预算编制是否合法，即部门预算的编制是否符合《中华人民共和国预算法》和国家相关法律的规定，是否符合国家有关经济社会发展的各项方针、政策，是否在法律赋予部门的职能范围内。

### 3. 预算编制是否科学完整

预算编制是否科学完整，即部门预算编制是否遵循了量入为出、收支平衡的原则，是否稳妥可靠，是否采取有效的程序和方法合理安排了各项资金，部门预算的编制是否符合综合预算的原则，对各项收入和支出预算的编制是否做到了不重不漏。

## 15.1.2　审查预算的批复情况

审查预算的批复情况包括以下内容。

（1）部门是否按照规定及时向所属单位批复了预算。

（2）部门向所属单位批复的预算与财政部门批复本部门预算的科目和项目是否一致，有无随意调整预算科目、调增调减预算金额、擅自改变资金用途等问题。

（3）部门向所属单位批复的预算是否足额完整，有无预留预算资金的问题。

## 15.1.3　审查预算收入的编制与执行情况

审查预算收入的编制与执行情况包括以下内容。

（1）拨款收入的取得是否符合预算和其他法律法规。

（2）拨款收入的记账是否完整正确，有无错报或者漏报的问题。

（3）部门是否严格按照预算拨付资金，有无超预算、无预算拨款、挤占、挪用预算资金的问题。

（4）部门是否按照预算级次拨付资金，是否存在超预算级次或者向非预算单位拨款等问题。

（5）部门是否按照项目进度拨款，是否存在资金拨付不及时，滞拨、欠拨、截留应拨预算资金，影响项目建设和事业发展等问题。

（6）预算资金拨付是否按照相关会计制度进行了记录和反映。

### 15.1.4　审查基本支出预算的编制与执行情况

审查基本支出预算的编制与执行情况，具体如下。

（1）审查人员经费预算编制依据是否明确，是否存在虚报干部职工实有人数，套取基本支出财政拨款的情况。

审计人员应根据提供编制人员经费预算的详细资料，认真核实检查，必要时应到被审计单位人事管理部门和上级人事管理部门获取相应的数据资料，确保人员经费的真实性、准确性。

（2）审查基础数据是否准确，是否存在套取基本支出财政拨款情况。

重点审查被审计单位在预算执行当年年末计提的各种费用，如根据提供的基础信息表中存在年末计提绩效考核工资、目标考核奖金及其他工作福利性补贴等，计提大额会议费、出国人员经费等；关注"其他应付款"科目挂账情况，防止虚列支出。

这类情况的发生，表明被审计单位编制预算时就存在虚假套取的目的，实际支出时通常情况下都不能做到专款专用，而是另作他用，或成为单位的小金库。

（3）审查是否存在基本支出无预算、超预算的情况。

重点审查无预算、超预算列支办公费、会议费、接待费、差旅费、劳务费、出国费、咨询费等行政消耗性开支，查处有无挥霍浪费、贪污腐败等违规违纪行为。

（4）审查有无本单位替他人或其他单位代支费用，或将代支费用列入基本支出的情况。

重点审查其他收入经费、暂存款和其他应收款的事项和缘由，审查替他人或其他单位代支费用的行为是否合规、合法，审查他人或其他单位是否与本单位有相关联的工作业务关系，防止发生为他人或其他单位提供贪污、挪用公款的违法行径。

（5）审查事业单位是否存在基本支出核算和决算与预算口径不一致的情况。

重点审查是否存在基本支出预算收入来源为非财政收入的工资福利支出在会计核算和决算时被计入人员经费支出，防止应由事业单位自身承担的人员工资福利补贴转化成财政负担，变相骗取财政资金。

## 15.1.5　审查项目预算的编制与执行情况

审查项目预算的编制与执行情况，具体如下。

（1）审查是否存在分解项目到下属单位的情况。重点审查被审计单位在预算中申报编制的项目未在预算说明中明确项目具体承担单位或部门，项目决算时资料与实际执行不符的情况。

（2）审查是否存在克扣或截留下属单位专项资金、延压和滞拨专项资金的情况。防止因资金拨付不到位、不及时，造成专项事业任务得不到及时完成和顺利落实。

（3）审查是否存在超范围支出或公用经费挤占项目经费情况。重点审查项目经费签订的合同合约条款，实际采购的项目设备、材料与预算中的项目明细、招标文件中合同条款是否相符，审查项目实际执行与预算内容是否相符的情况。防止挤占和挪用项目经费。

（4）审查是否按照项目预算执行经费收支。重点审查项目申报文件内容与实际执行情况，审查实际支出与预算的一致性。防止未按规定的时效落实项目的建设，防止项目自筹资金不到位、套取上级财政资金，防止项目支出超预算或列支无预算支出。

（5）审查是否存在基本经费与项目经费调剂使用、项目打包的情况。重点审查项目之间相互调剂使用资金、项目打包合用资金的情况，审查调剂项目和打包项目的原因、资金数额和使用情况，防止专款不专用的情况发生。

## 15.2　固定资产管理情况审计

通过内部审计，评价被审计单位固定资产内部控制的存在性和有效性，促进被审计单位在固定资产的购置建造、记录保管、维护保养、报废处理等环节完善管理，降低风险。

### 15.2.1　审查固定资产账账、账实之间是否相符

重点审查固定资产使用部门登记卡片账的时间与财务部门的固定资产账登记时间是否基本同步、账账数据是否相符。

防止设备购不入账或入账不及时，造成设备流失。

### 15.2.2　审查对外出租设备是否经财政部门批准

重点审查出租设备的报批手续，审查房屋租赁合同中房屋面积与实际租赁面积有无较大差异，重大、重型设备出租租金定价是否合理，对内对外出租租金标准是否同价等。

防止设备出租过程中发生违反财经纪律的行为。

### 15.2.3　审查设备的管理使用情况

重点审查大项资产、专项专用设备闲置未用情况和资产处置情况，审查时根据被审计单位提供的固定资产清单，抽查盘点大项资产、大宗物资管理使用情况，资产是否账实一致，处置资产手续是否齐全，残值是否及时收回。

对闲置的资产要查明原因，提出处理建议，防止损失浪费的不良行为发生。

### 15.2.4　审查项目设备、大型专用设备的采购情况

重点审查政府采购批准的设备项目与合同约定采购的项目，检查实物设备验收单名称、数量、单价等是否相符，审查是否存在私自更改政府中标采购结果，或违规采购大型设备、大宗物资等情况。

防止在设备采购活动中产生贪污腐败的违规违纪现象。

# 15.3　财务决算情况审计

行政事业单位财务决算审计指对行政事业单位财务收支决算进行的审计。

## 15.3.1　审查内部控制制度的制定与执行情况

根据国家和地方财政部门颁发的《行政事业单位财务规则》《行政单位会计准则》《事业单位会计准则》《行政单位会计制度》《事业单位会计制度》等财务会计法规，审查被审计单位是否结合单位实际建立完善了预算管理、固定资产管理、财务管理、会计核算、财务会计人员岗位职责等制度规定，其制度规定是否健全并得到有效落实和执行。

重点审查大项支出是否大量使用现金，资金管理是否安全，银行账户是否按规定开户设置，会计与出纳岗位、财务印鉴是否分离等情况。

## 15.3.2　审查账户设置情况

首先，审计银行账户设置的合规性。审计行政事业单位是否存在未经财政部门许可私自设立过渡户的行为，经批准未取消的账户的款项是否及时全额缴入财政规定账户，有无收而不缴、私存个人名下的行为；有无从财政部门大额支取周转金进行周转的行为；有无将财政性资金滞留在下属单位坐支、挪用等违纪违规行为。

其次，审查财政集中支付的零余额账户管理使用情况。重点审查是否存在零余额账户与基本账户混为使用，出现资金管理不规范，导致出借或挪用资金违规违纪问题的发生。

## 15.3.3　审查往来款项中是否存在核算收入支出的现象

重点审查上级机关业务部门和其他部门拨入的专项经费、会议费、培训费等，应该纳入预算范围而在往来科目中核算收支的行为，防止乱开支、乱花钱，以致出现转移、隐藏资金设立小金库的违纪问题。

### 15.3.4　审查债权债务清理情况

审查是否存在债权债务清理不及时，长期挂账的债权造成单位资产不实情况。

重点审查本单位人员个人借款情况，是否有审批手续、是否有大额借款长时间不还的现象，防止占有国家资产资金的现象发生。审查往来科目核算的正确性、规范性。

### 15.3.5　审查事业性收入和其他收入情况

重点审查政府非税收入、出租资产收入、其他经营性收入情况，审查非税收入是否及时足额上缴国库或财政专户，出租收入和经营性收入是否按照合同约定的时间、数额及时足额入账，防止出现直接坐支收入或挪用资金的违规违纪现象。审查票据管理使用的规范性、严肃性。

行政事业单位收入来源渠道较多，笔者在长期的行政事业单位审计中，归纳了五种方法，即"五查五看"。

#### 1. 从查银行账户入手，看收入是否外流

行政事业单位在银行开立的账户主要有两个，一个是财政部门指定的零余额账户，另一个是单位基本账户。

行政事业单位的主要收入来源是财政补助收入，它是通过零余额账户和财政直接支付反映预算收支活动情况的，由财政部门予以直接监督。除此之外的收入通过基本账户反映。

审计人员在具体工作中要做到以下两点。

一要核对银行存款日记账与银行对账单，找出银行已达、单位未达账项，然后到开户银行进行延伸调查，获取银行入账的有关证明材料；或者要求被审计单位提供未入账的有关凭单，进而确认款项来源的性质，查明产生未达账项的原因，审查被审计单位是否将收入转到账外，隐匿收入，私设小金库。

二要细致核对现金日记账，对大额收付现金业务逐项审查，将收入以现金方式入账的业务分类汇总，并要求被审计单位提供取得收入的有关凭单及证明材料。

根据掌握的第一手资料，有针对性地选择几家付款单位进行外调或者利用通

信、函证等形式调查了解，将内查外调结果对比分析，查明收入不入账的金额和原因。

**2. 从查合同、协议入手，看非预算收入是否全额核算**

非预算收入已经逐渐成为各行政事业单位的一个重要收入补充来源。合同、协议是行政事业单位获取非预算收入的合法依据。

比如，在对某市一家行政单位主要负责人的离任审计中，就是从查看合同、协议中发现隐瞒收入现象的。这个行政单位有一个门面，从账面上看有出租房屋收入，但账面上反映的出租收入逐年减少，这种情况有点不正常。审计人员要求该单位的会计人员把出租房屋合同拿出来看一下，结果查出这个单位隐瞒了收入，将进餐费用直接抵冲房租收入。

再如，在对某市公安局审计时，审计人员就住在该局开设的宾馆内。但在审计时，查遍了所有收入，也没有发现该局宾馆房屋租金收入。

审计人员要求该局提供房屋出租合同，该局说没有订合同，在深入审计下，最终查出该宾馆每年上交租金 9 万元的事实。

**3. 从查票据入手，看收入是否真实可信**

查发票领购与开具情况，同时要与账面收入相衔接，审查其收入是否全部入账，有无代开、虚开发票的现象。

核对往来票据、收据的取得、印制与实际开具情况，审查其往来收付与收入是否严格区分，收入是否入账。

结合提供劳务或服务的业务情况，审查收入与业务是否相吻合，这需要与账户审计、合同审查相结合，否则难以发现这些收入的真实情况。

**4. 从查往来账项入手看是否隐藏收入**

从查往来账项入手，看往来账户中是否隐藏着收入。

**5. 从查收发文记录入手看是否隐瞒收入**

从查收发文记录入手，看专项资金是否被挪用和是否存在隐瞒收入的问题。

## 15.3.6　审查行政事业单位支出的情况

行政事业单位支出审计主要审查行政事业单位的各项支出是否按照预算执

行，以及支出和效益是否相适应。审查内容主要如下。

（1）审查各项支出是否按照预算规定的范围和用途使用，是否符合开支标准。

（2）审查经费支出，有无建立必要的计划、审批、结算和验收等手续制度。

（3）审查有无挪用资金用于非指定的用途，或巧立名目，弄虚作假。

（4）审查预算内外支出是否严格划分，有无把预算外支出挤入预算内开支。

（5）审查有无年终发生大量支出，滥发奖金、实物、补贴等情况。

（6）审查"三公"经费支出是否合规。

（7）审查预算包干单位结余资金的使用，是否用于改善工作条件和发展各项事业，有无用于基本建设及其他不符合规定的开支。

行政事业单位支出审计的程序如下。

（1）查询预算、计划和规定的资金用途和开支范围，查明有哪些特殊的行业规定。

（2）检查支出的内部控制制度。了解费用支出的报销制度，包括经手人、验收证明及签批审核程序。

（3）审查审查期内的各种支出凭证、账簿、报表和其他资料，每笔支出的原始凭证及验收、复核、审批手续。

（4）审查会计账簿的设置、科目的运用是否符合会计制度，账款、账物、账证、账账、账表是否相符。

（5）找有关人员询问座谈，以便发现可疑线索，深入审查。

（6）对可疑支出做追踪审查。

# 15.4　行政事业单位其他情况审计

行政事业单位其他情况审计的具体内容如下。

## 15.4.1　财政性资金结余管理情况审计

财政性资金结余管理情况审计包括以下四个方面的内容。

（1）审查财政性结余资金是否按照相关管理办法实施管理，资金的结余是否真实、合规、合法。

（2）财政性结余资金使用，是否严格遵循财经管理办法，由财政性补助资金提取转为事业基金的结余，是否纳入基本支出结余资金管理范围。

（3）专项拨款是否按照规定的用途使用，结余的资金是否及时返还等。

（4）对基本支出结余和项目支出结余，应分别进行核查，并与单位会计账表相关数字进行核对，审查结余数据是否一致，防止将项目经费结余转入基本支出结余。

## 15.4.2　票据审计

票据审计，即审计行政事业单位行政性、事业性收费和罚没收入、罚没物品使用的票据真实性、合理性、合法性。

一是在审计时主要审阅行政事业单位行政性、事业性收费和罚没收入、罚没物品使用的票据的真实性，是否有中央或省级财政部门印（监）制的公章和同级财政部门加盖的公章，重点审计有无白条或自制收据收费和罚没的行为，有无收费和罚没不给合法票据的行为。

二是审计行政事业单位从财政部门领用票据的收、发、存数量和号码是否相互吻合；审计票据收、发、存内部控制制度是否健全并有效实施，包括领用和注销情况，重点审阅领票未登记、用票未注销、单位之间相互借用票据等违纪违规现象。

三是审核统一事项票据不同联之间金额是否一致，有无大头小尾现象，审阅票据所记载基本内容是否完全、清晰，是否合乎逻辑；核对收、发、存票据号码是否一致，复算单位时间内（天、月、年）票据金额及合计是否与持有现金、缴存银行数额相符，有无执收执罚个人和单位只领票据不缴款、少缴款，长期占压、挪用挤占行政性、事业性收费和罚没收入、罚没物品的行为。

### 15.4.3　收费和罚没收入审计

收费和罚没收入审计，即审计行政事业单位行政性收费、事业性收费、罚没收入、罚没物品、费用支出的合法性和真实性。

行政事业单位多为具有执收执罚职能的单位，要加强对行政性收费、事业性收费、罚没收入、罚没物品、费用支出的审计，主要要抓好以下两个环节的审计工作。

**1. 征收和罚没环节的审计工作**

征收，主要审阅行政事业单位是否凭价格主管部门颁发的收费许可证收费，收费内容是否与收费许可证所载内容一致。

罚没收入，主要审阅执法主体是否具有执法资格，执罚主体是否按照法律、法规和规章规定依法进行，涉及处罚的自由裁量是否恰当，重点审计不该收而收、不该罚而罚、变相收罚等违纪违规行为。

罚没物品，主要审核罚没物品查扣、保管、变卖是否符合法律、法规和规章的规定，查扣、没收物品是否依法进行，没收物品是否妥善保管、登记造册，有无乱堆、乱放、乱拿、乱用的行为。

**2. 缴存环节的审计工作**

审计行政事业单位是否存在收而不缴财政专户、罚而不缴财政预算的行为；是否存在未经许可设立征收和罚没过渡户的行为；是否存在坐支、挪用、私设小金库和账外账的行为。

### 15.4.4　绩效审计

行政事业单位绩效审计的内容如下。

**1. 资源利用的经济性**

审查行政事业单位预算支出的合理性，是否按法定预算用途合理使用，以最低的费用取得一定质量的资源，达到预期目标；预算编制是否可科学；设备物资是否有效使用；人员配置是否合理，做到人尽其才、物尽其用；是否贯彻节约原则，有无铺张浪费情况。

**2. 行政管理的效率性**

重点检查行政事业单位内设机构是否科学，是否符合"三定"方案要求。

审查管理是否到位，有无建立相应的岗位责任制；管理方法和管理手段是否先进，管理设备是否有效使用，行政管理是否经济有效。

**3. 行政活动的效果性**

主要围绕行政事业单位预算执行情况和工作计划目标以及所产生的经济绩效和社会绩效进行行政活动效果性审计。从数量和质量两方面进行评价：预算资金的管理和使用效果是否良好，是否按预算执行；被审计单位管理是否达到了预期的效果、获得了良好成效；行政活动的数量和质量是否符合预期要求；资源利用的具体方式和手段是否可行有效等。

行政事业单位绩效审计方法如下。

一是要建立健全指标评价体系。

二是利用专项审计调查评价专项资金使用效益。

三是开展单独立项方式的绩效审计。

四是开展财政财务收支审计相结合的绩效审计。

五是可运用核对行政事业单位业务指标完成情况的方法，对行政事业单位完成政府下达指标情况进行比较。例如，将公安机关的破案件数、检察院的案件数量等指标完成情况进行比较分析，来衡量行政成本的高低和支出效率。

六是可查阅被审计单位的党组会议纪要、局务会议纪要、重大议事规则等资料，从会议纪要等文件资料中发现是否存在一言堂、有关重大经费开支是否经相关领导集体讨论决定，通过分析及时发现领导决策中存在的问题，找出原因，提出建议，促使被审计单位提高部门经费的使用效益。

## 15.4.5　"三公"经费审计

"三公"经费审计包括以下内容。

**1. 招待费审计**

第一，应重点检查会议费的支出，大部分单位为了掩饰其招待费的支出数额，往往将部分招待费从会议费科目列支，审计中要特别注意该科目支出的原始凭证。完整的会议费支出必须具备：会议通知，包括会议时间、会议内容、参加人员、会议地点等；与会人员的签到簿；场租费、住宿费等；就餐地点和人数。

第二，有食堂或者招待所的单位，应重点检查其是否从中支出了招待费，而以其他名义进行补助；如果有门面房对外出租，是否用招待费抵冲房租。

第三，延伸审计下属单位，看是否存在把招待费转移到下属单位报销的问题。

### 2. 公车费审计

看公车的数量是否适度，购置公车是否经过政府采购，有无办理相关审批手续，车辆是否超标。

看油费的支出，是否由单位相关部门负责采购，并根据里程数来审查油耗。

看有无派车单，出车事由是否合理。

修理费的支出是否经政府采购审批，支出是否合理。

### 3. 出国费审计

看出国有无上级部门批准文件，出国事由是否合理，是否达成了预期的目标。

出国费用是否超过审批的标准，有无超过期限等。

### 案例　某行政事业单位专项资金审计要点

在对某局审计时，在查阅该局的收文记录时发现，该局收到了上级财政部门和上级主管部门联合发文的一份专款项目资金文件。

文件载明该项目由其所属二级单位实施，资金也应全额拨到二级单位，严禁主管部门截留挪用。但对该局财务进行审计时，审计人员发现该局将财政拨入的应拨给一个二级单位的专项资金，表面上拨给了这个二级单位，实则是在往来账户中反映为局机关借款给该二级单位。

在延伸审计二级单位时，发现单位账上反映的专项资金没有用完，而且余额与局机关借款相吻合。

进一步核实，局机关确实开了借款收据，但二级单位没有做账，只是放在现金账户，最终发现挪用专项资金的情况。